U0148902

從減租到扶植自耕農

抗戰時期至戰後國民政府的
土地改革（1937-1949）

陳淑銖著

文 史 哲 學 集 成
文史哲出版社印行

國家圖書館出版品預行編目資料

從減租到扶植自耕農：抗戰時期至戰後國民政府
的土地改革（1937-1949）/ 陳淑銖著. -- 初
版. -- 臺北市：文史哲,民 91
　面：　公分.--(文史哲學集成;452)
參考書目：面
含索引
ISBN 957-549-414-8 (平裝)

1.土地行政-中國-民國 26-37 年（1937-1945）
2.土地改革

554.2928　　　　　　　　　　　　91002708

文 史 哲 學 集 成　㊽

從減租到扶植自耕農

抗戰時期至戰後國民政府的土地改革 (1937-1949)

著　　者：陳　　淑　　銖
出 版 者：文 史 哲 出 版 社
http://www.lapen.com.tw
登記證字號：行政院新聞局版臺業字五三三七號
發 行 人：彭　　正　　雄
發 行 所：文 史 哲 出 版 社
印 刷 者：文 史 哲 出 版 社
臺北市羅斯福路一段七十二巷四號
郵政劃撥帳號：一六一八〇一七五
電話 886-2-23511028・傳真 886-2-23965656

實價新臺幣 四八〇元

中 華 民 國 九 十 一 年 (2002) 三 月 初 版

自序

　　從研究所就學期間，開始投入中國現代經濟史研究以來，就鑽進農業經濟領域當中。農業是人類十分古老的經濟活動，亙古以來土地即呈現出複雜樣貌，除了純經濟層面外，更涉及社會層面。自工業化時代來臨之後，居於弱勢的工人和農民階級，尤其是佃農，一直是社會改革運動者、人道主義者關心的對象，也是多年來深深吸引我投入的地方。

　　1991 年完成的博士論文《浙江省土地問題與二五減租》，處理的土地問題，時間只限於抗戰前十年（1927~1937），地域限於浙江一省，撰寫期間深感這只是研究土地問題的開端，日後應再延伸處理其他地區的土地改革，例如：山西省的土地村公有制、閩西的計口授田制等，尤其是抗戰時期到勝利後，國共雙方的土地政策，以及部分省區的土地改革個案，因而有本書的續作。全書分別以閩西、湖北、贛南、四川北碚、甘肅湟惠渠等地為案例，有關減租運動和扶植自耕農、耕者有其田的實驗，更加深入1930~1940 年代土地問題的核心。

　　本書的完成，正巧在通過博士學位屆滿十週年，對於一個呱呱落地的初生嬰兒，十年內，他已經學會書寫、會閱讀、會上網，並開始探索思考抽象世界。回想十一年來的日子，又可切割成兩段落：前五年在國史館擔任編修工作，後五年多在臺灣科技大學從事教學研究。工作上，有應如期完成的任務，也欣羨年輕學子可以不斷編織夢想；工作外，學術研究成為另一座可以不斷攀登的象牙塔，塔裡面沒有似錦繁花，更不是黃金之室，而經由閱讀史料、沈澱思慮，再轉化為文字的過程，可以穿越時空，伸向無

i

邊無界、水草豐美的世外桃源。

　　逾不惑之年而能側身學術殿堂，首先要感謝父母親多年來的養育之恩，恩師劉翠溶院士在學術上的啟蒙和治學精神的引領，家人的支持和體諒，長期忍受冷凍食品和便當的三餐；更要感激國史館服務期間的研究環境，還有同仁間的難忘的情誼，以及臺科大人文社會學院溫前院長春福、徐院長福全、人文學科周主任聰俊諸教授的關心和鼓勵，才有勇氣厚顏將作品呈現在大眾面前。對於本書任何錯謬，晚願以聞過則喜之心接受，敬請不吝雅正。

陳淑銖謹誌

2002 年春

從減租到扶植自耕農

－抗戰時期至戰後國民政府的土地改革（1937~1949）

目次

自 序

第一章　前言…………………………………………………　1

第二章　抗戰時期國民政府的土地政策………………………　9

　　第一節　戰時至戰後的租佃問題……………………………　9

　　第二節　戰時國民黨的土地政策……………………………　23

　　第三節　土地改革的提出……………………………………　39

　　第四節　戰時扶植自耕農政策………………………………　62

第三章　福建龍巖扶植自耕農的土地改革……………………　85

　　第一節　龍巖土地改革的背景………………………………　86

　　第二節　抗戰前龍巖的地權變遷……………………………　90

　　第三節　龍巖土地改革的提出與實施………………………　93

　　第四節　扶植自耕農工作之成效……………………………106

第四章　陳誠與戰時湖北的土地改革…………………………125

　　第一節　陳誠生平與早期限田主張…………………………126

　　第二節　陳誠與抗戰時期的湖北……………………………130

　　第三節　湖北省二五減租運動………………………………143

　　第四節　湖北省扶植自耕農實驗……………………………164

第五章　蔣經國與贛南的耕者有其田新政⋯⋯⋯173

　　第一節　蔣經國與贛南新政⋯⋯⋯⋯⋯⋯⋯174

　　第二節　新贛南土地改革政策⋯⋯⋯⋯⋯⋯181

　　第三節　贛南扶植自耕農計畫⋯⋯⋯⋯⋯⋯189

　　第四節　土地改革實施結果⋯⋯⋯⋯⋯⋯⋯200

第六章　四川北碚和甘肅湟惠渠的土地改革⋯⋯207

　　第一節　北碚扶植自耕農示範區⋯⋯⋯⋯⋯207

　　第二節　甘肅省湟惠渠灌溉區扶植自耕農示範區⋯⋯226

第七章　抗戰勝利後的土地政策⋯⋯⋯⋯⋯⋯⋯241

　　第一節　國民黨之土地政策與地政⋯⋯⋯⋯242

　　第二節　戰後土地改革草案大辯論⋯⋯⋯⋯267

　　第三節　兵農合一土地改革方案⋯⋯⋯⋯⋯285

　　第四節　美援貸款實施土地改革⋯⋯⋯⋯⋯296

第八章　中國農村復興委員會與閩西的土地改革⋯311

　　第一節　閩西土地改革的背景⋯⋯⋯⋯⋯⋯312

　　第二節　農復會對土地改革的主張⋯⋯⋯⋯314

　　第三節　閩西六縣土地改革的經過⋯⋯⋯⋯319

　　第四節　閩西土地改革的效果⋯⋯⋯⋯⋯⋯329

第九章　結論⋯⋯⋯⋯⋯⋯⋯⋯⋯⋯⋯⋯⋯⋯337

附錄⋯⋯⋯⋯⋯⋯⋯⋯⋯⋯⋯⋯⋯⋯⋯⋯⋯347

徵引書目⋯⋯⋯⋯⋯⋯⋯⋯⋯⋯⋯⋯⋯⋯⋯351

索引⋯⋯⋯⋯⋯⋯⋯⋯⋯⋯⋯⋯⋯⋯⋯⋯⋯375

第一章 前言

　　國民政府撤退到臺灣後，積極實施土地改革政策，主要內容爲公地放領、三七五減租、耕者有其田，又以 1953 年耕者有其田之實施，爲臺灣農業史上劃時代的大事。考其基本原則和方法，大多是 1930~1940 年代，國民政府在大陸曾經推動的二五減租和扶植自耕農政策，加以調整和修正，並配合客觀環境而來。

　　1927 年國民政府在南京執政開始，國民黨的土地政策，主要依據以平均地權、耕者有其田爲核心的民生主義的政綱，先擬定「二五減租」辦法，再實施「扶植自耕農」主張，以逐步解決中國嚴重的土地問題，發展社會生產力。然而國民政府在大陸時期土地改革主張，1927~1949 年的 22 年間，卻一再「坐誤時機，而舉國懵懵然，忽其爲根本之圖。」[1]議而不決，決而不行，行而不力，從整個國統區觀察，實令人失望，不僅不能解決當時的土地問題，反而使農村經濟更進一步惡化，結果被億萬農民唾棄而終至侷促臺灣。而國民黨在臺灣的土地改革，卻收到預期的效果。因此國民黨在大陸執政後期，實施土地政策的經驗，其中成敗因素、教訓、評價，實在值得深思。

一、土地政策的背景

　　抗戰爆發之初，日軍憑其軍事優勢長驅直入，佔領沿海沿江

---

[1] 蕭錚，《中國人地關係史》（台北：商務印書館，1984 年），頁 329。

大片土地，使得原已呈顯嚴重凋敝的中國農業，又在戰亂中遭到
空前的浩劫。以農產品而論，1938 年中國主要農產品損失量和戰
前 1936 年產量相比，最少是 20% ，最多的竟達 80% 以上。[2]

　　中國以農立國，農民佔總人口 80% 以上，而且租佃制度發
達，佃農約佔農民的 75% ，因租佃制度不合理，其收入大部均須
繳納地租，以致終歲勤勞，不得一飽。抗戰以來，雖糧價隨物價
高漲，而農業生產成本亦隨之高升，農民終年辛勞所得，未霑其
惠，而地主則以加租、押租剝削佃農，輾轉謀利，不勞而獲，各
省土地漸有兼併趨勢。而農民出錢又出力，為實際從事作戰和糧
食供應者，卻因服役關係，生產力大減，又以佃租奇重，收入極
少，生活艱苦，所以要解決民生問題，首先要解決農民的生活問
題。

　　1937 年 11 月，國民政府決定西遷重慶，並將西南、西北等
省作為戰時後方經濟根據地的中心，以重建國統區的經濟。農業
為國民經濟的基礎，戰爭期間亦為決定勝負的要因。要啟動國民
經濟的正常運轉，安撫生活無望的廣大農民，必須注入農業生產
所必需的資金，以增加生產，復甦經濟。

　　自從二次大戰結束，民主化、現代化的浪潮襲捲全球，各國
提出土地所有制度變革的時機，已成勢不可擋的歷史潮流。同樣
的，抗戰的勝利使中國獲得政治改造、經濟振興、向現代化轉變
的時機。無論是國民黨統治區，或是共產黨的解放區，農民紛紛

---

[2]　蘇澄，〈敵寇侵略下的我國農村經濟〉，鄒韜奮等編，《全民抗戰》
　　115 期（1940 年 3 月），轉引自劉禎貴，〈對日抗戰時期四聯總處農
　　貸政策的幾點思考〉，《四川師範大學學報》（社會科學版），25 卷
　　2 期（1998 年 4 月），頁 128。

要求土地改革，於是因應世界潮流所趨和迫於國內形勢，變革土地制度已是勢在必行，而且提出解決土地問題的政黨，就能贏得政權。所以國共兩黨都採取相應的土地改革措施。

　　抗戰時期，國民黨制定了系列的土地政策，採取了許多措施，除了為解決農村嚴重的土地問題之外，對於農業國家，土地除了供應糧食之外，亦為最豐富之稅源，田賦一向為國庫收入之大宗，因此戰時的國家財政、軍糧民食都與土地有密切關係。究竟國民黨這些政策實施狀況，土地問題得到何種程度的解決等，過去有關中國土地問題的論著，缺乏有系統的研究，或大多僅限於共產黨在根據地「減租減息」政策的對比而已。

二、土地改革意義

　　土地改革簡要的定義，係依據公平合理的原則的土地政策，改善以往不良的土地制度，以解決其所發生的土地問題。狹義解釋為土地重分配，以達到耕者有其田的目標，這是一項社會改革，也是經濟建設。

　　本書討論的對象為「土地改革」，有兩點須先說明：第一、土地種類甚多，有農地、森林地、礦地、建築用地、交通水利用地等等，其中以「農地」面積最大，且與中國四分之三以上人民的生活有直接關係，故本書討論土地改革以農地為限；第二、土地問題與土地改革，可大別為「土地利用」與「地權關係」兩方面，本書所要討論的不是土地如何利用的「地用改革」，而是如何使土地所有權的分配均勻化，並如何改善因地權分佈不均而發生的租佃制度。

　　第二次世界大戰結束後，土地改革的意義，依各國實行的土地政策分類歸納，為廣義和狹義兩種。廣義的土地改革是廢除私

有制度，實行土地國有，農民只有土地利用權，沒有使用權利用的時候，還須集體的共同經營，最好是國有國營，至少是合作經營，將農業組織及技術根本改造，發揮農業的最大效率。1940 年以前，世界上只有蘇聯一國實行，其為社會主義革命的一部分，只有整個實行社會主義的國家，才有實行的可能。

廣義的土地改革，並不取消土地私有制度，但是要打倒大地主階級，廢除地租剝削，實行耕者有其田，組織合理的自耕農場，以解放土地，增力生產，並且平均地權，實行土地上的經濟平等。最有名的例子為第一次世界大戰後，東歐各國的土地改革和戰後愛爾蘭的創設自耕農政策。其他各國的創設自耕農政策，大體亦可歸入此類，但改革方法太緩和的國家，效果很少，主要還是在東歐和愛爾蘭。

普通的土地改革大都是指狹義的解釋而言，前一種土地改革則名為「土地國有論」，以與狹義的土地改革區分。當時東歐各國所頒的法律，大都叫「土地改革法」，第二次世界大戰之後，蘇聯控制下的東歐各國，還繼續作土地改革；戰敗的日本，在麥克阿瑟管制下，也頒布「日本土地改革法」，法案辦法亦相近。而戰後的中國，各黨各派所謂「土地改革」，亦完全屬於這一類；不過手段有較激與較緩之別，基本方法仍是一類。[3]

土地改革在本質上大都是革命性的，尤其是在短期內作頗為急轉的改革。在改革過程中，涉及很多人的權利義務的移轉和得失，使既得權利者至少在直覺上感受到犧牲，難免攪動社會秩序，或甚至釀成變亂。而土地改革能否成功，仍是大有問題。在

---

[3] 熊伯蘅，＜土地改革政策的研討＞，《中農月刊》9 卷 6 期（1948 年 6 月 30 日），頁 1。

策劃改革方法時，必須儘速完成改革於比較和平安定的過程中，為求合於此一原則，其改革正面之理念為：

（1）把地主的土地移轉給現耕佃農或僱農，耕者沒有變，只是土地所有權的轉移，所以變動較少。

（2）對於地主給以相當補償，不致危害其生活。在土地改革中，地主全無損失是不可能的，規定以法定租額或不超過約定地租額之數倍總額，給地主補償地價，以當地主要農產物計算，分十數年清償。

（3）對於農民，使其可以取得土地所有權，而未加重負擔，且設法給以農業經營上所必需的配備。農民在以後的十數年間，每年只須付出約原租額的一半以作地價，雖須納稅，但限定田賦及其他負擔之總額，不得超過農地正產物一定的百分比。農民每年所須付出的地價和地稅兩項合計，不過農地正產物的千分之三百七十左右。另一方面，農民可以利用國家金融機構的貸款。

（4）地價歸農民分年償付，地稅也由新自耕農負擔，國家只須予以金融上的保證與融通，並無多大財政負擔，因此隨時可以實施。

（5）土地改革政策所慮的只是政府有無執行此種改革的決心與權力，必須靠民眾運動做發動力。

除了在既有租佃制度內，實行減租以減輕佃農的負擔外，扶植自耕農辦法，更為解決中國土地問題之基本方法之一，其政策主旨在以政治和經濟力量協助躬耕之無地農民，使其獲得土地成為自耕農，並加以維護，使不致再減少或損失其土地，換言之，即調整現存之地權分配；此種地權之調整工作，不僅含有社會改革政策之意義，而且有增加農業生產之功用。

三、本書的主題

抗戰之前，國民政府的土地政策，從全國範圍而言，始終停留在條例的制定和修訂上，沒有整體性實際行動，僅在少數某些省份的局部地區，展開一些地政改革的實驗，較具代表個案主要有：福建人民政府在閩西的「計口授田」制度、山西閻錫山的「土地村公有制」政策、浙江的二五減租等；地政方面，則有國民政府在江蘇的「地籍整理」、浙江平湖的「地政實驗」。

1990 年代有論者以為中國國民黨黨史上曾「三次主張或實行過耕者有其田」，一次在孫中山晚年時期，一次為蔣經國 1940年代在贛南時期，一次是臺灣 1950 年代土地改革時期。[4]這種論點似嫌狹隘，未窺全豹，實際上，在抗戰期間，國民政府本於「抗戰建國」之決策，曾於大後方各省，積極的推行土地改革。地政方面，城市則從整理地籍、地價申報著手；在農村則實施減租、保佃等工作，如陳誠在湖北西部推行三七五減租、蔣經國在贛南二五減租，此外四川省北碚、甘肅省湟惠渠灌溉區，以及贛南、鄂西、閩西龍巖等六縣等諸地區，都有政策性的試辦扶植自耕農實驗區，亦可代表中國不同省區的土地問題，以及各種不同改革樣貌，對抗戰建國起了積極的推進作用。

臺灣學界，關於抗戰爆發後至遷離大陸，國民政府的農村土地政策和中國農村土地所有權問題，不論是地政學者或歷史學者，尚未有系統、深入的探討。

中國大陸方面，關於農村社會問題的研究，多偏於土地問題，一向侷限以共產黨為主軸。不論是理論辯證、土地政策演變

---

[4] 陶季邑，<國民黨與耕者有其田>，《貴州社會科學》（1993 年 4 月），頁 85。

正史、各革命根據地蘇區或解放區的實際改革，相關資料和論著，汗牛充棟。對於國民政府的農村土地政策，自 1950 年代以來，中國國內報刊上甚少有論文發表，高等院校的教材，如中國現代史、中國近代經濟史等論著中，或略而不談，或者籠統地加以簡單否定，忽視其存在、演變與作用。缺乏應有的分析研究。[5]

　　到 1990 年代，關於二十世紀中國農民土地問題有新的研究，代表性的著作，如成漢昌、金德群、郭德宏等人的專著中，才有較深入的探討。如郭德宏的專著中，論述的內容舉凡土地佔有關係、孫中山等人的土地主張與中國國民黨的土地改革、南京國民政府時期國民黨的土地政策，而全書的重點則放在中國共產黨領導的土地改革，如毛澤東、彭湃、王明、劉少奇、張聞天、任弼時、鄧子恢等人有關農民土地問題的主張，以及土地改革史若干問題，如土地改革在中國革命中的地位、作用及對各階級應採的態度等。[6]其他各書，大致亦僅將國民黨的土地政策，作為全書論題的背景。

　　另一方面，1990 年代關於中國農村社會經濟史論著，除土地問題之外，大多從側面、全方面對農村社會進行分析和考察，並將農民問題劃分為經濟、社會等各專題，作深入研究。

　　抗戰時期，國民黨在內憂外患，經濟困窘，國步艱難，諸多限制的情況下，制定了系列有關土地問題的政策，尤其在 1941 年以後，決定加強戰時土地政策的推行，採取了許多措施，就其

[5] 金德群，《民國時期農村土地問題》（北京：紅旗出版社，1994 年 9月），頁 173。

[6] 成漢昌，《中國土地制度與土地改革－20 世紀前半期》，（北京：中國檔案出版社，1994 年 7 月）。

本身而言，有其改革進步的一面；然而這些提出的政策，到底在多大程度上得以實施？農村迫切的土地問題，到底得到何種程度的解決？本書主題即在探討 1937~1949 年間，國民政府土地政策的理論和實施經過，尤其是抗戰後期到勝利之後，面對共產黨制定出一系列土地革命理論和政策的挑戰，國民黨黨政當局如何面對，以及各省區的土地改革個案。全書分別以閩西、湖北、贛南、四川的北碚和甘肅湟惠渠灌溉區等地爲案例，有減租運動和扶植自耕農、耕者有其田的實驗，更加深入土地問題的核心。

第二章　抗戰時期國民政府的土地政策

第一節　戰時至戰後的租佃問題

　　中國地少人多，以農立國，租佃制度由來已久，佃農與佃耕地數量龐大。在地狹人稠的國度，租佃制度對於農村的勞力調劑，及土地利用，均可收相當的效果，原有其存在的合理性。倘若在土地兼併不烈，生活可自給自足的情況下，佃農擅於經營並積蓄者，亦可逐漸改善其經濟環境，進而成為自耕農。但是中國農民始終無法超脫苛重的地租的壓迫，而且不合理的押租、預租、租期過短、業主額外需索、任意加租或撤佃、佃權沒有保障等現象，至為普遍。佃農則毫無組織，只能任憑地主剝削，以致終歲勤勞結果，全家仍不得溫飽，此實為中國農業不振的基本原因，也是戰時國民經濟最基本的問題。農村凋敝的結果，一切技術改良的計畫，都屬徒然。

　　抗戰勝利後，殘破的經濟，極待復員，中美農業技術團的美國農業專家穆懿爾（Raymond. T. Moyer）考察中國農業問題，提出「在中國現行之運銷、金融、賦稅、及租佃制度下，農民常只獲得其產品價值之小部分，大部分必須貢獻於地主及其他中間階層，此種情況如不改善，縱使農業技術改進，生產量增加，對於大多數農民生活水準之提高，亦少補益。」[1]農業改進之目標，首

---

[1] 穆懿爾著，劉名賢譯，＜中國之農業改進與農地改革＞，《地政通訊》第 24 期（1948 年 1 月 1 日），頁 15-16。

在提高單位勞動產量，其次爲增加農民純收益，而租佃制度成爲重要經濟和政治課題。

一、耕地與農民

中國耕地與農民的數目，向無精密之調查，但地少人多，則爲全國普遍現象，且爲農村經濟困乏最大因素。茲就農林部 1946 年度所得調查資料，列於表 2-1。

表 2-1　中國各省耕地與農民分佈情形（1946 年）

地域別	每農民平均攤得耕地（市畝）	每農戶平均攤得耕地（市畝）	農民數（1,000 人）	農戶數（1,000 戶）	耕地面積（1,000 市畝）
江蘇	3.40	16.87	25,080	5,057	85,296
浙江	2.97	13.16	14,020	3,165	41,658
安徽	4.82	27.27	15,182	2,682	73,128
江西	2.70	13.17	10,034	3,292	43,339
湖北	3.39	16.29	19,046	3,960	64,500
湖南	2.64	12.87	18,992	3,900	50,206
四川	3.98	23.84	38,957	6,352	151,437
西康	2.40	14.43	1,668	278	4,011
河北	4.53	25.84	24,117	4,224	109,132
山東	3.04	16.97	53,024	5,918	100,450
山西	7.38	38.89	9,876	1,874	27,879
河南	3.76	19.46	26,220	5,060	98,499
陝西	5.87	32.94	7,767	1,385	45,627
甘肅	6.52	33.00	4,013	793	26,167
青海	6.52	33.00	1,197	237	7,807
福建	2.93	12.97	7,202	1,626	21,094
臺灣	4.38	30.41	2,984	430	13,085

廣東	2.11	11.78	19,448	2,479	40,989
廣西	2.36	11.80	11,645	2,330	27,493
雲南	3.66	18.94	7,169	1,384	26,215
貴州	3.75	19.42	6,182	1,193	23,173
東北九省	9.80	65.35	21,387	3,206	209,525
熱河	10.03	58.70	1,779	437	25,650
察哈爾	9.97	50.25	1,558	309	15,526
綏遠	12.51	68.35	1,366	250	17,086
寧夏	6.74	34.19	274	54	1,846
新疆	9.01	43.35	1,665	344	14,913
西藏	—	—	—	—	—
總計	4.25	22.31	331,842	63,221	1,410,731

資料來源：《民國三十七年中華年鑑》，頁 1239。

依據表 2-1，各省農民與耕地統計，全中國（西藏未列入）計有耕地 1,410,731,000 市畝，農戶 63,221,000 戶，其中農業人口 331,842,000 人。平均每一農戶攤得耕地 22.31 市畝，以綏遠為數最大，每戶攤得 68.35 市畝，次為東北九省，再次為熱河、察哈爾等省。平均耕地以廣東省為最少，每戶平均僅攤得 11.78 市畝，次為廣西，再次為湖南、福建、浙江、江西、西康等省，均在 15 市畝以下。湖北、江蘇、山東等省，介於 15~20 市畝之間。

二、農佃之分佈

全國各地農佃之分佈情形，相差頗大，一般而言，在長江以南，佃農比率較多，長江以北則自耕農較多。茲將江蘇等 22 省 1937~1947 年間農佃分佈情形，列於表 2-2。

表2-2　二十二省各類農佃之分佈比率（1937~1947 年）

	年度	江蘇	浙江	江西	安徽	河南	湖北	湖南	四川	雲南	貴州	福建	廣東	廣西	陝西	河北	山東	山西	甘肅	綏遠	寧夏	察省	青海	平均
佃農	1937	34	45	38	37	20	36	44	52	42	44	42	47	34	18	11	10	15	19	32	18	—	19	30
	1938	—	44	41	—	29	39	43	50	37	41	43	42	29	22	—	—	—	16	—	21	—	18	38
	1939	—	43	41	—	26	42	39	49	41	43	41	42	32	25	—	—	—	22	—	16	—	18	38
	1940	—	38	35	—	26	35	42	48	40	38	41	38	35	22	—	—	—	18	—	10	—	21	36
	1941	—	41	36	—	20	42	42	48	36	41	41	46	31	23	—	—	—	18	—	15	—	24	36
	1942	—	42	39	—	21	43	39	48	38	41	40	47	30	25	—	—	—	21	—	14	—	28	36
	1943	—	39	33	—	24	33	43	47	40	42	39	44	30	21	—	—	—	22	—	15	—	18	36
農	1944	—	37	33	—	26	30	43	44	34	34	40	60	29	24	—	—	—	18	—	13	—	21	33
	1945	—	40	42	—	24	33	43	45	42	39	42	44	20	26	—	—	—	17	—	13	—	28	35
	1946	—	39	37	—	20	36	41	47	37	37	42	46	28	22	—	—	—	18	—	16	—	20	35
	1947	29	42	34	39	21	33	40	47	35	40	40	44	29	24	24	12	18	17	26	14	25	23	33
自	1937	39	25	27	40	58	39	27	24	32	32	26	21	41	61	70	75	65	61	57	68	—	51	46
	1938	—	21	26	—	45	37	26	28	34	34	27	23	44	57	—	—	—	66	—	66	—	61	35
耕	1939	—	21	29	—	48	36	27	28	32	33	25	22	41	55	—	—	—	59	—	65	—	58	35
	1940	—	23	29	—	51	40	28	31	34	35	26	24	41	58	—	—	—	62	—	74	—	61	37
	1941	—	18	27	—	59	35	29	29	36	34	25	21	44	57	—	—	—	61	—	74	—	58	37
農	1942	—	21	28	—	57	36	28	29	36	34	26	20	44	56	—	—	—	60	—	74	—	61	38
	1943	—	23	30	—	56	46	28	32	34	34	29	18	45	59	—	—	—	59	—	78	—	51	39
	1944	—	22	31	—	49	66	29	33	36	36	30	19	45	58	—	—	—	63	—	68	—	51	42
	1945	—	26	28	—	55	43	31	32	35	35	30	22	59	55	—	—	—	63	—	78	—	55	41
	1946	—	23	32	—	57	40	30	31	36	37	27	22	48	58	—	—	—	64	—	72	—	58	40

	1947	42	23	32	36	38	43	31	32	40	35	30	21	49	58	51	68	60	65	53	74	51	55	42
	1937	27	30	35	23	22	25	29	24	26	24	32	32	25	21	19	15	20	20	11	14	—	30	24
	1938	—	35	33	—	26	24	31	22	29	25	30	35	27	21	—	—	—	18	—	13	—	21	27
半	1939	—	36	30	—	26	22	34	23	27	24	34	36	27	20	—	—	—	19	—	19	—	24	27
	1940	—	39	36	—	23	25	30	21	26	27	33	38	24	20	—	—	—	20	—	16	—	18	27
自	1941	—	41	37	—	21	23	29	23	28	25	34	33	25	20	—	—	—	21	—	11	—	25	27
	1942	—	37	33	—	22	21	33	23	26	25	34	33	26	19	—	—	—	19	—	12	—	21	26
耕	1943	—	38	37	—	20	21	29	21	26	24	32	38	25	20	—	—	—	19	—	7	—	27	25
	1944	—	41	36	—	25	24	28	23	30	30	30	21	26	18	—	—	—	19	—	19	—	21	25
農	1945	—	34	30	—	21	24	26	23	23	26	28	34	24	19	—	—	—	20	—	9	—	17	24
	1946	—	38	31	—	23	24	29	22	27	26	31	32	24	20	—	—	—	18	—	12	—	21	25
	1947	29	35	34	25	21	24	29	21	25	25	30	35	22	18	28	20	22	18	21	12	24	22	25

資料來源：《民國三十七年中華年鑑》，頁 1240-1241。

說明：1937 年及 1947 年材料均包括 22 省，其餘各年材料僅包括 15 省。

　　上表 2-2，比較各年度佃農的比率，其中以 1938、1939 兩年為最高，均為全農戶 38%，1937 年為最低，僅佔 30%；其他各年均介於 35~36% 之間。1947 年佔 33%，較平均減少了 5%，因為：（1）實施扶植自耕農的結果；（2）佃農迫於生計，棄田離村，流入都市；（3）佃農土地購買力的提高；（4）地主收回自耕等影響。其次半自耕農在 1938~1941 年間，每年均為 27%，至 1947 年減為 25%，計減少 2%。自耕農在 1938 年為 35%，至 1947 年為 42%，計增 7%，係由 5% 的佃農及 2% 的半自耕農，轉變而成者。

三、租佃制度

（一）地租種類

　　佃農納租的種類，常因各地環境與習慣不同而異，大致可分為三種：（1）穀租：佃農於農產收穫後，按照約定租額，將穀物交付地主，在南方以水稻為主，次為玉米、小麥、豆類、高粱等；北方以小麥為主，次為玉米、豆類、小米、高粱、棉花等；（2）分租：業佃雙方按照約定比例，分配田中產物；（3）錢租：佃農每年以定額貨幣付給地主。此外尚有力租，以服力役為租地之報酬，近代已逐漸減少。[2]表2-3為各省納地租種類百分比情況。

　　由表2-3可知全國平均地租，以穀租為最通行，計達總數之51.6%；分租次之，佔28%；錢租較少，佔20.4%。由於地主依據1942年7月行政院通令「耕地租賃契約繳納實物，或改繳實物仍不敷交糧者，得請求增加地租」[3]為由，藉口田賦徵實徵購、徵借，紛紛將錢租改為穀租，而且隨意調高租額和押金的現象。

（二）租佃期限

　　依各地租佃期限，可分為：（1）永佃：佃農擁有「田面權」，有永遠自由使用或轉佃耕地之權利，地主僅擁有收租權，即「田底權」，不能影響佃農之田面權；（2）不定期租佃：業佃雙方並不規定期限，若佃農欠租不清、地主收回自耕與另佃，或佃農退佃等，均可終止租佃關係；（3）定期租佃：租約上載定租佃期限為若干年，期滿後或撤換或續訂，則以業佃雙方之意旨為轉移。

---

[2]　《民國三十七年中華年鑑》（南京：中華年鑑社發行，1948年9月初版），頁1244。

[3]　《田賦法令匯編》，轉引自金德群，前引書，頁297。

茲將各省各種租佃期限百分率，列於表 2-4。

表 2-3 各省地租種類百分比（單位：% ）

地域別	穀租	錢租	分租
江蘇	52.9	27.6	19.5
浙江	65.7	27.2	2.1
江西	80.1	7.1	12.8
安徽	52.5	14.1	33.4
河南	39.5	16.5	44.0
湖北	58.0	20.2	21.8
湖南	74.2	7.4	18.4
四川	75.6	8.3	16.1
雲南	61.1	14.0	24.9
貴州	39.9	9.6	50.5
福建	55.5	19.2	25.3
廣東	58.4	23.9	17.7
廣西	65.2	6.3	28.5
甘肅	51.2	14.3	34.5
陝西	59.0	15.1	25.9
山西	46.3	27.0	26.7
河北	21.3	52.6	26.1
山東	30.5	30.4	39.1
察哈爾	51.6	18.7	29.7
綏遠	23.1	31.2	45.7
寧夏	18.5	46.1	35.4
青海	53.8	10.6	35.6
平均	51.6	20.4	28.0

資料來源：《民國三十七年中華年鑑》，頁 1244。

據表 2-4 所示，各省以不定期租佃制度最盛行，佔所有 70.74
％，永佃佔 21.08％，定期租佃制僅佔 8.12％。而不定期租佃在
江西、湖南、湖北、山東、河南、陝西、福建、廣東等省最為通
行，均在 80％ 以上。永佃制則以綏遠最多，計達 93.97％，次為
察哈爾，再次為江蘇、安徽、浙江等省，湖南最少，僅佔 1％。
定期租佃以山西最為普遍，佔 41.67％，江西、湖南兩省特少，
均在 0.5％ 以下。

表 2-4　各省各種租佃期限百分率

地域別	永佃	定期	不定期	其他
江蘇	40.86	9.18	49.96	
浙江	30.59	10.13	58.88	0.40
安徽	44.15	12.87	42.97	0.01
江西	2.29	0.31	97.40	
湖南	1.00	0.41	98.52	0.01
湖北	13.40	4.57	82.03	
河北	3.94	23.45	72.61	
山東	4.47	5.60	89.93	
河南	2.56	7.76	89.66	0.02
山西	4.17	41.67	54.16	
陝西	0.52	2.82	96.66	
福建	5.18	8.65	86.17	
廣東	1.68	17.66	80.66	
廣西	11.73	11.39	76.80	0.08
察哈爾	78.69	4.10	17.21	
綏遠	93.97	3.90	2.13	
平均	21.08	8.12	70.74	0.06

資料來源：《民國三十七年中華年鑑》，頁 1243。

（三）押租金

地主為防止佃農拖欠地租，常於租地時預先收取相當之押租金，以為保障。押租在各地頗為通行，戰時，因地權集中、物價上漲的加速，各地押金隨之加重，最高幾達十倍，餘則四五倍不等。[4]例如「桂、浙、贛租額均較戰前提高一成，押金提高一成至五成，川省巴縣押金，竟超過五千元以上」，「往年十石穀之押租金為五千元，1943 年多改為穀子四石或五石。」[5]又重慶附近的歇馬場，每收穀一石，地主得七五、佃農得二五。萬縣一帶租穀比例，主九佃一者有之，主八佃二者有之，主七佃三者有之，四區多為主七佃三，大概以主八佃二者最為普遍。[6]

（四）地租數額

影響地租高低的因素很多，如土地之肥瘠、田地之位置、人口之多寡、交通之暢阻，以及社會治安、地價轉變、土地改良、災荒歉收等因素。各省地租數額高低不一，即在同地區，亦有差別，各省各類地租租額佔地價之百分率，如表 2-5 所示。

表 2-5 可知：18 省平均穀租租額佔地價 12.9%，錢租為 11%，分租為 14.1%，均較土地法所定地租按地價 8% 為高。

---

[4] 朱劍農，〈保障佃農之必要及其方法〉，《東方雜誌》，39 卷 18 期（1943 年 11 月 30 日），頁 32。

[5] 1942 年 7 月 2 日渝《大公報》讀者投書，羅醒魂，＜農地問題之嚴重性及其解決＞，《人與地》3 卷 7、8 期（1943 年 8 月），頁 23。

[6] 嚴中平，《中國近代經濟史統計資料選輯》（北京：科學出版社，1955年），頁 266。

表 2-5   各省各類地租租值佔地價之百分率

地域別	穀租	錢租	分租
江蘇	7.8	8.7	12.8
浙江	40.3	9.6	13.2
江西	18.1	19.2	26.8
安徽	9.4	9.4	16.4
湖北	6.8	8.3	13.6
湖南	17.4	17.4	28.5
四川	14.5	11.4	16.9
雲南	16.6	13.9	16.8
貴州	13.4	6.2	12.1
福建	19.9	17.8	21.0
廣東	19.0	17.0	15.4
河北	7.6	7.3	8.1
山東	18.8	16.0	8.8
山西	5.0	6.2	6.2
陝西	13.0	10.1	12.6
甘肅	12.0	11.4	13.7
綏遠	14.4	6.4	12.0
察哈爾	4.4	2.9	6.9
平均	12.9	11.0	14.1

資料來源:《民國三十七年中華年鑑》,頁 1245。

(五)交租時期及方法

交租時期,大別可分為農產收穫後與收穫前交納兩種。實行分租制者,大都係由地主於農產收穫時,本人或託人臨田,與佃農按照約定比例收租。錢租則多於農產收穫後交納,間亦有預付者。穀租之交納則因各地作物種類不同,有所先後,如水稻租多在秋後,小麥租則在五、六月間,棉花租約在十月,豆類、甘藷

等則在九、十月間。

交租方法，納錢租者大多由於佃農將租金送交地主，或由地主派人下鄉收取；納穀租者可分為佃農送租、地主收租、代理收租與買穀人收租等四種。四川全省平均，計佃農送租為 14.52% ，地主收租佔 70.72% ，代理收租佔 13.68% ，買穀人收租者 10.7% ，其他佔 0.01% ；至分租則可包括穀租交納方法之內。[7]

四、土地關係惡化

戰時因工業需擔負過重的捐稅，不利於工業的投資，又商業資本因管制的加嚴，削弱了過去的光芒，加上通貨既膨脹不已，佃租的加重，只有投資土地可以獲得厚利，而且無風險，地產簡直成了游資的總出路。[8]

（一）戰時土地集中惡化

戰時西南大後方，成為達官顯要發國難財者群集之區，土地集中的趨向最為猛烈，競買土地者，不同於戰前的土著地主和軍閥，而多是一些「半官半商，亦官亦商」的投機型人物。[9]往往「不惜以重價收購土地，以增加其地租收入，如成都平原、渝巴四周、漢中天水、粵北、湘南、桂東、黔西、浙東、贛南與夫雲南全境，均莫不發生爭購土地熱潮。」[10]

成都平原接近交通要道各村，「土地不斷在轉讓著，向地主，

---

[7]　《民國三十七年中華年鑑》，頁 1245。

[8]　朱劍農，＜戰後中國土地問題＞，《四川經濟月刊》1 卷 4 期（1944年 9 月 15 日），頁 133。

[9]　朱劍農，前引文，頁 134。

[10]　羅醒魂，前引文，頁 23。

特別是向土地投機家集中著，於是土地的主人換了，而且在新主人底下的管事也換了，管事底下的地鑽子也換了，當然管事地鑽子為求自肥，也乘機換了一批新佃客，他們也可以從另一佃客手中，剝削一點酬勞金」。另外，代表偏遠農村的廣西養利縣，也有同樣情形，土地不斷集中到外來的商業資本和本地富戶的手中，而且「特別是本地富戶對貧農的剝削是非常的殘酷的，他們匪特對待貧農視同奴隸，簡直就等於把貧農等於牛馬一樣使用。他們對於自己的牛馬或許還有些痛惜，然而對於貧農，實在毫無顧惜的了。」

　　除了個別地方的例子之外，土地急遽集中的結果，反映在長工逐年增加的現象。據中央農業實驗所的調查，戰時大後方的陝、甘、青、寧、豫、鄂、川、黔、湘、贛、浙、閩、粵、桂、滇等十五省，「從事農業生產之農工人數，除各農民自有者（農工）不計外，共雇用之長工（年工）人數：民國二十六年共計約九百三十萬人，每百戶農家中約雇用二五‧四人，民國二十七年共計九百五十萬人，每百戶農家約雇用二五‧九人：民國二十八年共計約九百七十萬人，每百戶農家約雇用二六‧四人，呈逐年增加趨向。」[11]

（二）地價變動與地租上漲

　　資本勢力大量的擁入，嚴重影響後方的土地價格高漲，1940年中期，成都、重慶、昆明、貴陽等大都市附近的農村，地價上漲至戰前一倍甚至數倍；另一方面，資金又大批離開如戰區、淪陷區等比較危險的地方，逐形成某些地方資金的貧血，地價急遽

---

[11]辛濤，＜大後方農民離開土地的問題＞，《新華日報》，「經濟講座」
　　第9期（1940年7月15日），版四。

的低落，例如鄂北從前一畝好地可值 120 元，1940 年卻連 20 元也沒人要。[12]

　　1.地價漲跌： 戰時土地價格變動，因各地情況不同而異，部分土地區的土地價格，有高漲到十倍至數十倍，尤以都市為最甚，例如重慶市繁盛商業區每方丈地，在 1936 年僅值 880 元，到 1941 年便漲至 1 萬元。[13]地價急遽的變動，最吃虧的是廣大的中農與貧農，在資金貧乏的地方，更加貧困、更沒有能力購置土地；就是在資金充斥的地方，他們仍然沒有錢，例如成都附近的農家，就有 63.4% 是負債者，平均每家負債達二百餘元之鉅。[14]例如表 2-6，為 1937~1942 年間，甘肅皋蘭縣及四川巴縣，地價變動情形。

表 2-6　皋蘭縣及巴縣農地地價變動情形（單位：元／市畝）

時期	甘肅省皋蘭縣					四川省巴縣				
	水田	旱地	園圃地	荒地	山地	水田	旱地	園圃地	荒地	山地
1937	470	120	350	34	42	140	75	82	44	48
1938	740	240	420	58	90	160	80	90	50	50
1939	1,099	460	460	82	330	170	90	95	56	60
1940	2,500	820	820	280	490	900	600	650	260	300
1941	3,500	1,800	1,800	420	850	3,000	1,600	1,700	600	550
1942	5,000	5,000	3,000	1,700	1,500	5,000	2,500	3,300	1,300	950

資料來源：朱劍農，＜戰後中國土地問題＞，頁 135。

---

[12]　《民國三十七年中華年鑑》，頁 1394。

[13]　聶常慶，＜戰時中國土地利用問題＞，《人與地》3 卷 2、3 期（1943年 3 月），頁 20。

[14]　辛濤，前引文，版四。

又表 2-7，為 1937~1942 年間，四川農業改良所調查代表成都平原區的臨江縣水田變動情形，則更為驚人。

表 2-7 四川省臨江縣農地地價變動情形（1937~1942 年）

時期	價格（元）	時期	價格（元）
1937	67.26	1940	642.75
1938	89.96	1941	2,477.78
1939	257.10	1942	3,337.50

資料來源：朱劍農，＜戰後中國土地問題＞，頁 135。

後方各省土地價格飛漲結果，其最直接而有力之影響有三：

（1）農田生產力漸趨低下：地價高漲結果，地主有所藉口，增加押金，甚至轉嫁田賦負擔。據 1941 年之調查，水田租額較戰前約增加四分之一，旱田約增加四分之一至三分之一。佃農因生活愈加困難，自無餘力改良土地，造成生產降低，土地利用漸趨惡化，甚使若干佃農被迫改業，更加使土地不能積極利用。

（2）農村地權愈形集中：地價高漲以來，地主由於地租及農產物價格的提高，使其有大量蓄積資本的機會，此項鉅額資金又用以購買土地，於是土地愈形集中於地主。

（3）市地投機盛行：戰時地價不斷高漲，土地利潤豐富，風險毫無，成為投機標的，地主不求生產之道，而坐待漲價之利，真正使用土地之人，反無能力購買，在都市尤為顯著，各大都市房屋供不應求，類皆由此原因所致。[15]

2.提高地租：據戰前統計（1934 年《農情報告》）後方十五省錢租、穀租及其租額對地價之比率，普遍在 15~20% 左右。到 1941 年，普遍是主六佃四，甚至有主八佃二的；戰時因地價上漲不及糧價上漲之速，而錢租有折合糧價上漲的趨向，原來收錢租

---

[15] 聶常慶，前引文，頁 20。

的紛紛改爲實物地租，所以租額對地價的比率，必較戰前爲高。
[16]如成都平原農村，戰前每畝平均租米在 2 市石左右，1939 年增
加到 2.2~2.5 市石，而且押金和對地主、管事、地鑽子的貢物，
也不斷在增加。但是在地價下跌的地方，地租卻仍然一樣苛重，
並沒有降低（命令減租的地方除外）。這樣苛重的地租，更是使
半自耕農淪爲佃農主要因素之一。[17]

（三）苛捐雜稅

據農村復興委員會的調查：江西省附加稅多達六十種；浙江
省多至七十種；江蘇省則在百種以上；其他各省也在 70~120 種
之間。這些苛捐雜稅，名義上是地主擔負，實際上是轉嫁在一般
佃農身上，把自己名下的負擔，飛灑、詭寄到一般窮苦的農民身
上。此外高利貸的剝削，也促成農村的破產與地權的集中。湘省
普通利率是 10% ；還有高到 30% 以上（如永明，慈利，常德）
乃至於百分之百的（如岳陽）。至於彬縣的「水穀借貸」，普通借
貸一元，年需還穀一擔，以當時的市價，則又超過百分之百的數
目，農民在高利貸的剝削之下，十九不免喪失土地。[18]

第二節　戰時國民黨的土地政策

抗戰爆發，民族生存的保衛戰爭成爲首要之務，雖然土地權

---

[16] 成全，<國民黨「土地政策戰時實施綱要」研究－兼論中國戰時土
地改革的道路>，《解放日報》1942 年 5 月 27 日，版三。

[17] 辛濤，，前引文，。

[18] 《人與地》2 卷 4、5 期（1942 年 5 月），頁 9。

歸屬的問題，降爲次要地位；但是農地問題不可忽視，更和抗戰息息相關，因爲佔全國人口 80% 的農民，提供主要的兵源和糧食。而絕大多數農民無地或少地，深受重租、高利、苛捐雜稅的盤剝，如果農民依舊處於救死不暇的狀態中，就無力來救國，因此爲適應抗日戰爭的需要，國共兩黨對土地政策都有所調整。

一、戰時國民黨農地政策的演變

（一）蔣介石土地政策的宣誓

　　1927 年國民黨執掌全國政權，1930 年通過「土地法」，條文內容在當代屬十分進步，並規定較合理的租佃關係；然而依據土地法制訂的二五減租政策，推動到地方，則陽奉陰違，處處作梗，最後不了了之。抗戰爆發後，國民黨土地政策重新作調整，推行戰時土地政策和戰區的「二五減租」。

　　1938 年武漢撤守時，國民黨總裁蔣介石在＜告民眾書＞中曾說：「我國抗戰的力量不在少數之都市，而寄於廣大之農村。」農村經濟和農民問題，本質上卻是土地問題。另一方面，戰時經濟遭到嚴重的問題，財政支絀，糧食價格狂漲，後方投機心理的旺盛，地主商人的暴富，一般農民和俸給生活者生活困苦，「這些現象表面看起來好像五花八門，極端複雜，實際上在農業國家的中國，都可以聯繫到，甚至歸結到一個土地問題上去。」[19]

　　1941 年 6 月 22 日，蔣介石在第三次全國財政會議擴大紀念週中訓示：「我們民生主義的土地政策，不是和共產黨一樣，要來沒收土地，也不是現在就要把地主現有的收益，盡歸公家所

---

[19] 劉岫青，＜土地政策戰時實施綱要＞，《人與地》2 卷 1 期（1942年 1 月），頁 9。

有，而只是由地主自行報價，政府只依照法定稅率，照價抽稅而已。…實行平均地權，不僅所以發展整個國民生計，而且所以保障其本身福利」。[20]又在閉幕式中以＜本屆財政會議之任務與實施土地政策之必要＞為題的訓詞，堅決指示：「如土地政策不能實行，土地問題不能及時解決，貧富懸殊的結果，地權不能平均，國家不能建設，勢必不免如總理當時所擔憂的發生社會革命，那時候，一般地主不僅不能保持其現得的利益，而且要根本喪失其所有權，且要成為革命的對象了」，對於平均地權之利益與優點則稱：「如能切實作到，不僅土地之分配利用與增加生產諸問題可以完滿解決，即社會貧富不均的現象亦不致於發生，而且一般國計民生因此土地政策推行之效果，必格外豐富暢旺，地方自治事業更容易充實發展。」[21]

（二）國民黨農業與土地政策的演變

1.自抗戰開始以迄八中全會（1937 年至 1941 年 4 月）：此時期政策，著重於農業特產之增產與統制，以及低價糧食之收購。主要目的在增加中央財政上商業性的收入。僅由主持農業特產外銷的貿易委員會，1940 年度純利七千萬元，約合其資本總額八千萬元之兩倍，實遠超過「戰時過分利得法」所規定的「暴利」範圍，而同時期田賦額未有若何增加而觀，可見一斑。

2.自八中全會至九中全會（1941 年 4 月至 1941 年 12 月 15

---

[20] 金海同，＜土地政策戰時實施綱要淺釋＞，《人與地》2 卷 1 期（1942 年 1 月），頁 4；中國國民黨中委會第五組編印，《中國國民黨土地政策與臺灣實施耕者有其田》（臺北：1954 年 7 月），頁 9-10。

[21] 林通經，＜論我國土地政策實施方案＞，《經濟建設季刊》2 卷 4 期（1944 年 4 月 30 日），頁 146-147。

日）：此期間比較短促，農業設施著重於糧食之徵購管理、田賦之折徵實物與收為國稅。主要目的仍不外於增加中央財政上的收入，計僅由田賦折實一項，在稅率上約增加財政收入之二十倍，而同期糧食增產成績，則僅為後方各省糧食生產量的 4% 而已。

3.自九中全會後開始（1941 年 12 月以後）：自九中全會後，一方面積極推動土地陳報，作開徵地價稅的準備，同時積極舉辦各種日用品的專賣，並準備所謂「糧食國有公營」。其主要目的仍在增加財政的收入，不過在性質上，租稅收入與商業性收入兩者同時相對並重。僅就「土地政策戰時實施綱要」規定之地價稅一項，較 1941 年實物田賦，稅額增加兩倍有餘，計折徵數額約可由五千萬石，增至一億一千餘萬石之譜。

至於土地增值稅與荒地稅的開徵，對財政收入不無小補，尤以土地債券之發行，實質上是一種變相的通貨膨脹，地政專家蕭錚也不諱言：「所謂土地債券，即係藉土地的強固信用所發行之有價證券，間接即依之膨脹通貨」。所以國民黨在抗戰時期的農業設施，重點仍在增加中央財政上的收入。[22]

二、臨全大會關於戰時土地政策案的提出

（一）臨全大會與抗戰建國綱領

1938 年 3 月 29 日至 4 月 1 日，國民黨在武昌召開了臨時全國代表大會（以下簡稱「臨全大會」），會議對農業予以高度重視，宣言稱：「中國為農業國家，大多數人民皆為農民，故中國之經濟基礎在於農村。抗戰期間，首宜謀農村經濟之維持，更進而加以獎進，以謀其生產力之發展」，並強調：「吾人謂三民主義之實

---

[22] 成全，前引文。

行，當於抗戰期間求之，且當於此求得抗戰之勝利，決非俟抗戰勝利之後始從事於民生主義之開始。」[23]大會通過影響深遠的「抗戰建國綱領」，也規定了「戰時經濟建設應以軍事爲中心，同時注意改善人民生活。」[24]

（二）戰時土地政策大綱

1.戰時土地政策大綱內容

臨全大會中提出「戰時土地政策草案」，指出國民黨的土地政策是經「總理創定」，「本黨解決土地問題之決心，固已爲國民所共知」，但因抗戰發生後，環境突變，「故非另定戰時土地政策，不能應時代之適切要求。」[25]大會根據代表的四件提案，合併討論後，1938 年 3 月 31 日通過「戰時土地政策草案」，列出「戰時土地政策大綱」九條，主要內容爲：

（1）中央及地方應特設土地利用指導管理機關，改善農業生產技術，嚴格統制生產種類，以提高土地利用的精度。

（2）中央及地方應特設墾務機關，制定開墾計劃，統籌辦理全國墾務。

（3）輔導和組織農業合作社。

（4）工業原料和出口品等類農產品，由特設之國際貿易機關所統制。

（5）地籍整理完竣區，一律依法實行地價稅、增價稅、遺

---

[23] 林泉編，《中國國民黨臨時全國代表大會史料專輯》（上）（臺北：中國國民黨中央黨史會，1991 年 6 月），頁 366-367。

[24] 林泉編，前引書，頁 357。

[25] 朱子爽，《中國國民黨土地政策》（重慶：國民圖書出版社，1943年），頁 54-55。

產稅,並一律採取累進制。未依法清丈登記之區,應舉行簡單地籍整理以爲實行地價稅等之準備。

(6)設土地銀行,發行土地債券。

(7)獎勵人民以土地呈獻政府,並應沒收漢奸土地,徵收利用不良之土地,依法分配於傷兵難民等。

(8)公私荒地之承墾,首爲受傷之陣亡將士家屬,次爲戰區難民以及各地無土地之貧農。

(9)規定地租額不得超過地價百分之七,並嚴禁任意撤佃抗租。[26]

2.戰時土地政策大綱特點

「戰時土地政策案」比起「土地法」和「土地法修正原則」,更爲進步,其出發點是爲增強抗戰力量,以爭取最後勝利,達到足食、足財、恤功及安定社會的目的。[27]

(1)統籌辦理全國墾務,沒收漢奸的土地和徵收利用不良之土地等,以擴大生產面積,安置傷兵難民。此係針對戰時後方人口突增的現象而制定,對安定後方,打擊叛國投敵者、調動民眾具有重要作用。(第二、第七、第八條)

(2)統制機構的設置、累進稅制的採用、農業合作的提倡、土地銀行的設立等,在一定程度上可以增加政府的財政收入,以保障抗戰的需要,也有利於減輕人民的負擔,改善農民的生活。(第一、三、五、六條)

(3)地租不得超過地價 7% 的限制,體現了二五減租的原則,而與土地法規定地租不得超過正產物收獲量千分之三百七十

---

[26] 林泉編,前引書,,頁 282-283。

[27] 林泉編,前引書,,頁 282。

五，以及與土地法修正原則所定地租最高額爲地價 8% 相比，租額已減輕，在一定程度上承認了佃農因勤勉增加的成果，歸爲己有之事實，有助於增加生產力的積極性。（第九條）

　　儘管臨全大會對此三點決議，有些條文態度不甚明朗，但意識到土地問題不可忽視。在另一項「非常時期經濟方案」中，「農村土地問題之根本解決，當依照本黨平均地權政策，使耕者有其田，勞者得食。在此抗戰時期，因不宜操之過急，亦須積漸施行，穩健推進。」[28]擬在陝北、江西等地試行分配農田，臨全大會召開前後，部分省區已有不同程度的實施，並取得相應效果。可惜抗戰進入相持階段，國民黨的戰時土地政策卻出現轉折。

（三）戰時土地政策的轉變

1.「戰時土地政策」的中輟

　　繼武漢、廣州失守後，抗戰進入相持階段，爲持久作戰計，國民黨本來應進一步積極推行戰時土地政策，但戰場的喪師失地，一再敗退，日本的誘降和英美的勸降，使抗日大爲受挫；加上中共敵後抗日根據地的發展壯大，形勢更加緊張。1939 年 1 月召開的國民黨五屆五中全會上，對內加緊反共的政策，同時在土地政策方也出現了轉變。

2.「戰後土地問題」的提出

　　抗戰開始後的三、四年間，國民黨對土地政策之於「戰時實施」，並未予實際的重視。1939 年 4 月，蔣介石在「中國地政學會第五屆年會」中的演講謂：「徹底推行民生主義的土地政策之良好時機，乃在抗戰勝利之日」。而該屆年會的討論中心亦在「戰後」的土地政策實施之問題，會中以「中國戰後土地政策」及「西

---

[28] 朱子爽，前引書，頁 56-57。

南經濟建設與土地問題」爲討論主題。[29]一反臨全大會宣言的精神。

　　另一方面，此屆年會也秉承蔣介石的意旨，以戰後的土地政策的實施問題作爲中心論題，從此制定了「中國戰後土地政策」，共五項十九條。其要點仍是「整理地權」、「地政整理」、「漲價歸公」、「創設自耕農場」等老調；並無具體談論戰時最迫切的減租辦法和保障佃農政策。而另一議題爲「西南經濟建設與土地問題」中，也僅籠統地提到「在墾區內租佃制度，應依照民生主義原則力謀改善」；至於如何改善，則無明確規定，而墾區之外的租佃制度，則又闕如。[30]

3.「戰後」土地問題轉變「戰時」

　　1941 年 6 月 16 日，財政部召開「第三次全國財政會議」，國民黨土地問題政策，由「戰後」轉變爲「戰時」。蔣介石在開幕時以「建立國家經濟的基礎及推行糧食土地政策的決心」爲題的演講中提出：「必須土地政策能夠徹底實行，土地問題獲得真正的解決，然後我們三民主義革命理想，才能全部貫徹，而目前抗戰建國的大業，才能得到最後的成功」的宣言，並訓示：「關於管制糧食與平均地權的土地政策，不僅在平時，而且是目前戰時財政與經濟的中心問題，尤爲我們目前所亟應完成的，如果此時我們還不能實行，那以後更沒有實行的時候了。」都將平均地權與糧食管理，列爲最大的任務。惟在會中討論最熱烈者實爲關係財政收入的田賦組，而最冷落者卻是土組。地政學會也於同時

---

[29] 蕭錚，《土地改革五十年－蕭錚回憶錄》，頁 217-218。

[30] 《中國土地政策》（1939 年版）頁 104~107。

舉行了「戰時」土地政策研討會。[31]

　　繼之，第三次全國內政會議、第二屆國民參政會，以至國民黨第八、第九兩次中全會議，均以實施「戰時」土地政策爲議題，而九中全會並通過「土地政策戰時實施綱要」。[32]

三、九全大會與「土地政策戰時實施綱要」

（一）九中全會的召開

　　1941 年 12 月太平洋戰爭爆發，中國不再孤立對日作戰，配合同盟國的行動，進行反攻時機；另一方面也遭遇到嚴重的經濟問題，實際上農業國家的中國，都可以歸結到土地問題上去。[33]自通過「抗戰建國綱領」以後，全國積極從事經濟建設。至 1941 年，前方內遷的工廠六百餘家，後方新建工廠一千三百餘家。同時中央從事財經改革，1941 年 4 月第五屆八中全會決定施行計劃經濟，對鹽、菸、火柴、茶、糖、酒等收歸中央專賣。[34]並將田賦改徵實物，控制全部糧食，實行配給，後方經濟漸趨安定。一方面亦積極實施交通水利建設，河道、公路、飛機場等迅速增加，便利交通運輸。

　　1941 年 12 月 15 日至 23 日，國民黨在重慶召開第五屆中央執行委員會第九次全體會議，12 月 22 日通過「加強國家總動員實施綱領」，及其他配合措施，已操抗戰必勝之決心。大會通過

---

[31] 崔永楫，＜土地金融與土地政策＞，《人與地》1 卷 21、22 期（1941 年 11 月 20 日），頁 422。

[32] 蕭錚，前引文，頁 218；成全，前引文。

[33] 蕭錚，前引文，頁 217；劉岫青，前引文，頁 9。

[34] 蕭錚，前引書，頁 217。

「土地政策戰時實施綱要」與「設立地政署」兩案，一個關係具體綱領的訂定，如實行田賦徵實，全歸中央等措施；一個關係執行機構的確立，可謂地政建設立史劃時代的兩件大事。[35]依原「綱要」末項規定：「立法機關廳根據此綱要迅速制定實施辦法，由中央專設地政機關，　期實施。」家總動員實施綱領」案，均不外乎人力與物力的總動員。所以此綱要的制訂，不僅是爲了土地政策的實施，特別是爲了因應戰時的需要。[36]

（二）「土地政策戰時實施綱要」

1941 年 12 月 22 日，九中全會通過蔣介石交議的「土地政策戰時實施綱要」（以下簡稱「綱要」）共十條，不但明文列舉重大土地政策，宣示其方針，並指明立法機關應本此綱要，迅速制定實施辦法，交由中央地政機關剋期實施。

「綱要」前言中，蔣介石說明：「查平均地權爲總理民生主義實行之要道，原應積極進行。抗戰以還，土地問題更見重要。如何調整分配，促進使用，以應戰時需要，尤爲當務之急。經今有關機關會同研究，擬具土地政策戰時實施綱要草案，茲特提請公決。」[37]內容共十項：

（1）爲適應戰時需要，推行本黨土地政策起見，制定本綱要。

（2）主管地政機關，應加強整理地籍工作，限期完成。

（3）私有土地應由所有人申報地價，照價納稅，稅率起稅

---

[35] 金海同，前引文，頁 4。

[36] 金海同，前引文，頁 4。

[37] 朱子爽，前引書，頁 66。

點為百分之一至百分之二，累進至百分之五；其土地之自然增價，應即徵收土地增值稅，暫依累進制徵收之。

（4）國家為調劑戰時軍糧民食起見，對於農民地價稅折徵實物，其實物全歸中央。在折徵實物期間，由中央按各該縣市地價稅實收金額，以百分之五十之現款，撥歸各該縣市作為補助。

（5）為實施戰時經濟政策或公共建設之需要，得隨時依照報定之地價徵收私有土地，其地價之一部，並得由國家發行土地債券償付之。

（6）私有土地之出租者，其地租一律不得超過報定地價百分之十。

（7）土地之使用應受國家之限制，政府並得依國計民生之需要，限定私有農民之耕作種類。

（8）農地以歸農民自耕為原則，嗣後農地所有權之移轉，其承受人均以能自為耕作之人民為限。不依照前項規定移轉之農地，或非自耕農所有之農地，政府得收買之，而轉售於佃農，予以較長之年限，分年償還地價。

（9）荒地之可為大規模經營者，由國家墾務機關劃設墾區，移殖戰地難民，或後方有耕作能力之人民，並供給生產工具，以資耕作。私有荒地，政府徵收高額地價稅，並限期使用；逾期不使用者，得由政府估定地價，以土地債券收購之。

（10）立法機關應根據此綱要，迅速制定實施辦法，由中央專設地政機關，剋期實施。[38]

此「綱要」為適應戰時需要（第一條），推行民生主義土地

---

[38] 《人與地》1卷23、24期（1941年12月），頁451-452。；＜法規＞，《地政通訊》創刊號（1943年7月1日），頁9。

政策起見，調整分配，促進利用。除提出應加強一切地籍整理工作，限期完成外（第二條），其中第六項關於地租租額的限制，以國幣繳納者，其最高額規定：每年不得超過地價 10% ；以實物繳納者，其最高額應依照土地法第 177 條之規定，不得超過耕地正產物收穫總額千分之三百七十五，但出租人以耕畜、種籽、肥料或其他生產工具，供應承租人者，得於原租額外約定給以相當報酬。又有關土地賦稅的改制，以及土地使用與地權轉移之規定，農地自耕原則之確立等。如果能本著適應戰時需要而積極推進，將有助於達到地盡其利、人盡其力之目的。[39]表明國民黨將推行土地政策視作當務之急，把中輟了的土地政策的實施，又由戰後改為戰時了。

　　「綱要」中第八項關於扶植自耕農之規定如下：「農地以歸農民自耕為原則，嗣後農地所有權之移轉，其承受人均以能自為耕作之人民為限。不依前項規定移轉之農地或自耕農所有之農地，政府買之而轉售於佃農，予以較長之年限分年償還地價。」

（三）關於「土地政策戰時實施綱要」

1.基本精神及重點

　　「綱要」明訂地價稅及土地增值稅，均應累進課徵，並明定農地地價稅，得折徵實物徵收之。此一政策性之決定，對戰後土地法之修訂，有決定性之影響作用。[40]就本身而論，「綱要」其中關於土地賦稅之改制，地租最高額之規定，以及土地使用與地權移轉之限制，農地自耕原則之確立等等，如能切實執行，對於國家總動員所要求之地盡其利與人盡其力，應大有助益的。

---

[39] 蕭錚，前引書，頁 221；中研院近史所經濟檔＜農林司＞20.22/79.7。
[40] 張維一，前引書，頁 107。

　　在「綱要」少數十條中，大約有半數以上規定各種土地稅之如何開徵、分配等，而對於減輕佃農之實際負擔、如何實現自耕農制，則僅有極疏略又空泛的一、二條文。因之，易令人誤認為「重稅政策」之「戰時實施」，而非土地政策之戰時實施。實質上包含必使得國計民生受其果的惡性循環，被評者視為一種「飲鴆止渴的辦法」。[41]

2.地價稅率徵收與分配問題

　　大後方地價較戰前高漲，銀行利息亦高達 30% 以上，至 60~70% 上下。然而「綱要」第三條規定，地價稅稅率起稅點，僅及地主報價 1~2% ，累進至 5% 為止。雖然在徵收方面，因稅率甚低，不致引起地主之反抗，但是欲以如是低微的稅率，去達到「稅去地主」、「平均地權」的理想，恐有困難。「綱要」第三條中關於土地之增值，則只依累進制徵收的規定，不僅有背「漲價歸公」的主張，同時也不利於戰時充裕正當財政收入的目標。[42]

3.關於土地使用和開墾荒地問題

　　「綱要」關於開墾荒地方面，主張大片的官荒，應由國家劃設墾區，移殖撤退難民和後方無地可耕的人民，供給生產工具，使能順利進行耕種。對於私有荒地，國家一方面徵收高額的地價稅，同時限期耕種，逾期不耕者，即予沒收，以壓迫土地所有人自動完成其土地的利用，一方面可以促進地利，增加物資的生產，以充戰爭的需要，又可安置大批難民和後方失業群眾，減輕國庫的負擔，消除社會的不安。[43]

---

[41] 成全，前引文。

[42] 成全，前引文。

[43] 劉岫青，前引文，頁 10。

4.關於佃租限額的規定

關於調整土地權利和收益的分配,「綱要」採取:(1)私有土地由政府照價累進徵稅,稅率自百分之一累進至百分之五為止,其自然增價也依累進制徵收增值稅。國家便可將地主的不勞而獲的利益,以租稅的方式,徵去其一部份,以減少地主的收益,和坐而致富的機關;(2)政府直接限制地主收租不得超過地價百分之十,以保障佃農的利益和生存;(3)農地以歸農民自耕為原則,非自耕農所有的農地,政府得強制收買,轉售佃農,分年收回地價。此原則不僅以保護佃農為滿足,進而企圖以國家力量,創設自耕農場,以期根本消滅租佃制度及其弊害。[44]

關於租佃問題的解決辦法,「綱要」第六條規定:地租不得超過申報地價 10% ,比「土地法」的規定地租以不超過地價的 7% 為更低。至現有佃耕地則由土地債券收買之,劃分為標準自耕農場轉授農人;又比地租不得超過地價 7% 而言,租額提高了,但實際上,穀租普遍「主六佃四」,甚至「主八佃二」。然而政府對於「如何有效的抑減違額地租,並防止地主『明減暗增』或『明減暗不減』等違法行為,則徒有白紙黑字之空洞條文,未見有任何足以有利於廣大農民的具體設施。」加之「綱要上關於限制地租的辦法,依舊交由現為豪紳地主所把持的。所謂『基層政治組織去執行,則無異於與虎謀皮』。」[45]

5.從地價比率定地租限額

以「綱要」從地價比率定地租限額而論,在戰時糧價漲速超過地價的情況下,較土地法第一七七條,相當於二五減租,對佃

---

[44] 劉岫青,前引文,頁 10。

[45] 金德群,前引書,頁 251-252;成全,前引文。

農更爲有利的。實際上，問題在政府既無決心，也無準備，更無可能以「照價收買」不耕地主的土地，地主低報高收，亦無可如何。反之，廣大佃農既無業無產，又無權勢，即使明知法律地租有限額，亦無可如何，反不如按耕地正產物收穫成數計算爲妥。其結果難免產生「增稅有著，減租無著」之感慨。

6.土地陳報問題

「綱要」上規定的地籍整理工作，實即大後方各省正加速推行之土地申報與地價申報二事。土地陳報於 1934 年 9~10 月間開始，至 1942 年 1 月爲止，全國僅有 343 縣報稱辦理完竣，只占全國總縣數的七分之一，照此速度，要辦竣全國土地陳報，至少須半世紀之久。但財政部賦稅司長關吉玉認爲：戰時爲應急計，不必進行土地測量登記，中央已限令全國各省統於 1942 年度內辦理土地陳報與地價陳報中報完。僅舉辦土地陳報，並可節省經費，迅速事功，但依過去經驗，欲於不足一年時間之內，辦妥全國土地陳報，固非易事，而事實上人民對於土地，「疑懼派款抽稅，多方隱匿不報，加以保甲組織不完善，辦理人員亦多徇情舞弊，仍難得精確數字。」[46]

7.地價申報問題

據報載已有廣西業戶因地稅仍照現制，多不陳報之事。事實上，縱令政府決心照價收買，這種辦法在政治不明的狀況之下，勢必有利於不肖官吏假公濟私，若想藉以強迫地主照實報價，絕難收效。因爲到 1941 年爲止，中國、交通、農民、中央信託局四行局之一百萬元貧農購贖耕地貸款，以及中國農民銀行一千萬之土地金融放款二項基金，全部撥充「照價收買」之用，依當時

---

[46] 成全，前引文。

最低估計，後方各省每畝地價平均爲一百元，則可以收買之土地不過十二萬畝；然據土地金融處處長黃通戰前計算：僅川、湘、雲、貴四省佃耕地即達一千二百餘萬畝，則以此區區一千二百萬元，充其量僅能收買此四省現有佃耕地的千分之一而已。縱令土地債券發行額超過基金十倍，就大後方 18 省情形而論，仍是杯水車薪，欲循此以達到平均地權之目的，則無異於畫餅充饑。

8.土地稅收的分配問題

孫中山在「地方自治實行法」和「建國大綱」中均主張：土地稅爲地方稅，由地方團體公有公享；「土地法」第 233 條亦有類似規定，可是綱要規定則適得其反。此在戰時國庫支絀，固未可厚非，然觀財政部所擬「加強縣自治財辦法」，關於今後所謂「縣自治財政」之「開源」辦法，乃以「鄉鎮保造產及舉辦公營事業」爲第一著；究其實際，不過便利地方政府藉此無償徵用農民地產，強制徵用農民勞動，以造鄉鎮保之產。

「綱要」關於徵收地稅的準備工作，即地籍整理工作，既有特設地政署專司其事，而徵收程序復有明令財政部加緊籌備；可是關於如何有效的抑減逾額地租，並防止地主明減暗增，或明減暗不減等脫法行爲，則徒有白紙黑字的空洞條文，未見有任何有利於農民的具體設施。加之「綱要」上關於限制地租的規定，依舊交由豪紳地主所把持的所謂「基層政治組織」去執行，只是與虎謀皮而已。

國民黨戰時的農民政策，抗戰初期該黨學者何漢文即在《中央月刊》（1 卷 30 期）中指出：對於農民運動，「只有消極的防範，而沒有積極的指導，更沒有積極去發動」。九中全會之後，雖揭櫫戰時土地改革綱領，同時以新縣制之實施，鼓吹爲「鄉村民主縣自治」。事實上，廣大農民毫無民主自治的權利可言，所

謂農會組織，絕大多數空有一面招牌而已。戰時修正農會法，擴大會員範圍，同時加強黨部的指導作用，欲推進農民救國運動，目的藉此加緊「動員」農民出錢出力。在此情形之下，「綱要」的限租辦法無由實現。[47]

9.調劑糧食，安定民生

「綱要」規定農地地價稅得折徵實物，如此，政府便能控制大批糧食，以充軍糈民糧，必要時可以在市面拋售，以穩定糧食的價格。戰時糧價上升的原因很多，如生產成本的加高、消費數量的激增、運輸的困難和運費的昂貴等；但是糧價的飛漲，卻不得不歸咎於土地制度的不良。因為租佃制度盛行，造成一般地主普遍壟斷糧食，囤積操縱，這一現象在四川最為明顯。[48]所以要解決糧食問題，須從改革土地制度入手。戰時提出的限制田租和扶植自耕農，即根本對策，但不是短時期內可以見效。「綱要」規定地價稅得折徵實物，政府便能控制大批糧食，以充軍糈民糧，必要時可以在市面拋售，以穩定糧食的價格。[49]

第三節　土地改革的提出

一、戰時地政改革內涵

戰時地政改革的特色，為解決財政與糧食問題出發，土地政策上應有的措施：

---

[47] 成全，前引文。

[48] 劉岫青，前引文，頁11。

[49] 劉岫青，前引文，頁11。

1.從速辦理地價申報，規定地價：八中全會議決辦理地價申報，在地政部未確定設立之前，內政部已成立地價申報處，應從速實施地價申報，規定地價，以為徵收地價稅、土地增值稅、遺產稅，與徵收土地，發行土地債券及創立自耕農場等之依據。

2.根據申報地價即時改徵地價稅：戰時地價飛漲，農地較之戰前有漲至二十倍以上者，市地以重慶為例，最高有漲至三百倍以上者，地價稅開徵之後，國家歲入當可劇增，據蕭錚於 1940 年估計，實施地價稅及土地增值稅後，國家至少可增加六十餘億元以上之收入，其於戰時財政，有莫大裨益。[50]

3.舉辦土地增值稅，實現漲歸公：地價申報後，增價部分，已易查明，故土地增值稅應與地價稅同時開徵，以逐漸達到漲價之全部歸公。

4.運用土地金融力量，實施照地價收買：發行土地債券，則照價收買資金有來源，自可實施，以多報少者自必斂跡。

5.積極扶植自耕農，以解決戰時糧食問題：因為自耕農除自用外，所餘糧食，必須出售，且自耕農愛惜土地觀念最強，則糧食之產量，當可增加。

6.實施土地改良，以期地盡其利：後方各省，荒地甚多，移民墾殖，刻不容緩。

7.建立土地金融制度，創造信用：土地行政與土地金融為推行土地改革之雙翼，有土地金融機構之融通資金，地政始能運用經濟力，以為政策性土地融資之舉措，故關於減租、實行耕者有其田問題之決議案，需要設立土地銀行，發行土地債券，以匡助

---

[50] 黃通，<財政糧食與土地>，《人與地》1 卷 17 期（1941 年 9 月 5 日），頁 338-339。

行政力量之不足。

（一）地籍整理

　　整理地籍爲土地行政基本工作，實施土地政策，須有確定地權，以資依據。民國以來，政府對於地權糾紛之處理、田賦之徵收，大都僅憑殘缺不全的簿冊，即附以圖者，亦不過每戶步弓之圖形，以致行政區畸形、地籍凌亂，已達極點。

　　1930 年頒布土地法，於是土地行政展開於全國各省市縣，然而到戰時共三十多年，地籍整理，迄無具體計劃。[51]「土地政策戰時實施綱要」，內容首要加強地籍整理工作，限期完成。第二、第三條規定：主管地政機關應加強整理地籍工作，限期完成；私有土地應由所有人申報地價，照價納稅。行政院於 1942 年 7 月 25 日核准並通過「非常時期整理地籍整理實施辦法」。[52]

　　根據土地法規定，地價稅應在土地整理完成之後開徵，地籍整理須先清丈土地；而清丈土地，需時過久，費用太高。法國土地面積比中國少 17 倍，清丈之期長達 30 年；日本土地面積比中國少 25 倍，清丈之期也達 9 年。而僅南京一市的清丈，就花用 80~90 萬經費，費時七年多；南昌也用去 45 年，耗時四年多，就連清丈江蘇的小縣寶山、昆山，就分別用了 7 年、13 年之久。又據國聯專員拉西曼 1936 年報告書估計：當時中國以最經濟的航空測量統計，即需要一億五千萬元之巨。[53]而政府整理土地，主要是爲了整頓田賦，增加收入。當局從節省經費出發，並爲戰時

---

[51] 孫兆乾，＜重劃省區與方田制度＞，《中農月刊》9 卷 1 期（1948 年 1 月 31 日），頁 17。

[52] ＜法規＞，《地政通訊》創刊號（1943 年 7 月 1 日），頁 10-11。

[53] 成全，前引文。

應急計，除少數地區繼續辦理土地測量外，主要是採取土地陳報和地價申報等變通的辦法，為開徵地價稅作準備。[54]

（二）土地陳報

地籍整理須先清丈土地，此項工作在土地法施行前，各省市地籍自 1934 年開始著手辦理，藉以整頓全國複雜而不合理之田賦。其業務的推進，一方面由中央統籌分配辦理，一方面亦由地方自籌經費辦理。

1941 年 4 月，八中全會決定「田賦暫歸中央接管」，並在財政部內設「整理田賦籌備委員會」，具體負責土地陳報工作。1942 年 5 月，行政院以「土地陳報為推行土地政策的基本工作，復通令各省市加速舉辦，各省縣土地陳報，限於 1942 年內辦理完竣。」[55]並於田賦改訂科則辦法中規定：「各縣辦理土地陳報，於戰時應先將全縣劃分為若干地價區，查照各該區三年內土地價格，分別等則，估定標準地價，揭示公告；然後由業戶依照標準地價之等則陳報。」[56]於是全國除淪陷區外，都按此分區分期舉辦。

土地陳報的目的是為了整理田賦，並為開徵地價稅作準備，若能切實積極推行，則有利於增加財政收入；但是當時土地陳報「表面上是一件很簡便的工作，其實一無所用」，因為「辦理所謂土地陳報者，隨便分發表格，令各縣長調查填報，結果敷衍了事，並不能得到確實可靠的資料，以不可靠的資料為施政基礎，

---

[54] 金德群，前引書，頁 260-261。

[55] 朱子爽，前引文，頁 48。

[56] 關吉玉，＜戰時財政與地價稅＞，《中央周刊》4 卷 21 期，轉引自金德群，前引書，頁 261。

實在是一件最不經濟的冒險事情。」[57]況且，各戶所有土地的面積大小既未測定，各戶所有土地面積之多少不實，在此情況下，地價自然不能公允估定，地價稅因之也決難公平徵收，其結果使名義擁有幾畝田的農民，名徵稅實則增稅。」[58]

以政府工作效率依故，規定要在不足一年的時間內，辦妥全國土地陳報，實效是可想而知的，結果到抗戰結束後，在形式上也未理辦完成。其成果統計：合計 1934~1946 年，實測面積為172,463,032 市畝。而 1942~1946 年土地登記成果總計 673 城區、645 場鎮，所有權登記號數：申請登記 33,728,646，覆丈 666,761，發狀 13,750,315；他項權利登記號數：申請登記 71,495，發給證明書 45,157；轉移變更登記號數：申請登記 892,177，換發權狀268,740。[59]

（三）地價申報

規定地價為實施照價徵稅、漲價歸公、照價收買等政策之基本工作。戰時僅能在後方各省市積極辦理，1941 年 4 月八中全會及二屆國民參政會，通過了由陳果夫等十人提出的「為實現本黨土地政策應速舉辦地價申報案」。此提案承認地價日漲不已，地主「悉數飽其私囊，於是挾其多金盛行兼併，…不僅妨礙當前之戰時經濟，且貽將來土地問題之患，尤與本黨之民生主義大加背

---

[57] 吳尚鷹，＜論土地之分配與生產問題＞，《財政評論》，6 卷 3 期，轉引自成全，前引文。

[58] 成全，前引文。

[59] 《地政通訊》17 期（1947 年 6 月 1 日），頁 38；《地政通訊》20期（1947 年 9 月 1 日）。

謬。故亟應舉辦地價申報，以實現本黨之土地政策。」[60]並附列「申報地價辦法大綱」六條，限令全國除淪陷區外三年內辦理完竣，企圖以此達到照價征稅，照價收買，及漲價歸公的目的。因為抗戰期間政府既感於土地政之急需推展，復迫於財政之急切需要，根據這一提案，中央隨即擬訂計劃，準備分區限期辦理，1941年7月另設「地價申報處」，籌辦全國地價申報事宜。

1941年12月11日，公布「非常時期地價申報條例」21條。1942年10月7日又公布「修正非常時期地價申報條例」，其內容為：

（1）申報地價的範圍：公有及私有土地應依本條例之規定申報地價。（第一條）

（2）申報地價主管機關：在中央由地政機關主辦，在各省由省地政局主辦，在市縣設市縣地籍整理機關辦理之。（第二條）

（3）辦理地價申報之程序：測量地畝、查定標準地價、業主申報、編造地價冊。（第三條）

（4）申報地價之標準：以最近三年內土地收益之市價，以為評定標準地價之依據；標準地價公告後，業主應於二個月內按照標準地價，向主辦地價申報機關申報地價，申報之地價將依照標準地價為 20% 以內之增減；依照前條申報之地價，為徵收地價稅、土地增值稅之依據。（第四、七、八條）

（5）逾期不申報者之處分：逾期不申報地價者，即以標準地價為申報地價；逾期三個月無人申報地價之土地，即由市縣政府暫為管理。（第九、十四條）

（6）其他規定：申報地價每五年辦理一次，但有重大變動

時，將於申報滿一年後重新申報；各地方地價申報辦理完竣後，
舉辦地價稅及土地增值稅，其原有田賦及各項附加稅捐不再徵
收；各省及院轄市舉辦地價申報，依本條例之規定擬具計畫及實
施細則，送請中央地政機關核定；辦理地價申報之區域期限，由
行政院以命令定之。（第十、十五至二十條）[61]

　　本條例公布後，政府責令各省縣依此條例作為申報地價之準
則。1942 年，地政署成立後，便開展工作，各市縣設立地價申報
辦事處或地籍整理辦事處負責辦理。其成果：（1）地籍整理、土
地陳報進展緩慢，地價申報也收效甚微。首因地價申報的目的，
在於核定標準地價，據以徵收地價稅，因此地主為逃避重稅，對
地價申報紛紛拖延或阻撓；（2）政府明即使知道地主少報地價，
因財力所限，不可能真正做到照價收買地主的土地，使地價申報
工作，失去了支持力；（3）辦理人員的敷衍塞責，營私舞弊。因
此 1942~1946 年辦理地價申報，僅有稅地面積 1,145.8 萬畝，與
政府預期的指標相差甚遠。[62]

二、中央地政機構的變化－設置地政署

（一）地政署之設置

　　國民政府定都南京後，原由內政部設土地司，掌管土地行
政。1932 年 1 月，曾置中央地政機關籌備處，旋即裁撤。同年 5
月，內政部土地司改稱為地政司。1941 年，國民黨八中全會以配
合抗戰需要，通過「為實現本黨土地政策，從速舉辦地價申報

---

[61] 《地政通訊》創刊號，（1943 年 7 月 1 日），頁 11。

[62] 《地政通訊》22 期（1947 年 11 月），轉引自金德群，前引書，頁
266。

案」，乃於是年 7 月在內政部增設地價申報處。[63] 1941 年 12 月，九中全會通過蔣介石交議「擬設置地政署，直隸於行政院，掌理土地行政案」，該案內容重點計分三項：

1.說明組設地政署緣起：指出爲進行孫中山平均地權的遺教，實行土地政策，行政院內應設置土地行政專管部門；但爲求業務切實起見，在著手伊始，組織可從簡，故擬暫先設置地政署。

2.大體提示地政署的職掌：主要業務爲地籍、地價和土地使用事項，並特別強調地價申擬和有關地政的調查統計，應即著手進行；此外於概括協助各部有關地政的職掌，應劃歸該署主管外，復具體提示，內政部地政司應於地政署成立之日裁撤歸併，而土地稅收與田賦整理事項，則仍由財政部辦理。

3.規定如何實現該案的手續：由行政院根據原案要旨，即速擬訂「地政署組織法」，經由立法程序公布實施。

自該案移歸政府辦理後，經過約半年的籌劃，1942 年 6 月 9 日公布「地政署組織法」，7 月於行政院下設地政署，鄭震宇爲首任署長，將內政部土地司及地價申報處裁併，後即積積極開展後方各省市的土地行政。[64] 繼之 1942 年 8 月 14 日，行政院會議通過「省地政局組織大綱」，規定各省市應設立「地政局」，直隸各省省政府，掌理各該省市之土地行政事項，隨即先後制定各種戰時地價申報條例。[65] 原設之地價申報處即告結束，抗戰勝利，地

---

[63] 孟光宇編，《地政法規》（南京：大東書局，1947 年），頁 110-111，轉引自張維一，前引書，頁 107。

[64] 馮小彭，＜建國六十年土地行政的回顧與展望＞，《土地改革》第 21 卷第 10 期（1971 年 10 月），頁 5。

[65] 孟光宇編，《地政法規》（大東書局，1947 年），頁 110-111。

政署又改爲地政部。

（二）地政署之任務

地政署爲執行「土地政策戰時實施綱要」而設置，「綱要」全文十條，除第一條說明制定旨趣係「適應戰時需要，推行本黨土地政策」，第十條規定「立法機關應根據此綱要，迅速制定實施辦法，由中央專設地政機關勗期實施」外，其第二至第九條爲實體部分，可以歸約爲三個項目：

1.關於地籍整理：因爲地籍整理的內容，一般而言，包括地籍測量和土地登記，比較確切，所以只在第二條中概括規定應加強工作，限期完成。

2.關於地稅政策：主要規定原文第三條，是以地價申報爲徵收地價稅的基礎，並以地價稅率起稅點爲百分之一至百分之二，累進至百分之五；私有荒地徵收高額地價稅（第九條），而於土地自然增價，則暫依累制徵收土地增值稅。此外復於第四條補充規定：政府於必要時，對於農地地價折徵實物。

3.關於地稅以外的土地政策：原文包括第五以至第九條，其主要內容爲：國家得發行土地債券，照地價隨時徵收私有土地，限定地租額不得超過報定地價百分之十，限制土地使用，實現耕者有其田，並促進公私荒地的墾闢諸端。地政署的組織也大體與「綱要」相應，分爲四處，除掌理一般行政的總務處外，地籍處掌理地籍整理事項，地政處掌理地價申報事項，地權處則掌理地稅以外的土地政策事項。[66]

地政署統籌並推展全國各項土地政策事項，其業務有六：（1）

---

[66] 李顯承，＜爲地政署的任務進一言＞，《人與地》2 卷 4、5 期（1942年 5 月），頁 10-11。

關於土地測量事項，（2）關於土地登記事項，（3）關於土地圖冊之保管事項，（4）關於土地調查事項，（5）關於公有土地之清理事項，（6）關於土地重劃事項，（7）其他有關地籍事項。[67]以地籍地價及土地使用爲主，對於地價申報與有關地政之調查統計等事項，尤應著手進行。其他凡行政院各部有關地政之職掌，應由行政院詳爲審議，分別劃歸該署主管，以專責成。

　　1947 年春，國民政府改組，鑒於綏靖區土地問題嚴重，及推行土地政策之重要，又將地政署擴大而爲地政部，於 5 月 1 日成立。[68]

（三）全國地政會議

　　1942 年 11 月 7 日地政署召集舉行全國地政會議，計報到會員 55 人，討論提案 105 件，先後集會 5 日，於 11 日圓滿閉幕。

　　1.重要地政議案：會議鮮明的提示「推行地價稅」和「扶植自耕農」，爲當前地政工作的二大目標，其重要議案計有：（1）完成後方各城市地籍整理案：中央原定 1943 年度地價稅額爲十二億元，後方八百四十三城市，均須限期完成地籍整理，以爲開辦地價稅之依據；（2）後方縣市補辦規定地價及重估地價案：已辦測量登記而未定地價者，應補辦規定地價，已定地價而有重大變動者，應重估地價，統限於 1943 年度辦理完竣；（3）試辦扶植自耕農案：蔣介石頒訓詞提示：「中央現更決定以農民銀行爲土地金融之專業機關，俾爲協助地政實施耕者有其田之基礎，此後地政業務之進行，自必益獲充分之便利。」各省擇定適宜區域，

[67] ＜地政署組織法＞，《地政通訊》創刊號（1943 年 7 月 1 日），頁 11-12。

[68] 蕭錚，前引書，頁 221；《民國三十七年中華年鑑》，頁 1353。

配合土地金融，徵收私有土地，重劃爲標準自耕農場，轉發農民耕作。此外。對於地政人員的任用和訓練、土地測量實施規則的修訂、各省規定借貨辦法的統一，以及戰後全國地籍整理的計劃等，也有所決定。[69]

此次會議收穫，最低限度已將 1943 年度全國地政中心工作很確切的決定，而且是各地地政負責當局親身參與，因而實行時不會發生相互隔閡。然而，戰時地租和地價高漲，會中未提及「漲價歸公」；其次，地籍整理限後方各省縣城及重要鎮市共八百餘處，後方連全部縣市城鎮合計，也不過八百餘處，1943 年度辦完這八百餘處，固然較已往進步，但會議卻將廣大農村排除在外；第三，耕者有其田爲平均地權之一種，中央既決策於先，行政當局應可執行於後，但地政業務會議只決定一種點綴性的試辦。[70]

2.保障佃農實施方案：全國地政業務會議修正通過「保障佃農實施方案」，其要點：（1）由地方黨政機關督導學校及農會切實宣傳，使社會人士明瞭保障佃農之意義；（2）限期辦理租債契約登記，以明瞭各地租佃契約內容，並爲限制租額，解決租佃糾紛之依據，一如辦理土地登記，以收徹底清理地權之效益；（3）訂定處理業佃糾紛解決方法，期收省時省事，並公允就地解決效益。但此不過治標之解決方法，實應進一步獎勵荒地墾治，增加佃農耕地來源，使地主無法增加地租，並設法扶助佃農。[71]

---

[69] 黃通，＜土地金融之使命與展望＞，《人與地》3 卷 1 期（1943 年 1 月），頁 10；獻忱，前引文，頁 2。

[70] 獻忱，前引文，頁 2。

[71] 成自亮，＜農地租佃問題＞，《人與地》3 卷 2、3 期（1943 年 3 月），頁 15。

三、土地金融與土地政策之推行

　　土地金融的任務,不僅求土地資金化,以活潑農村金融,更要利用國家的金融力量,創設自耕農;為保護已有的自耕農,使其「農業階梯」不致淪落,又有賴於「土地改良金融」的運用。另一個使命是實現地盡其利政策,使已創設的自耕農,能運用土地購買金融以開墾荒地、重劃土地、舉辦灌溉排水工程並改進農業經營等,以擴大土地生產,增加農民收入。

　　現代農業金融專業化的趨勢,土地金融與中短期農業金融,性質不同,必要獨立設立機構。中國農民銀行成立後,與前農本局關於土地債券之發行,只見之於法律之規定,從未舉辦。1941年,中國農民銀行兼辦土地金融業務,於 1942 年奉准發行土地債券一億元。但因為農村衰敗,農民信用日趨低落,不敢輕易貸放。[72]

(一)土地金融機關的組織

　　中國不動產金融機構設立的動議極早,1914 年曾公布勸業銀行條例,1915 年頒行農工銀行條例;但以國家多故,勸業銀行根本未能設立,農工銀行到抗戰時不過十餘家,且資力薄弱,業務類似一般商業銀行。1928 年以來,各級農業金融機關相繼設立,但其業務最大部分限於短中期農業信用,至於長期則絕無僅有。

　　1940 年 7 月,國民黨五全大會及七中全會之決議案,通過「設立中國土地銀行,以促進土地改革,實現平均地權,活潑農村金融,改善土地利用。」[73]1940 年 10 月,地政學院的蕭錚擬具設

---

[72] 張培剛、張之毅,《浙江省糧食之運輸》,見章有義編,《中國近代農業史資料》第 3 輯(三聯書店,1957 年 10 月),頁 679。

[73] 吳文暉,《中國土地問題及其對策》,(上海:商務印書館,1947

立「土地銀行辦法綱要」，經蔣介石裁示：「因現有中中交農四大國家銀行，實際業務並無區別，在此抗戰期間，與其新創一行，不如即令農民銀行參照土地銀行辦法綱要之要旨，先行試辦，以早逐漸實現土地銀行應有之任務，但農行名稱暫可不改。」自此土地金融機構之設立，始有一著落。

　　1941 年 2 月，中國農民銀行奉命兼辦土地金融業務。時陳果夫任中農行董事長，蕭錚任董事，負責規劃設立土地金融處之事務，黃通創擬各種規章。1941 年 4 月，經立法院通過「中國農民銀行兼辦土地金融條例」，中國農民銀行遂有土地金融處之設置，由黃通及洪瑞堅分別擔任正、副處長，直至遷臺為止。[74]

　　「中國農民銀行兼辦土地金融條例」共九項，其中第三條規定土地金融業務，於總處辦理地籍整理、土地徵收、照價收買、土地墾殖、重劃與改良，以及扶植自耕農等放款，藉以協助政府推行土地政策。其土地金融業務之會計，完全獨立；其中扶植自耕農放款部分，乃政府為直接創設自耕農徵購土地之放款，及農民購買或贖回土地自耕，或依法呈准徵收土地之放款。1941 年 9 月 5 日，國民政府公布「修正中國農民銀行條例」及「中國農民銀行兼辦土地金融業務條例」。[75]

　　中國農民銀行土地金融處設立後，土地金融機構可謂粗具，但該處與中農行其他各處平行，規模過小，基金又太少，僅有國幣一千萬，能否完成使命，實屬疑問。實際上，中農行土地金融處實際已包括土地銀行的職掌，尤以明定有發行土地債券的職掌

年），頁 270-271。

[74] 蕭錚，前引書，頁 225-226。

[75] 黃通，《土地政策原論》，頁 229。

最為重要；否則以一千萬元國幣的資金，難以舉辦任何土地改革業務，所以中國農民銀行土地金融處，為中國現代土地金融的先河。[76]

（二）土地金融機關的業務種類

1941 年 9 月 5 日公布的「中國農民銀行兼辦土地金融業務辦法」包括五種放款，每種都針對土地政策而定，其內容如下：

1.照價收買土地放款：凡實施土地稅之區域，地政機關對報價不實之土地，實行照報價收買之放款屬之。

2.土地徵收放款：國家依法徵收私有土地之放款屬之。

3.扶植自耕農放款：政府為直接創設自耕農徵購土地之放款，以及農民購買或贖回土地自耕，或依法呈准徵收土地之放款屬之。

4.土地重劃放款：地政機關依法舉辦土地重劃之放款屬之。

5.鄉鎮造產與土地改良放款：政府為開發公有荒地或興辦長期性質之農田水利之放款，及公有荒地承墾人或代墾人，依法承墾或代墾荒地之放款。[77]

---

[76] 後來臺灣之有土地銀行，實由土地金融處而來；然其法律地位，仍不如當時土地金融處之完備。1949 年 1 月，中國農民銀行總管理處由京遷滬，5 月復遷重慶。同年 7 月總管理處內部組緊縮為總務、業務、會計三處，土地金融處遂撤銷。該行遷臺以後一直未展開業務，至 1961 年該行始正式在臺復業，而其土地金融業務，實際已移歸臺灣土地銀行辦理。殷章甫，《中國之土地改革》（臺北：黎明出版社，1984 年），頁 38。

[77] 吳文暉，《中國土地問題及其對策》，頁 274-275；鍾崇敏，＜全國地政檢討會議述評＞，《中農月刊》9 卷 2 期（1948 年 2 月），頁

　　以上五種放款業務，可歸納爲兩類：前三種爲改善土地分配放款，偏重於協助推行土地分配政策，如扶植自耕農、照價收買、土地徵收、鄉鎮造產放款等；後兩種則屬於土地改良放款，如土地重劃、土地改良放款之類。然而最重要的土地抵押放款，反而獨付闕如。土地資金化的工作，尚未開始，因環境所不許，當土地金融機構創立之初，幣值日跌，物價飛漲，如於此時舉辦土地抵押放款，難免不爲地主所乘，利用其土地抵押，奪取資金，從事囤積居奇，更助長物價高漲。對日戰爭雖已結束，而因國內動亂未已，幣制既未安定，物價如脫韁野馬，殆爲尚未舉辦土地抵押放款之主因。[78]

（三）土地債券與土地金融資金

　　土地金融機關需鉅額資金，其可能的資金來源，如本身資本及公積金，一般都極爲有限；其次爲存款，但因放款是長期低利的，而存款多屬短期，不能像商業銀行之放款資金，可大半出自存款。加以雖借入政府低利資金，但國庫支撥爲數必有限。[79]因此須另闢途徑，各國莫不依賴土地債券（Land mortgage bond）的發行，作爲獲得長期低利資金的主要方法，以資本或土地抵押權爲擔保，發行一定額之券式，經若干期始爲清償之期票，作爲金融機關籌集資金之工具。[80]

　　1942年3月26日公布的「中國農民銀行土地債券法」，爲土

49-50。

[78] 鍾崇敏，前引文，頁6。

[79] 吳文暉，《中國土地問題及其對策》，頁272-273。

[80] 吳麟鑫，＜土地債券之概念＞，《中農月刊》9卷1期（1948年1月31日），頁24-25。

地金融業務之法律根據。該法規定的重點有三：

1.土地債券之擔保：「中國農民銀行土地債券，以中國農民銀行兼辦土地金融處之全部資產，及其放款取得之土地抵押權為擔保」（第二條）有雙重之擔保，自極安全，可普遍的信任。

2.以等量放款原則限制債券發行額：「土地債券之發行總額，不得超過前條土地放款之總額，其每年償還額不得少於收回土地抵押放款百分之八十」（第三條），以每年收回的放款償還債券，且規定總額之比例不能算低，應可得一般的信任。

3.使土地再度資金化：「土地債券得自由買賣抵押」（第十三條），但戰時若土地債券發行額過鉅，恐會助長惡性通貨膨脹，並有礙於政府公債及儲蓄券的消納，應加以管制。[81]土地抵押放款係以土地作擔保，使土地資金化。再以放款土地之抵押權作為擔保發行土地債券，可使土地再度資金化。如是運用，土地金融之業務資金，由於土地不易毀滅及有長期生產之性能，其安全穩定當超於普通債券之上。[82]

（四）業務推行情況

1.業務對象

土地金融業務以政府為主要對象，為中國土地金融之特色，無論土地徵購、土地改良、土地重劃等，均由政府發動，向土地金融機關申借，其次為土地信用合作社與各法團，再次為個人。扶植自耕農和土地改良放款，雖均須對個人放款，但是實際所放之款，仍以政府為貸放對象者，佔絕大多數。

---

[81] 黃通，前引書，頁 273-274。

[82] 熊鼎盛，<我國新興的土地金融業務述要>，《人與地》2 卷 3 期（1942 年 2 月），頁 18。

中國農民銀行土地金融處兼辦理放款業務，因事屬初創，社會人士每多不明瞭其內容，因此第一年（1941 年）工作偏重於聯絡與宣傳事項，擬分省分期辦理，辦理區域為川、康、湘、桂四省。業務方針著重於扶植自耕農及土地改良兩種放款，旋與川、桂兩省政府洽定四川之北碚、巴縣，及廣西之全縣、鬱林、桂林等地為試辦扶植自耕農區域。[83]

自 1942 年起，業務逐漸展開，舉辦者達甘、陝、粵、湘、鄂、閩、贛等省，而黔、浙二省亦籌劃中。就農民購買土地之放款言，1942 年達 45,799,300 元，放款地區為川、甘、桂、湘、鄂、閩、贛七省，三十餘縣。1943 年增加黔、浙、豫、寧等省。1945 年抗戰勝利以後，又增加蘇、皖等省。[84]

至 1943 年 3 月 30 日，行政院擬「土地金融業務計劃大綱」，其業務種類，放款分配數額，首在扶植自耕農放款，又分為二種：（1）甲種放款：協助政府建立示範區；其次配合大型農田水利及墾殖，協助政府實施徵購土地，創設自耕農場，以及協助政府為創設自耕農之土地徵購；（2）乙種放款：扶助農民購贖或呈准徵收土地自耕，並試辦解除土地負債之放款；其次以貸款予土地信用合作組織為主，並附帶對農民個人放款；其他於土地改良、土地重劃、土地徵收、照價收買土地、地籍整理、鄉鎮造產等放款業務，都有詳細計劃項目。[85]

2.放款數額

中國農民銀行土地金融處，頭一兩年大多在擬訂規章，籌設

---

[83] 鍾崇敏，前引文，頁 7。

[84] 鍾崇敏，前引文，頁 7；《大公報》（重慶）（1943 年 8 月 11 日）。

[85] 中研究近史所經濟檔＜農林司＞，檔案 20.22/78-4。

各分支行處額尚少。土地放款數額隨時間推移，年有增加，1943
年度核定各種土地放款配額為一億八千萬元，其中扶植自耕農放
款六千萬元，土地改良放款五千萬元，土地重劃放款一千萬元，
土地徵收及照收買放款三千萬元，地籍整理放款二千萬元，鄉鎮
造產放款二千萬元，其比例如表 2-8 所示。土地金融處處長黃通
在全國地政業務會議所稱：今後願全力以赴。[86]

表 2-8　中國農民銀行各類土地貸款比重（1944 年）

貸款種類	百分比%
扶植自耕農貸款	24.2
土地重劃貸款	0.5
土地改良貸款	58.8
土地徵收貸款	2.9
照價收買土地貸款	2.9
地籍整理貸款	8.0
鄉鎮造產貸款	2.6
總計	100.0

資料來源：章景瑞，＜論當前的農業金融＞，頁 149。

　　土地貸款結餘額，至 1944 年底止，尚僅 1 億 6 千 5 百餘萬
元，此中大部分為土地改良貸款，計佔總額 58.8% ，其次為扶植
自耕農貸款，計佔 24.2% ，其餘各種貸款均為數不多。

　　就省別而言，土地貸款分佈的省份計有十一省，佔貸款數額

---

[86]　四聯總處，＜農業金融章則彙編＞，轉引自吳文暉，《中國土地問
　　題及其對策》，頁 275。；王乃武，＜陝西省扶植自耕農問題＞，《人
　　與地》3 卷 9 期（1943 年 9 月），頁 39。

最多為甘肅省（33.5%），其次為陝西（15.6%）、湖南（9.3%）、四川（14.3%），與農業貸款不同（依次為四川、陝西、甘肅、廣西）。土地貸款多半以政府機關為對象，轉貸與農民。[87]

3.資金來源

土地金融資金之來源為：本身自有之基金、向中國農民銀行透支、發行土地債券、向中央銀行轉抵押等四種。而土地金融基金依據條例規定，本為國幣一千萬元，同時每年政府補助六十萬元，以三年為期。1943 年中國農民銀行添購土地金融基金一千萬元，連前共計二千萬元。

（五）四聯總處的農貸

臨全大會將加強與活躍農村金融、擴大農貸，作為發展農業生產的主要措施。抗戰初期成立四聯總處，總攬國統區金融事宜，利用國家行局的資金，積極推行農貸政策。農貸主要是通過四聯總處在國統區的金融網路來實施，由國家行局（四聯總處所屬的中中交農四大銀行及農本局等）提供資金，經國家行局協同地方設立的合作金庫系統，向國家金融機關協同各級合作社貸放，再由合作社轉借給農戶。

四聯總處通過覆蓋面遼闊的農村金融網，將大量資金貸放到國統區的廣大的農村。1937~1945 年間，四銀行農貸結餘總額為10985300 萬元。[88]1940 年四聯處總處頒布「二十九年度中央信託局、中國、交通、農民三行及農本局農貸辦法綱要」，關於貸款

---

[87] 章景瑞，＜論當前的農業金融＞，《經濟建設季刊》3 卷 3、4 期（1945年 12 月 31 日），頁 148-150。

[88] 劉禎貴，＜對日抗戰時期四聯總處農貸政策的幾點思考＞，《四川師範大學學報》（社會科學版），25 卷 2 期（1998 年 4 月），頁 127。

種類有一類是「佃農購置耕地貸款」，開啓農貸史新紀元。1940年放款的總額不過二百萬左右，未免令人有杯水車薪之感。

1941年四聯總處通過「三十年度中央信託局中國交通農民三銀行農貸辦法綱要」，規定有「貧農購贖耕地貸款」（原爲佃農購置耕地貸款），把貸款範圍擴大：（1）不單佃農可以借款，半佃農、僱農和小自耕農也可以借款；（2）不僅可以借款購置耕地，並且可以借款贖回耕地。所以扶植自耕農貸款範圍擴大是進步的。1942年起，是項貸款改由中農行的土地金融處專責之。[89]這種長期貸款，實較1920年代以來各公私機關所舉辦的短期、小額農業貸款的意義更爲重大。[90]

1942年初，四聯總處理事會又決議令飭中國農民銀行土地金融處，增加辦地籍整理放款及鄉鎮造產放款業務，使各地方政府得以運用土地金融，奠定自治基礎，裨助戰時控制實物政策之推行。[91]前者係對地政機關辦理地籍整理時予以放款，期限短促，其擔保爲土地整理後所收的登記費及書狀費。至於鄉鎮造產放款，則凡鄉鎮利用義務勞動，興辦造產事業，爲徵購土地，開墾荒地，興辦長期農田水利、造林、墾闢牧場等而需要資金時，均得貸款協助之。

四、減租與保障佃農方案

---

[89] 吳文暉，《中國土地問題及其對策》，頁223。

[90] 吳文暉，《農業經濟論》（重慶：中國經濟書刊生產合作社，1947年10月），頁222-223。

[91] ＜視察東來歸來－地政權威蕭錚氏發表談話＞，《人與地》3卷4期（1943年4月），頁7。

地政署成立後，為加強各省租佃關係之調整，先後據「土地政策戰時實施綱要」，及六全大會通過之「土地政策綱領」關於保障佃農之原則，擬定實施辦法，督促各省切實執行。[92]保障佃農之實施辦法，不外限制佃租與保障佃權，限制佃租要在抑制地主收取過量之租額；保障佃權在禁止地主之任意撤佃。此在土地法本均早有明確之規定，只待方法之改進。

（一）減租方案

地政署遵照「綱要」第六條之規定：「私有土地之出租者，其地租一律不得超過報定地價百分之十」擬訂「非常時期限制地租實施辦法修正草案」（1942年9月9日行政院討論）。財政、經濟以及農林、糧食兩部，及地政署審查意見：「復查限制地租，所以保障佃農，用意甚善，惟在目前情況之下，普遍實行如是澈底之改革，因各地情形相差甚遠，能否獲得預期之效果，對於農村生產有無不良影響，均似成疑問。現行土地法中原有限制地租不得超過耕地正產物收穫總額千分之三百七十五之規定，施行以來，未能發生實際效果，可資佐證，重以在此徵收實物期間，地租亦以實物繳餉，於限制時明定數額，亦至為不易。職此種種原因，故於審查時決定力求具有彈性，俾各省市政府能審度，容該地方之實際情形，相機試行，俟有成效再行逐漸推廣。」例如修正草案中第四條（農地地租約定以國幣繳付者，其額限依照前條之規定（不得超過地價百分之十，約定租額超過此限度者，應減為地價百分之十，低於此限度，仍依其約定）但承租人須以農產物按照繳付地租時之市價折合繳納之。

從前佃耕土地，隨時有撤佃與加租之焦慮，生活隨時有陷於

[92] 王慰祖，前引文，頁10。

更困苦之恐懼。戰時地主加租加押又盛，嚴重影響農民生產意願，廣東省於 1940 年在粵北南雄等四縣，再依土地法之規定執行減租。湖北省亦於 1941 年 4 月訂頒「湖北省減租辦法」，在鄂西恩施等 8 縣推行減租，1942 年再擴及鄖北鄖西等 6 縣，收效甚著。[93]

（二）保障佃農

關於保障佃農原則，土地法第三編第三章耕地租用節業已規定綦詳，並經行政院多次通令積極遵照施行在案。惟實施程序則尚無法令可資依據，以致各地方推行此項政務不無困難，地政署有鑒於此，擬具保障佃農實施方案，提經 1942 年 12 月全國地政業務會議決議修正通過，與前此地政署擬具「試辦扶植自耕農實驗區方案」，同為土地改革之重要方案；後者內容為：宣傳中央頒行保障佃農法令、限期辦理租賃契約登記依法限制租額、保障佃農、扶助佃農、解決業佃糾紛、省縣鄉鎮地政機關分層負責辦理租約登記及解決業佃糾紛等地政事宜等六項。1943 年 3 月 27日，地政署呈送行政院「保障佃農實施方案」。[94]

該辦法中第二、六、七等條，關於土地法中租用條款內已有明文規定。至第四條地租以實物改徵貨幣之規定，應按最近三年之平均價格折合繳納。「查近年來物價變動至大，各地亦不一致，且無精確之調查統計，原辦法對於計算三年之平均價格，既無時地之規定，又無依據標準，不獨難於計算，不易施行，且佃農在經濟上常為弱者，苟與地主以估計方法作上項之商定時，易為地主脅持，反蒙不利，殊有失政府保障佃農利益之至意。第九、十

---

[93] 張維一，前引書，頁 314-315。

[94] 中研究近史所經濟檔＜農林司＞，檔案 20.22/79-7。

一條成立新約，呈報該鄉鎮公所審核登記之規定，地方自治下層機構組織健全之省份不易為功。」是以該辦法草案，雖准咨送本部查核，終以上述原因，未即致覆，且本部對於推行保障佃農政策，除普遍督促各省推行土地法耕地租用條款外，並密切注意其施行效果。

前據各方報告，「以近來農產價格飛漲，投資於土地者日眾，地主常乘機增加押租，或巧立名目，加收無息保證金等事。當經據情呈行政院通令各省嚴予禁止在案。」農林部並於 1942 年度施政計畫內，「預定派員赴已訂有單行法規實施之各省視察其實施效果，及注意戰區耕地租佃關係，並參酌前經濟委員會土地委員會調查報告，以求針對各省實情，適應業佃需要，擬具保護佃農單行法規，而期易而有效。在目前仍擬先事督促各省推行土地法中耕地租用條款，注意租佃關係之發展，杜絕弊端。」[95]

各省推行保障佃農，計廣西省於 1938 年公布「廣西省耕地租用條例」，各鄉鎮村街推行委員會組織章程施行，1939 年修改為「廣西省推行土地法耕地租用條款實施辦法」，利用該省鄉鎮村街公所推行護佃減租事宜。浙江省除依據該省「佃農二五減租暫行辦法」推行外，1939 年又公布「處理佃業糾紛暫行辦法」，設立佃業仲裁機關，並指定若干縣份實行。廣東省於 1941 年制定「耕地租約登記辦法」，以推行保障佃農。湖北省於 1941 年公布「湖北省減輕鄂西農地佃租暫行辦法」，嗣修訂為「湖北減租實施辦法」。安徽省於 1942 年公布「安徽省改善租佃關係實施辦法」。江西省於 1943 年公布「保障佃農辦法」，四川省於 1945 年

---

[95] 中研究近史所經濟檔＜農林司＞，檔案 20.22/79-4（1942 年 3 月 22 日）。

擬有「保障佃農辦法」。綏遠省於 1937 年公布「綏遠省佃租標準暫行辦法」，1941 年復擬有「綏遠省限制租息暫行辦法」。綜觀各省推行之概況，以浙江、廣西、廣東、湖北等省為較著成效。[96]

　　1946 年 4 月，修訂公布的新土地法，關於保障佃農之規定：（1）限制撤佃；（2）在已依法規定地價之地方，地租不得超過百分之八，在未經依法規定地價之地方，地租不超過農產正產物三分之一；（3）收回自耕之耕地再出租時，原承租人有優先承佃權；（4）耕地特別改良費，承租人於契約終止返還耕地時，得向出租人要求償還；（5）遇有荒歉，市縣政府得按照當地當年收穫實況，為減免地租之規定；（6）禁止出租人對於承租人耕作上必要之農具、牲畜、肥料及農產物，行使民法第 445 條規定之留量權；（7）禁止出租人預收地租，但因習慣以現金為耕地租用之擔保者，其金額不得超過一年應繳額四分之一。此項租金之利息，應視地租之一部，其利率應按當地一般利率計算；（8）耕地出租人以役畜、肥料、種籽等生產用具供給承租人，除依民法第 462 條及 463 條之規定外，得依租用契約於地租外，酌收報酬，但不得超過供給物價百分之十。[97]

第四節　戰時扶植自耕農政策

一、扶植自耕農意義和方法

（一）戰時扶植自耕農意義

---

[96] 王慰祖，前引文，頁 10。

[97] 鍾崇敏，＜全國地政檢討合議述評＞，《中農月刊》9 卷 2 期（1948 年 2 月），頁 50。

　　自耕農所以必須廣爲扶植之理由，簡言約爲：（1）自耕農能維持並增進土地之生產力，而獲得最大之農業生產；（2）地租勞動報酬及企業利益均爲，自耕農所得，故其收益較大；（3）既無租佃條約之糾紛，自可減少社會問題之發生；（4）自耕農愛護鄉土之心較切，故對地方自治及經濟建設，恆甚努力；（5）自耕農得發揮其社會及政治上獨立人格之使命。[98]自耕農制之優於佃農制，而爲農業國家所應採行。扶植自耕農途徑，如下列三種：

　　1.實行墾殖，開闢新的墾地以設新的自耕農場：此法在德、美、俄等國均行之而有效。但在中國舊的土地法規定承墾人於荒地墾竣後，只能取得土地耕作權（第 196 條），於耕者有其田殊有不合。1937 年 5 月中央政治會議通過的修正「土地法原則」，始改定爲承墾人於荒地墾熟後，可無償取得土地所有權（第 15 條），於自耕農的創設，自極有幫助。又土地法新法第 208 條規定：「編爲農地之私有荒地，應由主管之地政機關，限令其所需用土地人依法呈請徵收之」。且「土地政策戰時實施綱要」規定：「荒地可大規模經營者，由國家設墾區以移殖人民；私有荒地之逾期不使用者，由政府以債務徵收之。」[99]凡此規定，對於自耕農之創設均有相當關係。

　　2.無償沒收地主的土地，分配給農民：此方式無論在理論上或實施上，都具革命性，

　　3.利用國家金融力量：國家有償的向地主收買，分配給佃農，使貧農變爲適中的自耕農。

---

[98] 蔣廉，＜佃農問題解決之途徑＞，《人與地》1 卷 21、22 期（1941年 11 月 20 日），頁 424。

[99] 吳文暉，《中國土地問題及其對策》，頁 223-224。

　　此三途徑中第三種，由國家實施利用土地金融，收買土地的方法，創設自耕農的政策，又快又好可大別為兩種：

　　（1）**直接創設政策**：即由國家自行徵購土地，再分予農民。第一次世界大戰後東、北歐各國（如羅馬尼亞、保加利亞、南斯拉夫、希臘、波蘭、芬蘭、立陶宛、愛沙尼亞、拉脫維亞）都曾實行過「直接」、「強制」創設自耕農政策，將不在地主、營利公司及外國人的土地全部徵收，其餘地主超過最高限度以上的土地，亦予徵收。

　　被徵收土地地價的補償，不按徵收時的地價，而係按戰前的地價給以不兌現的紙幣，有些國家且不付現，而交付公債券。徵收所得的土地，經過整理，劃作單位農場，再轉放於參戰軍人或其遺族，以及僱農、佃農、過小農等貧苦農民承領自耕。承領人再以分期方式償付地價，往往延長至數十年償清，所付利息極低。東歐各國的直接強制創設自耕農，曾被稱為「綠色革命」，以與蘇聯之紅色革命相對。

　　（2）**間接創設政策**：即土地購買由佃農自行為之，但國家對佃農貸予長期、低利、分期攤還的購地資金，以間接促其成為自耕農。

　　又以實行「間接」創設自耕農政策，於貸款期限、償還方法、貸款利率、貸款額度、貸款對象等方面，應加以討論：

　　（1）**貸款期限**：由於農業每年純益不多，必須長期累積，才能清償債務，所以購地貸款必須長期的。1941年四聯總處「各種農貸準則」規定購置耕地貸款期限，最長分十年攤還，贖回耕地最長分五年攤還，這種期限，顯然太短，中國農貸的歷史雖自1920年代開始，到戰時已有二十餘年歷史，但過去除一小部分是

中期農貸外，其餘都是短期的農業貸款，長期農貸可謂完全未辦。

（2）償還方法：數十年的長期借款最好分期攤還，以謀貸款安全及資金暢通，最好採用年金法（Annuity），即繳付攤還金（包括利息在內），每年如一，如此在借款者方面，每年支付額固定，不致影響到正常的生產與生活，且便於作理財計劃；在貸款者方面，因年金內之還本額逐年增大，則其所發行的土地債券日益有安全的保障。

（3）貸款利率：農業利潤極薄，資金通融，向以低利為原則，而購地貸款是以推行土地政策為主要目的，應按各國通例，較低於普通的農業信用貸款利率；另一方面，貧農購贖耕地貸款，以所購贖田地的田契為擔保，極為安全，利率尤應低下。1941年「各種農貸準則」對農貸作一般的規定：「各行局放款利率暫定為月息八釐，合作社或其他農民團體對社員或會員貸款，其利率最高不得超過月息一分二釐」，各種農貸之間，並未加以區別。

（4）貸款額度：以中國貧農經濟之窘困，「欲扶助他們成為適中的自耕農，自非貸予地價十分之九以上，不易收效」，「各種農貸準則」規定購贖耕地貸款數額，只以「田價總額或購價七成為度」，實嫌過低。至於每人借款額，「準則」中雖無規定，因中國幅員廣大，各地地價差異殊甚，不必普遍規定全額，而應以欲創設之理想自耕農面積為標準，即以此為每人借款數額之限度。[100]

（5）貸款對象：應限於僱農、佃農、半佃農及小自耕農，這些農家有壯丁出征者，應有承購佃租地的優先權。除直接貸給

---

[100] 吳文暉，《中國土地問題及其對策》，頁 223-225。

貧農個人，還貸給他們組織的團體，「各種農貸準則」規定贖耕地貸款對象爲「合作社或其他農民個人」，因爲對農民直接貸款有種種不便，且不甚安全。[101]

（二）戰時扶植自耕農實施辦法

1941 年中國農民銀行設立土地金融處，9 月公布「中國農民銀行兼辦土地金融業務條例」，才有協助政府辦理扶植自耕農爲中心工作。9 月 1 日擬訂了「非常時期自耕農實施辦法草案」，並呈行政院備案。行政院爲審慎起見，僅許可在各省擇定少數縣份試辦。在 10 月行政院 586 次會議上作出了「暫從緩議，惟各省政府如有請求就極少數縣份試辦者，可酌予准辦」的決議。[102]

地政署成立後，先後擬具「戰時扶植自耕農實施辦法」甲、乙兩種草案，均依據「土地政策戰時實施綱要」第八項之規定，及行政院所決定之原則三項：（1）佃農、半自耕農購買土地由政府予以協助；（2）非自耕農禁止購買土地；（3）地主出賣土地，應由自耕農收買，無自耕農收買時，得由政府收買，而擬成草案內容規定，農地不得因出賣贈與繼承或分割而移轉於不自耕作之人，違則政府得以土地債券徵收之。此項徵收之農地，得轉售於其有自耕能力之農民承購，農民不能立時償付全部地價時，得先償付三成，其餘七成得於十年內分期補付，又地主出賣農地時，如無適當之自耕農民承購，得向主管政府申請收購，應償之地價，得發 30% 以下之土地債券，依此規定購入之農地除作公營或公用外，得依時價標賣於具有自耕能力之農民認購，農民除即時

---

[101] 吳文暉，《中國土地問題及其對策》，頁 223-225。

[102] 黃通，《土地政策原論》，頁 229；金德群，前引書，頁 282。

償付地價百分之七十現金外，其餘得於五年內分期償付。

　　1945 年 5 月 19 日，六全大會通過「土地政策綱領」，第六項規定：「凡出佃之耕地，得逐步由政府發行土地債券，備價徵收，並於整理重劃後，儘先歸原耕農及抗戰將士承領耕作」、第七項：「自耕農場應領導其合作經營」、第十一項「設立專業土地銀行，其主要業務為特許發行土地債券，實行扶植自耕農」。地政署即據此擬訂「扶植自耕農實施辦法草案」呈送行政院，同時並於土地法修正草案中詳列關於扶植自耕農之規定者，有第五章之第 28 條至 35 條，其第 35 條且規定「自耕農場之創設另以法律定之」，至此扶植自耕農在法律之根據已完全確定。[103]

二、扶植自耕農之實施概況

（一）甲乙種扶植自耕農方案

　　戰時，各省多已擇地舉辦扶植自耕農工作，並土地金融機構放款，協助地方政府推行。辦法大致可分甲、乙兩種：（1）甲種扶植自耕農：政府向農民銀行借款，以大量資金依法徵收非自耕農的出佃土地，「直接創設自耕農」；（2）乙種扶植自耕農：由土地金融機關，貸款給無地之農民，購買或贖回土地自耕，政府則督導土地金融機關，予以貸款之便利，又稱間接創設。[104]

　　甲種放款由政府直接徵購土地，分配農民耕種；乙種放款乃由農民或農民團體，向政府申請貸款，用以取得耕種之田地，此外為改良土地合理利用，及促進地方經濟建設起見，逐舉辦土地

---

[103] ＜中國扶植自耕農概況＞第二檔案館 103-148，頁 6。

[104] ＜一年來地權之調整＞（報告），《地政通訊》第 1 期（1947 年 1 月 1 日），頁 29。

徵收、土地重劃、地籍整理及鄉鎮造產等項放款業務。[105]

（二）扶植自耕農示範區

1942 年 11 月，全國地政業務會議通過「試辦扶植自耕農實驗區方案」，其要點為就後方各省擇定適宜區域，配合土地金融徵收私有土地，重劃為標準自耕農場，轉發農民耕作。而關於試辦區的選擇，下列情形之一的地方，盡先為之：（1）由政府舉辦水利工程，或其他土地改良事業之地方；（2）有大面積荒地可資利用之地方；（3）業佃關係惡劣，亟待調整之地方。[106]

1942 年，廣西省政府與中國農民銀行桂林分行，擬在該省之鬱林、興業、北流各縣，舉辦扶植自耕農業務，商討結果，已獲初步決定，並由省府將此項業務，請示行政院，茲獲政院批復，准予試辦，該省地政當局，「以事屬創舉，為切實收效計，擬先選一縣試辦，在一縣中亦只選數區，一區又僅選數鄉實行，究選何縣，尚在考慮中，至此項工作之技術部份，與所需貸與農民之款項，則為由中農分行負責辦理。」[107]

1943 年度內，各省呈核行政院辦理甲種扶植自耕農，擇定實驗區計有：浙、贛、湘、川、閩、桂、甘等七省十四縣，及甘肅陽惠渠灌溉區域，共扶植自耕農 7,992 戶，農地面積共 140,991.0 市畝。辦理乙種扶植自耕農地區，計有浙、贛、湘、川、閩、桂、

---

[105]　《民國三十七年中華年鑑》，頁 1253。

[106]　金德群，前引書，頁 282。

[107]　潘信中，<桂省扶植自耕農選縣試辦>，《人與地》2 卷 4、5 期（1942年 5 月），頁 8。

甘、皖、鄂、粵、陝等十一省。[108]

此外，如江西南部的南康、上猶；廣西桂平、鬱林，陝西扶風、武功，四川之綿陽、遂寧諸地，均曾由政府與中國農民銀行合作，實驗扶植自耕農政策，「藉以提高生產，增進社會安全。惜以規模過小，未能起領導作用。」[109]

（三）各省實施情形

各省先後擬訂扶植自耕農辦法，呈請核定者計有甘肅、廣西、陝西、四川、湖南、廣東、福建、貴州、湖北、浙江、安徽等省，試辦扶植自耕農。最早者為甘肅、廣西兩省辦理，範圍較大者為甘肅之湟惠渠及福建之龍巖縣。

1.直接扶植自耕農

各省市政府對於自耕農之直接扶植，頗為積極，其著成效者，有下列各省：

（1）江西省：該省自 1942 年起即著手舉辦，經劃定贛縣、南康、上饒、信豐等四縣示範區八區，及實驗鄉一鄉。計扶植 1,116 戶，放領耕地 15,215 市畝；並將大土巷等處耕地 1,740 市畝，劃分為 90 個耕作單位，放領予農民耕種。

（2）福建省：劃定龍巖為扶植自耕農示範區，其工作分五期進行，計扶植 7,815 戶，放領耕地 82,000 市畝。

（3）甘肅省：將湟惠渠灌溉區耕地 25,644 市畝，劃分為 970 個耕作單位，靖豐渠灌溉區耕地 11,805 市畝，劃為二千餘個耕作

---

[108] 行政院編輯發行，《國民政府年鑑》（第二回）（1944 年 10 月初版），頁 24；王慰祖，前引文，頁 9。

[109] 蕭錚，前引書，頁 231-236；沈宗瀚，《中國農業資源》，頁 141。

單位。並將新淤土地一千市畝，組織第三合作農場，以及黃香溝公荒 2,600 市畝，劃分爲 104 個耕作單位，放領或招致農民耕種或墾殖。

（4）四川省：在北碚、巴縣、彭縣等 26 縣市局，計扶植自耕農 529 戶，放領耕地 1,160.58 市畝。此外尚有資中、瀘縣等六縣，經擬訂計畫，準備實施中。

（5）廣西省：劃定全縣、鬱林、桂平等三縣爲扶植自耕農實驗區，計扶植 730 戶，放領耕地 8,488 市畝。

（6）江蘇省：在東臺、淮陰、興化、宿遷四縣，舉辦土地徵收，放領耕地 105,865 市畝，並擇定吳縣八圻鎮爲扶植自耕農示範區。

（7）綏遠省：以公地 15,521 市畝放領予 754 農戶耕種。

（8）湖南省：劃定衡陽酃湖鎮地區耕地 3,869 市畝，及長沙勤耕垸地區耕地 5,866 市畝，爲扶植自耕農實驗區。

（9）其他各省市：南京市擇定上新河江定鄉，陝西省擇定平民縣博愛鄉，雲南省擇定昆明縣與開蒙開文兩墾區等地爲扶植自耕農實驗示範區，均經擬訂計畫，準備舉辦中。[110]

2.間接扶植自耕農

關於舉辦間接扶植自耕農之省份，其貸款購地情形下：

（1）江西：南昌、豐城等 23 縣市，計貸款十三億一千萬元。

（2）福建：福州、廈門等七縣市，貸款十八億四千三百萬元，購贖土地 3,093 市畝。

（3）四川：北碚、巴縣等 41 縣市局，貸款五千八百餘萬元，

---

[110]《民國三十七年中華年鑑》，頁 1246-1247

購贖土地 5,088 市畝。

（4）陝西：貸款十四億四千三百餘萬元，購贖土地 3,232 市畝。

（5）浙江：貸款 9,965 萬元，購贖土地 901 市畝。

（6）其他各省市：貴州省計貸款一億一千餘萬元，河南省五億元，湖南省 2,10 餘萬元，寧夏省 27 萬元，重慶市 320 萬元，均係作購贖土地之用。

總計以上各省，計直接扶植自耕農一萬三千餘戶，放領耕地二十七萬九千餘市畝，間接扶植方面，計貸款五十三億餘元。[111] 截至 1943 年底止，全國試辦者更有四川、廣東、湖南、湖北、江西、福建、浙江、陝西等省。[112] 其方式有甲、乙兩種。其中四川省之北碚、甘肅省之湟惠渠、湖南長沙、衡陽，福建省之龍巖、廣西省之全縣、鬱林、桂林均採甲種辦法。而四川省之巴縣、樂山，湖北省之恩施、咸豐，以及湖南、廣西之大部均採乙種辦法。

三、利用土地金融創設自耕農

中國農民銀行土地金融處扶植自耕農放款之主旨，係在以金融力量協助政府對於耕者有其田之實施。茲將創設區域及實施情形，列如表 2-9、2-11。

1943 年度中國農民銀行放款數額為 1 萬 8 千萬元，其分配如表 2-10。

---

[111]　《民國三十七年中華年鑑》，頁 1246-1247。

[112]　視察室，〈最近一年來全國地政業務之鳥瞰〉，《地政通訊》第 7 期（1944 年元月），頁 7。

表 2-9　1943 年全國試辦直接創設自耕農區域表

省別	試辦地區	徵購面積（畝）
四川	北碚朝陽鎮十九保	1,428.41
甘肅	湟惠渠灌溉區域	41,850.00
湖南	衡陽縣酃湖鎮	4,000.00
湖南	長沙縣勤耕垸鎮	1,955.00
湖南	靖縣榮譽軍人墾區	5,000.00
廣西	全縣四維鄉	4,220.00
廣西	鬱林縣大塘鄉南流村	2,614.00
江西	贛縣、信豐、大庾、南康、上猶、龍南等縣	5,229.00
福建	龍巖縣白土等四鄉	20,866.00
合計		87,162.41

資料來源：＜最近一年來全國地政業務之鳥瞰＞，頁 7-8。

表 2-10　1943 年度中國農民銀行放款分配

放款種類	放款額（元）
照價收買土地放款	20,000,000
土地徵收放款	20,000,000
土地重劃放款	10,000,000
土地改良放款	50,000,000
扶植自耕農放款	60,000,000
鄉村造產放款	20,000,000
地籍整理放款	20,000,000

資料來源：《國民政府年鑑》（第二回），頁 26-27。

表 2-11 1943 年全國試辦間接創設自耕農區域表

省別	試辦地區
四川	北碚、綿陽、樂山、巴縣、彭縣
陝西	扶風、三原、武功、高陵
甘肅	蘭州、洮沙、榆中、皋蘭、景泰、永靖、靖遠、永登、固原
湖北	恩施、咸豐、宣恩
湖南	耒陽縣等
廣西	桂林、荔浦、修仁、全縣、柳州、武宜、鬱林、桂平、灌陽、南寧、蒼梧、百色、鍾山、恭城、永福
廣東	曲江、南雄、連縣、樂昌
江西	第四行政專員區贛縣等十一縣
福建	永安、南平、龍巖

資料來源：＜最近一年來全國地政業務之鳥瞰＞，《地政通訊》第 7 期，頁 7-8。

　　1943 年度其他各省擇地試辦甲種自耕農者，計七省十四縣，乙種扶植自耕農者計十省五十一縣，在 1944 年度開始試辦者，尚有綏遠、寧夏二省。[113]至於扶植自耕農貸款截至 1945 年 12 月底止，農民銀行核定總額為 33,790,638,500 元，實付總額為 11,814,676,200 元。茲將 1943 年與 1944 年度各省試辦扶植自耕

---

[113] ＜中國扶植自耕農概況＞第二檔案館 103-148，頁 9。

農概況，列於表 2-12。

表 2-12、1943 年度各省擬辦扶植自耕農實況表

省別	扶植辦法類別	試　辦　區　域	扶植戶數	農地面積市畝
浙江	甲	泰順縣雲鄉宮江示範區	63	1,000
	乙	泰順	—	—
江西	甲	水南示範區、信豐游州示範區、龍南水西示範區	320	14,779
	甲	贛縣吉埠示範區，南康橫市示範區；坪市第一區、第二區；上猶廣田示範區	—	—
	乙	第四行政區所屬贛縣等 11 縣	—	—
湖南	甲	長沙縣勤耕垸	246	1,955
	甲	衡陽縣鄜湖鎮	354	4,000
	甲	靖縣榮譽軍人墾區	—	5,000
	乙	耒陽等縣	—	—
四川	甲	北碚朝陽鎮十九保	80	1,428
	乙	北碚、綿陽、樂山、巴縣、彭縣	—	6,313
福建	甲	龍巖縣紫崗鄉、白土鎮	5,057	29,105
	乙	永安、南平、龍巖	—	—
	甲	全縣第二示範區四維鄉	106	823
	甲	全縣第二示範區白沙鄉	224	1,664
廣西	甲	桂平縣油麻鄉北佛村	97	1,122

	甲	鬱林縣大塘鄉南流村	303	2,113
	乙	桂林、荔浦、全縣，柳州、武宣、鬱林、桂平、修仁	—	—
甘肅	甲	湟惠渠灌溉區	940	75,854
	乙	蘭州、洮沙、榆中、皋蘭、景泰、永靖、靖遠　永登、固原	—	—
安徽	乙	壽縣正陽關	—	—
湖北	乙	恩施、咸平	—	—
廣東	乙	曲江、南雄、連縣、始興	—	—
陝西	乙	三原、扶風、武功、高陵	—	—
總計	甲	7 省 14 縣及湟惠渠灌溉區	7,992	140,991
	乙	11 省 49 縣	—	—

資料來源：行政院編輯發行，《國民政府年鑑》（第二回），頁 25-26。

表 2-13　中國農民銀行土地債券核放數額統計表

省別	照價收買	土地徵收	土地改良	扶農放款	鄉鎮造產	放款總計
重慶市	—	3,000,000	—	—	—	3,000,000
陝西省	—	—	2000,000	—	—	200,000
甘肅省	—	—	—	800,000	—	800,000
湖南省	1,200,000	1,440,000	—	4,200,000	2,700,000	9,540,000
福建省	—	1,350,000	—	2,870,000	—	4,220,000
合計	12,000,000	5,790,000	200,000	9,670,000	2,700,000	19,560,000

資料來源：行政院編輯發行，《國民政府年鑑》（第二回），頁 29。

　　土地債券分記名式與不記名式兩種，利率定爲週息 6 釐，券面分百元、五百元、千元、五千元四種，償還期限定爲十五年，採分年攤還本息制。該行對各省市各種土地金融放款，至 1943 年爲止，總計 1,900 餘萬元，如表 2-13 所示。

表 2-14　1944 年度各省辦理扶植自耕農概況表

省	扶植區域	扶植戶數	農地面積市畝	中國農民銀行貸款（元）	附註
江西	大庾潮頭示範區	80	2,000	－	江西、四川、綏遠、福建等省無詳細貸款數額之報告，故貸款總額較細數多 34,460,789 元。
湖北		711	6,721	3,808,600	
四川	巴縣、北碚、綿陽、彭縣	821	43,094	－	
甘肅	湟惠渠灌溉區	1,000	－	4,000,000	
綏遠	私荒放墾	32	1,520	－	
寧夏	寧夏楊信鄉	230	11,300	4,000,000	
福建	龍巖西墩、合作、曹蓮、大同四鄉	3,318	23,502	－	
總計		8,492	90,337	46,269,389	

資料來源：行政院編輯發行，《國民政府年鑑》（第二回），頁 29。

　　1944 年度，除上述各省外，續有綏遠，寧夏二省，開始試辦，共扶植自耕農 8,843 戶，農地面積共 160,099 畝。1945 年度，並有四川省擇定仁壽、自貢等十一縣市，分別推行中。1946 年扶植農戶 3,304 戶，農地面積共 18,206.75 畝。總計四年來試辦扶植

自耕農共有 14 省 82 縣，農戶 20,954 戶，農地面積 331,330.55 畝，
見表 2-14。

　　1945 年度除上列各省原定區域仍繼續辦理外，計有四川省
辦理甲、乙兩種扶植自耕農，共扶植 317 戶；綏遠省辦理甲種扶
植自耕農 508 戶，又寧夏省已擇定賀蘭、永寧 2 縣為扶植自耕農
示範區。[114]

四、各地扶植自耕農的成果

　　扶植自耕農工作，自 1943 年起，各省多擇地舉辦，計 1943
年度內，各省辦理甲種扶植自耕農擇定實驗區者，有浙江、江西、
湖南、四川、福建、廣西、甘肅等 7 省 14 縣及甘肅省湟惠渠灌
溉區域。共扶植自耕農 7,992 戶，農地面積共 140,991 市畝。辦
理乙種扶植自耕農地區者有福建、浙江、江西、湖南、四川、廣
西、甘肅、安徽、湖北、廣東、陝西等十一省。各省實施的情況，
如表 2-15 所示。

表 2-15　各省試辦扶植自耕農概況（1943 年至 1946 年底）
　　　　甲、（按地區分）

省別	縣數	扶植辦法		中國農民銀行貸款總額(元)	扶　植　概　況	
		甲種	乙種		面　積(市畝)	戶　數
總計	57	38	68	121,260,906△	331,330.55	20,954
浙江	1	1	—	—	1,000.00	65
安徽	1	—	1	—	—	—

[114]　＜中國扶植自耕農概況＞第二檔案館 103-148，頁 13。

江西	11	9	11	11,500,000	16,779.56	600
湖北	2	—	2	4,000,000	—	—
湖南	5	3	4	21,877,750	13,100.00	600
四川	5	4	12	4,453,500	44,522.41	1,208
河南	1	1	—	—	22,236.00	—
陝西	5	—	8	5,000,000	—	131
甘肅	10	3	9	17,000,000	87,906.68	1,940
福建	3	9	3	7,090,000	71,448.07	12,739
廣東	4	—	4	—	—	—
廣西	8	7	8	11,878,867	16,223.83	1,080
甯夏	1	1	6	4,000,000	11,500.00	230
綏遠	—	—	—	—	46,614.00	1,361

資料來源：＜統計＞《地政通訊》第 23 期，頁 51。

乙、（按年份分）

年別	扶植辦法		中國農民銀行	扶植概況	
	甲種	乙種	貸款數(元)	面積(市畝)	戶數
總計	38	68	121,260,906	331,330.55	20,951
1943	19	51	73,800,117	140,991.62	7,992
1944	14	13	43,460,789	160,079.50	8,843
1945	1	4	4,000,000	12,052.68	815
1946	4	—	—	18,207.95	3,304

資料來源：＜統計＞《地政通訊》，頁 52。

　　1944 年度，除上述各省繼續辦理外，復有綏遠、寧夏二省開始試行，共扶植自耕農 8,843 戶，農面積共十六萬餘畝。1945 年度，四川省亦擇定仁壽、自貢等十餘縣市，分別推進。總計三年來試辦扶植自耕農者，共有 14 省 82 縣，扶植自耕農共 17,650 戶，農地面積共 313,123 畝。其中屬於辦理甲種扶植自耕農之區域，共有 29 處，辦理乙種扶植自耕農之區域，共有 65 處。1945、1946 兩年共扶植自耕農 3,204 戶，農地面積共 18,206 畝。[115]

　　據地政署的統計，1943 年到 1946 年的 4 年中，各年扶植區域、種類、貸款、農戶數與面積情況，如表 2-16 所示，由該表可知，1943~1946 年，全國有 4 省 82 縣進行扶植自耕農的試驗，並扶植自耕農 20,954 戶，耕地面積 331,330 畝，如表 2-16 所示。

表 2-16　1943-1946 年間各省市試辦扶植自耕農概況

年　別	縣數	扶植區域		中農銀行貸款數(元)	扶植自耕農概況	
		甲種	乙種		面　積 (畝)	戶　　數
1943	62	14	48	73,800,117	140,991.62	7,995
1944	15	14	13	43,460,789	160,079.50	8,843
1945	5	1	4	4,000,000	12,052.68	815
1946	5	4	15	915,995,375	18,206.75	3,304
總　計	87	33	80	1,037,256,281	331,330.55	20,954

資料來源：王慰祖，前引文，頁 10。

　　1947 年度舉辦直接創設自耕農業務者，計福建、甘肅、江

---

[115] 《民國三十七年中華年鑑》，頁 1377-1378。

蘇、湖南、綏遠、南京等。其辦理成績，福建、甘肅、江蘇三省，共徵收放領土地 234,749 畝；此外陝西、雲南兩省亦擬擇地辦理，已將實施計畫及辦法送地政部核辦。舉辦間接扶植自耕農省份有福建、江西、江蘇、安徽、湖北、湖南、廣西、廣東、陝西、河南、貴州、浙江、四川、甘肅等十四省。計由中國農民銀行配貸扶植自耕農放款共 12,701,930,000 元。[116]如表 2-17、2-18 所示。

表 2-17　1947 年度各省市舉辦間接扶植自耕農概況表（一）

省別	辦理地區	徵收放領畝數	備註
福建	龍巖縣適中、溪口、白砂、美和、象和、梧新等六鄉鎮	99,640	
甘肅	湟惠渠、靖豐渠兩鎮及會川黃香溝	29,244	湟惠渠灌溉區土地 25,644 畝，係於上年度辦理徵收重劃，本年度放領完竣又靖豐渠新放成土地一千餘畝，係用以組織合作農場
江蘇	東臺縣大中、新豐兩鎮；淮陰縣漁溝鎮、興化縣南官鄉、宿遷縣耿車鄉	105,865	
合計		234,949	

[116]《民國三十七年中華年鑑》，頁 1378。

表 2-18　　1947 年度各省市舉辦間接扶植自耕農概況表（二）

省別	辦理地區	由中國農民銀行配貸放款數額
福建	龍溪、古田、建甌、建陽、南平、閩清、長樂、福清、林森、晉江等十縣	860,000,000 元
江西	南昌市、南昌縣、新建、贛縣、南康、上猶、信豐、鄱陽、吉水、泰和、九江、吉安、臨川、浮梁、南城等 15 縣市	1,200,000,000
江蘇	鎮江、丹陽、興化、東臺、高郵、揚州、南京等 7 縣市	2,800,000,000
浙江	杭州、武康	1,000,000,000
安徽	蕪湖、蚌埠、合肥	1,000,000,000
湖北	溪口縣、	700,000,000
湖南	長沙、衡陽衡山、安仁、陵零等 5 縣市	541,930,000
四川	成都縣	100,000,000
貴州	貴陽、惠水、平壩、平越	300,000,000
廣西	桂林、柳州、梧州、南寧、全縣、平樂	800,000,000
廣東	廣州、曲江、新會	800,000,000
陝西	西安縣	900,000,000
甘肅	皋蘭、榆中、靖遠	500,000,000
河南	汜水、鄭縣	500,000,000
重慶	市郊	700,000,000
總計		12,701,930,000

資料來源：《民國三十七年中華年鑑》，頁 1378。

小結

　　對日抗戰爆發，爲民族生存的保衛戰爭，成爲首要之務，雖然土地權歸屬的問題，降爲次要地位；但是農地問題不可忽視，更和抗戰息息相關，因爲佔全國人口比重高達 80% 的農民，提供主要的兵源和糧食。然而絕大多數農民無地或少地，又深受重租、高利、苛捐雜稅的盤剝，如果農民依舊處於救死不暇的狀態中，就無力來救國，因此爲適應抗日戰爭的需要，國共兩黨對土地政策都有所調整。統觀 1937~1949 年間，國民黨歷次會議通過經濟建設方案中有關之土地政策，其要點可歸納如下：

　　（一）地權

　　1.一切山林、川澤、礦產等天然富源應完全歸公；2.市地以公有爲原則；3.農地農有，即以耕者有其田爲最高原則；4.限制租額，保障佃權，荒年減免地租，禁止預租及包佃，凡土地租賃契約須經地政機關登記。

　　（二）地用

　　1.整理荒地，實行墾殖；2.統制土地用途，改進生產技術；3.施行土地重劃；4.倡辦合作農場及集體農場；5.設置國營農場及地方公營農場；6.規定農場及地塊之最小面積。

　　（三）地價

　　1.凡私有土地應迅速規定地價，照價徵收累進稅，並實行漲價歸公；2.私有土地得施行照價收買。

　　（四）地籍

　　儘速完成土地測量與登記等地籍整理。

　　（五）土地金融

　　設立土地銀行，發行土地債券，以扶植自耕農及改良土地。

　　（六）土地行政

普設各級地政機關，培養土地行政人才。[117]

　　各省運用土地金融貸款辦法扶植自耕農，此辦法若能普遍推行，使農民者有地可種，以解決土地問題，然而實施時尚有多項困難問題待解決：

　　（一）**法令不足問題**：直到 1948 年為止，徵收不自耕土地，用以創立自耕農場之原則，於國民黨五中全會決議的「土地政策戰時實施綱要」，及六中全會決議的「土地政策綱領」、修正土地法中，均有規定，如果全面實施，則須依賴中央公布施行一有關扶植自耕農的完整法令，作為加強推行之工具。

　　（二）**健全機構**：扶植自耕農運動，同時是一種社會改革，因此必須在行政上有直接與農民接觸的健全機構，以取得農民的支持，方能排除各種社會阻礙，以完成此艱鉅任務。此項機構，最好由省政府直接設置，經費亦由省政府統籌，方不致受當地有勢士紳之掣肘與經費上的困難。

　　（三）**貸款期間太短、利率太重**：惟有少數地區，因扶植自耕農貸款期間訂立太短，三年利率太重，如四川等省，農民紛紛有延長期間以及減輕利率之要求，自耕農貸款原負有推行土地政策之使命，與以營利為目的之貸款不同，故必須合於長期、低利兩種條件，若在短時間內逼使農民還清地價，又須負擔較重利率。[118]

　　（四）**推行不夠廣泛**：由於只土地改革工作僅限於局部地區進行試驗，未能在後方廣泛推行，更遑論全國。正如地政局長李

---

[117] 吳文暉，《農業經濟論》（重慶：中國經濟書刊生產合作社，1947 年 10 月），頁 187-188。

[118] ＜中國扶植自耕農概況＞第二檔案館 103-148，頁 15。

敬齋認為：現行扶植自耕農的辦法，是貸款購地分配，也「因為國家財力有限，尤其是在當前經濟衰退，財政困難之際，無力做到。就已做到的龍巖、湟惠渠、北碚來說，其所占的百分比，按全國的面積而論，那只是滄海一粟，要及於全國，尚不知到何年何日？」[119]

---

[119] 李敬齋，＜全國地政檢討會議開幕詞＞，《地政通訊》22 期（1947年 11 月 1 日），頁 4。

第三章　福建龍巖扶植自耕農的土地改革

（1942 至 1947 年）

前言

　　閩西接近江西瑞金，1929 年以後，屢遭共軍盤據，實行分田、屠殺地主，龍巖更首當其衝，受禍最烈。1932 年閩西復經十九路軍「人民政府」組織閩西善後委員會，實施計口授田制度，土地再度重新分配，致土地經界不清，地權紊亂，分田面積共計 21 萬 8 千餘畝，幾占全縣耕地總面積四分之三。[1]其後龍巖雖經政府收復，重新舉辦業權登記，以冀恢復舊觀，終因農民積習已深，難獲實效，業佃之間仍多鬥爭，徒使土地使用者感覺不安，影響農村發展。

　　福建省政當局檢討龍巖縣土地問題之癥結，認為欲根除糾紛，非行耕者有其田不可，1942 年林詩旦接篆龍巖縣政，立即推行耕者有其田政策，首要工作即在該縣實施扶植自耕農，藉以解決業佃紛爭，安定地方治安，及重建農村生產。

　　1943~1947 年，龍巖經過五年的改革，實現了扶植自耕農的土地改革實驗，在各省扶植自耕農工作中，辦法最完整、規模最龐大、實施最徹底者之代表。尤其龍巖開始運用有價債券扶植自耕農之經驗，不但為抗戰時期土地改革成功的一特例，且其部分的地政人員後來協助農復會，在閩西其它六縣進行扶植自耕農，

---

[1] ＜龍巖扶植自耕農放款業務報告，1947 年 3 月＞，《地政通訊》17 期（1947 年 6 月 1 日），頁 24。

國府遷臺後，這批地政人員更成為臺灣實行三七五減租、耕者有其田時期，各級地政機關重要的執行人員，因此龍巖的扶植自耕農經驗，可謂是日後臺灣實行「耕者有其田」土地改革的前驅。

第一節　龍巖土地改革的背景

一、龍巖的土地利用問題

　　龍巖縣地形山多田少，可耕地零散。據 1940 年所作的土地編查，全縣疆土為 3,218,774 市畝，凡 8,582.68 方公里。[2] 地積相當廣大，惟一般土地因受土質、地形、位置及溫度的限制，在農業經營上不能全數利用，實際可供耕種之土地異常缺乏，耕地總數為 282,989 市畝，不及 9%，林地只有 18.3%，此外尚有 70% 以上之土地為重山和荒地，其餘則供作住宅、河流和道路等。可耕地雖如此缺乏，卻尚有五萬六千餘畝土地，任其荒蕪，利棄於地，使農業土地需要之供給，益感饑饉與恐慌。[3]

　　全縣的耕地指數，附城一帶尚高，縣轄邊境則甚低。各鄉鎮中如西墩、曹蓮，均在 26~41% 之間，而蒲江、東嶺、美和、蘇吉、內山、象和等鄉，只及 2~5%。此種墾殖差異之現象，固受自然條件之限制，然人口分佈不均，亦為重要原因。耕地之人口

---

[2] 林詩旦、屠劍臣，《龍巖之土地問題》，（龍巖：龍巖縣政府，1943 年 12 月），頁 22。

[3] 《龍巖縣志》卷十七，（廈門：風行印刷社，1945 年），頁一 b；趙鉅恩，《龍巖縣扶植自耕農紀實》，（福州：福建省政府印務局，1947 年 9 月），頁 14、23；林詩旦、屠劍臣，《龍巖之土地問題》，頁 103、109。

密度甚高，全縣平均每方里達 187.06 人。如將農業人口與耕地
比，則每農戶只能攤得 9.46 畝，每人僅得 2.19 畝。在耕地缺乏，
人口密高的鄉鎮，每戶尚不及四畝，每人僅得數分。均不足以維
持生活標準，[4]因而地少人多，耕地缺乏，限制農業經營之發展，
且影響國民生計之維持。

　　龍巖全縣耕地利用之分配，栽稻之水田佔 95.50% ；植果樹，
種蔬菜之旱地佔 3.38% ；培養藕之池蕩佔 0.22% 。此項耕地之
分配，決定縣內農作物栽培之性質與種類，同時亦養成農民只耕
水田，不種旱地之習慣。在各鄉鎮中，除合作、平鐵，旱地成份
較高外，其他各鄉鎮之水田成份均在 90% 以上，惟因農民習於水
田耕作，故多數無水荒地，均未能利用。

　　本縣農家主要栽培的作物為水稻、甘薯、小麥、油菜、花生
等數種。其中尤以水稻為大宗，因人民食用習慣上之需要，及土
壤溫度、雨量諸種有利條件下，故分佈面積異常廣泛，全縣
362,670 畝，幾達栽培面積總數的 88.40% 。其他如甘薯為農家
補充糧食不足之唯一作物，小麥、花生為附城土地缺乏農家之主
要栽培，對農村之經濟均具有重大價值。但因尚有閒置地力之
事，作物分佈區域及栽培面積，仍感十分狹小。[5]

　　龍巖向為閩西之要邑，鄉人在上海、廈門經商者眾，且為華
僑故鄉，僑匯豐厚，經濟地位比較鄰近各縣優越，有餘之後，較
講究飲食；又為鄰縣農產品輸出口，及進口貨之集散地，除少數

4　《龍巖縣志》卷十七，頁二 a－三 a。

5　《龍巖縣志》卷十七，頁三 a、三 b；今日臺北士林名產鹽酥和紅土
　　花生，就是 1949 年以後龍巖人來臺開始賣的，翁雲霞，〈龍巖花生
　　香傳基隆河畔〉，《中國時報》，（1993 年 6 月 20 日），版 30。

偏僻地區之外，大部分農村經濟之維持及繁榮，均依賴其地位重
要之賜。[6]閩西地形山脈綿延起伏，河流縱橫交錯，構成險要而又
複雜的地理形勢，既可攻又可守。同時山多地肥，竹木茂盛，物
產豐富，且距福州等中心城市較遠，交通不便，是國民政府統治
比較薄弱的地方，成為中共展開游擊戰爭，實行工農武裝佔據，
並創建「革命根據地」，提供了極為有利的客觀條件。

二、龍巖的土地與租佃問題

　　龍巖縣農業經營形態之特徵，一為面積之狹小，一為場地之
分散。每戶耕地本已不多，又復零星分散，少則三、五起，多達
二十至三十起，致土地不能合理利用。加上租佃制度紊亂，所有
權不確定，佃農大多施行掠奪式之經營，鮮有作改良之設施者，
生產力因而衰落。其每農戶使用土地面積狹小情形，如表 3-1 所
示，約 69% 以上的農戶使用面積在十畝以下。

表 3-1 . 龍巖縣各規模農戶土地分配表

每戶使用土地面積	佔全部土地百分數（% ）
5 畝以下	40.72
5 畝以至 10 畝	28.47
10 畝以上至 15 畝	14.89
15 畝以上至 20 畝	8.75
20 畝以上	7.70

資料來源：《民國三十七年中華年鑑》，頁 1380。

---

[6] 林詩旦、屠劍臣，《龍巖之土地問題》，頁 2、23；翁雲霞，〈難忘家
　鄉龍巖壽麵〉，《中國時報》，（1993 年 5 月 30 日），版 30。

　　1928 年共產黨實行分田以前，龍巖縣佃耕地占全縣耕地面積的 72% 以上，半自耕農佔農戶總數 44.8%，佃農佔 44.54%，換言之即全縣農戶中有 80% 以上之農民，受租佃關係之束縛與剝削。[7]據抗戰後期調查，農家戶數 29,922 戶，農家人口 128,712 人，而佃耕地達 204,500 市畝，即佔全部耕地面積 72% 以上，而佃農戶佔全縣農民戶口 89% 左右。雖分田地區的業權破壞，土地使用者一時可解除租佃之枷鎖，而其佔有為非法，未能取得法律上之保障，糾紛層出，仍為農民生活之重大威脅。[8]業主出租土地之後，即坐享地租之利，佃農則因須負擔苛重之地租，往往難以維持最低限度生活費，農業資金更無所出，故生產效能無法增加；即使是自耕農，以其耕地量少而質低，亦難以籌措生活資金，與佃農相去不遠，因此農業生產關係為生產力繼續發展之障礙。

　　另一方面，龍巖縣之租佃制度極複雜，自「分田」及「計口授田」後，制度本身已變，又隨環境演變益形紊亂。在此種情形下，所有加租、抗租、撤佃等糾紛乃層出不窮。據龍巖司法處統計受理土地爭執案件，1934 年時佔全部民事案件 23%，至 1942 年竟高達 55%。[9]此種與時俱增的租佃糾紛趨勢，足見土地問題之嚴重性，而租佃糾之嚴重，更成為培養共產黨叛亂之溫床。

---

[7] 中華年鑒社編，《民國三十七年中華年鑒》下，（南京：中華年鑒社發行，1948 年 9 月初版），頁 1380。

[8] 趙鉅恩，前引書，頁 14、23；林詩旦、屠劍臣，《龍巖之土地問題》，頁 103、109。

[9] 《民國三十七年中華年鑒》，頁 1380；鄭行亮，《福建租佃制度》，（南京：中國地政學院，1936 年，臺北：成文出版社，1977 年），頁 32090-32093。

第二節　抗戰前龍巖的地權變遷

一、閩西革命根據地時期的分田（1929 年至 1932 年秋）

　　龍巖縣土地問題之形成，源於原有土地制度之破壞，1929
年中國共產黨佔領閩西，實行「土地革命」、「分田鬥爭」、屠殺
地主，龍巖首當其衝，受禍最烈，縣內白土鎮號稱「東方莫斯科」。
共黨激進的土地改革方案，大略如下：（1）一切地主、富農所有
之耕地以及私有之祭祀田產，一律無償沒收，分配予貧農、雇農、
佃農及赤衛隊耕種；（2）分田以鄉或村為單位，均分予該農村中
合格農民；（3）農村中之合格農民，不問年齡、性別，均得面積
相等之土地；（4）分田時土地依肥瘠分為三級，抽肥補瘦，抽餘
補不足，以求分配之平允。[10]

　　共產黨分田時間自 1929 年至 1932 年秋，分田土地佔總面積
四分之三，地主、士紳未被殺者，多逃亡漳、廈一帶，甚少反抗，
只有龍巖縣第四區及第二區適中鎮一帶未行分田，因適中的土地
80% 多為大姓謝族所共有，憑其財力、人力及全鎮均係堡壘式建
築的房屋，而擊敗共軍，未有分田。因共黨的按口分田，結果使
原有耕作力甚強之富農、自耕農、佃農所佃耕之土地常被剝奪，
且造成土地細割，而地權又無良好的確定，農民對土地不甚愛
護，常用掠奪農地法耕作，不作土地改良。至於偏僻村落因治安
關係，土地大量荒蕪，致生產日漸衰落。[11]

---

[10]　《中國農村復興聯合委員會工作報告》一（1948 年 10 月 1 日起至
　　　1950 年 2 月 5 日），頁 40。
[11]　李樹桐，〈漫談福建省的荒地墾殖〉，《人與地》3 卷 4 期（1943 年

二、十九路軍的計口授田（1932年至1934年）

1932年9月十九路軍進據閩西，組織閩西善後委員會。雖政府爲安撫流亡，減輕農之負擔計，訂有二五減租暫行辦法，曾經先後實行二五減租，但爲時甚暫。[12]又因缺乏精確的戶籍與地籍紀錄，效果並不好，且係政府領導之行動，自非農民自發之運動可比。因共產黨的土地改革，引起當地業佃關係的混亂，接管的福建省主席蔣光鼐爲調和法律與實際情形之需要，乃決定制定「計口授田」的土地改革方案，於1932年11月實施，承認共黨已分出的田地，並進一步擴大。該方案以有耕作能力之農民及其家屬人數爲標準，凡地主之有耕作能力者，得優先收買其原有之耕地。1933年11月20日十九路軍成立「福建人民政府」後，繼續實行「計口授田」的土地政策，旋即失敗，所以中共在龍巖縣的土地革命結果未受到影響。[13]

龍巖地區經歷共產黨與十九路軍兩次土地改革方案，內容雖均甚激進，但皆未能於該區內建立一公允良好之土地制度。共產黨之土地改革，注重勞工階級利益，誤解社會公道之原則，致使其他部分人民之地權，均被剝奪。十九路軍不分職業之計口授田，使土地租佃制度得繼續存在，地主仍能有剝削之機會。兩項計畫於理論事實上，既均不健全，故改革後曾引社會之紛亂，農地生產之衰落及業佃間之仇視狀態。

4月），頁12；林詩旦，〈從閩西的土地改革看臺灣扶植自耕農〉，《土地改革》，第2卷第20期，（1952年8月21日），頁12。

[12]　鄭行亮，前引書，頁32269。

[13]　《中國農村復興聯合委員會工作報告》一，頁39-44；陳淑銖，〈閩變前後福建的「計口授田」政策，民國二一年五月至二三年元月〉，《中國歷史學會史學集刊》，第24期，（1992年7月），頁215-246。

三、政府的恢復業權（1934 年至 1942 年）

　　1934 年初，平定十九路軍之變，國軍進駐閩西。龍巖經政府軍收復，由於五、六年間土地制度數易，大部業權遭受破壞，在生授死歸，不納地租的殘餘狀態下，養成人民不守法制的習慣。地主在政府的支持下，又捲土重來，進行反攻。1935 年以後，政局平靖，治安無慮，地租又逐漸恢復。在地權未被破壞區域，因地租剝削之嚴重，更使得多數農民生活艱苦，終生輾轉於衣食不周之境地，加深土地問題之嚴重性。[14]

　　福建地方政府依照南昌行營頒布之「匪區內各省農村土地處理條例」實施恢復業權工作，辦理業權登記，發給管業執照，規定田租，以期恢復舊觀。因之地主組織收租團，以集體力量收租，佃農則與共軍之地下人員取得聯繫，以恐怖手段對付地主。少數有勢力之地主亦有強制撤佃收回土地者，結果引起普遍的土地糾紛，仇殺毆鬥，時有所聞，相持數年，此項恢復業權計畫之實施，迄無成就。[15]

　　恢復業權之時，業主實際收租數額，無一定的規率，完全視業佃雙方在當地的勢力而有下列不同：（1）在附城治安良好區域，或鄉間地主有強大勢區域的土地，收租額較高，田賦由佃農負擔，為原租額 20% 至 40% ，亦有全不繳者；（2）在共軍地下組織可能活動區域或偏僻村落，租額較低，田賦由佃農負擔約收 10% 左右，亦有完全不繳者；（3）佃農戶不繳田租大部用久繳方式拖延，亦有利用恐怖手段向地主威脅警告者；（4）反對繳租由

---

[14]　林詩旦、屠劍臣：《龍巖之土地問題》，頁 91、187。
[15]　林詩旦，〈從閩西的土地改革看臺灣扶植自耕農〉，頁 13。

極大多數農民之無言抗議，以成一種無形的壓力。

　　在政府方面，則因缺完善的具體辦法，亦不敢輕言解決，恐引起更大騷動。然而業佃雙方表面似相安，實則勾心鬥角，爭佔優勢，遂使爭訟層出，糾紛不已，結果在地權方面，形成紛歧錯雜之租佃制度；在治安方面，予地下共軍以可乘之機，煽動誘惑，造成社會上各種的不安現象。[16]加以土地利用日見衰退，有關人士對此非常擔心，長此以往，不僅土地生產無法增加，農家經濟瀕於破產，並將容易導致變亂，形成社會與政治之危機。因此行政院決定試辦扶植自耕農政策提出之後，福建省政府就選定龍巖縣，作為扶植自耕農的實驗縣。[17]

第三節　龍巖土地改革的提出與實施

一、閩北地政實驗期

　　1939 年將樂縣長葉鏡允履任之初，即邀請地政學院畢業的林詩旦主持將樂縣地政實驗工作，並發展將樂縣的農村經濟。林詩旦邀請福建省訓練團地政班主任鄭行亮選派優秀學員參加此項新政，其中包括屠劍臣等數位。

　　1940 年 3 月省政府計劃以將樂縣作為地政實驗縣，特准設立地政科，以資管理，一年餘間，先後完成全縣重要地政工作，

[16] 林詩旦，〈從閩西的土地改革看臺灣扶植自耕農〉，頁 13。

[17] 金德群，《中國國民黨土地政策研究（1905-1949）》（北京：海洋出版社出版，1991 年 8 月），頁 289-291。

共有土地編查、土壤調查、荒地調查、公產調查、農作物調查、土地經濟調查、全縣糧食生產消費估查、人與地之管理等共九項工作，並於縣政府內成立人地室，以管戶籍及地籍之變動，均屬於準備性質，此後本縣地政實驗遂由準備階段進入實行階段。接著 1941 年又擬墾殖荒地、開闢農場、設立土地金融機構，利用金融力量，以行自耕農之扶植及改善租佃制度。同時對於不合理的細碎田場，亦擬加以重劃合併，以增加土地利用之效率。[18]

　　將樂縣地政工作進行三年，省主席陳儀蒞縣巡視，認為成績不差，由省政府會議通過，擴大實施，成立「將順泰明四縣（將樂、順昌、泰寧、明溪）自治實試區輔導委員會」，嗣葉鏡允辭縣長職，由林詩旦代理縣長，繼續地政實驗工作。

　　林詩旦把將樂辦理地政實驗的成果，與屠劍臣合編「將樂地政實驗叢書七種」，計土地政策、土地經濟調查、土地編查、土壤調查、公產調查、人地管理、荒地調查等，建立了日後地政改革之參考資料。[19]無疑的閩北的地政實驗，為龍巖土地改革施政人員提供工作前的暖身。

二、龍巖扶植自耕農案提出經過

　　龍巖自政府收復後，土地問題嚴重情形如前述，龍巖縣政府乃決定以行政力量徵收土地，再分配與自耕農民承領耕種。1942年春，福建省主席劉建緒到任後說：「自民國十八年奸黨分田後，土地制度變態狀況，十數年來，癥結日見深重，長此以往，殊為

---

[18] 潘信中，<介紹福建將樂地政實驗縣>，《人與地》1 卷 21、22 期（1941年 11 月 20 日），頁 431-435。

[19] 林詩旦，〈致屠一平先生函〉，《中華文化與藝術》，第 2 卷第 3 期，（1992年 10 月），頁 44-45。

政治、經濟、治安前途之一大隱憂。」，推薦富有地政經驗、辦事有魄力的原福建省地政局秘書、地政學院畢業的林詩旦出任縣長，負責辦理耕者有其田工作。[20]另以屠劍臣爲顧問，共同籌劃解決龍巖土地業權的問題。

　　林詩旦上任之後，完成調查了解工作，認爲以往恢復業權之所以失敗，是於「辦法不合實情，計劃未臻完善，以致決而難行，行而鮮效」。並向福建省政府報告，要待想出一個好的辦法，經過周密的計劃、安排之後，才能動手，不能操之過急。林詩旦參辦1940年龍巖縣政府的「龍巖土地問題調整方案」，在這基礎上提出「扶植自耕農」方案，打出了「實行平均地權」、「耕者有其田」的口號，「變無土地的佃戶爲有土地的耕農」、「將有糾紛的土地，由政府依法實施徵收，轉告與需要土地的農民，其所需資金向中國農民銀行貸款。以領地人分期繳付之地價，陸續償還原業主」。這實際上否認了農民土地所有權，承認原地主的土地業權，強迫農民交出土地，而後再向政府「買田」。[21]

　　對於地主被徵收之土地，則予以相當補償，而承領農民亦分年繳納地價，其所需要補償之資金，係向中國農民銀行洽借，緣自抗戰期間，中央自行政院成立地政署，復於南京的中國農民銀行設立土地金融處，土地改革機構乃粗具規模，而各省土地改革之展開，成爲當務之急，當時各省地政，除辦地籍整理，以應稅政及糧政之需要外，其少數省縣亦辦理政策性之土地改革。

　　農民銀行土地金融處長黃通（曾任地政學院教授）爲配合龍

[20] 林欽辰，＜福建地政概況＞，《福建文史資料》，第13輯，（1986年），頁1-35。

[21] 林詩旦，〈致屠一平先生函〉，頁45。

巖土地改革的順利徹底實行，特初次發行「土地債券」，配合現金作為補償全縣地主地價之用，福建省農民銀行土地金融處處長鄭行亮特派楊光喜及張在均兩人來縣，協助債券及現金地價補償工作。[22]

由於全縣大部分土地既經分散，如再強使佃農歸還，勢將引起極大騷動，故欲解決此嚴重之土地問題，惟就已成事實，予以合理之調整，凡有糾紛之土地實施徵收，重行分配，將佔有土地之佃農完全扶植為自耕農，有土地所有權之地主，則給予相當之土地價補償。如此使兩方既不蒙受重大損失，而潛伏中之危機，亦可消失於無形。

三、實施步驟

1941 年冬，龍巖縣為推行土地改革，除設地政科之外，特別成立「地權調整辦事處」，由縣長兼任處長，並設副處長專責辦理，以迄 1947 年土地改革完成後，改組為「龍巖縣農村復興委員會」繼續辦理保護自耕農工作。[23]（詳見第八章）

1943 年 1 月 16 日福建省政府委員會第 312 次會議通過「福建省扶植自耕農暫行辦法」及「龍巖縣扶植自耕農計劃書」，並擇定龍巖縣首先試辦。該縣將全縣土地分為五期辦理。龍巖縣係以「直接創設」的方式辦理扶植自耕農，縣政府設立「地權調整辦事處」主辦其事，又組織「扶植自耕農協進會」及「地價評估委員會」，聘請地方黨政社團及公正人士為委員，協助政府推行，

---

[22] 孔永松編，《閩浙贛革命根據地財政經濟史料選編》，（廈門：廈門大學出版，1988 年），頁 106-107。

[23] 張維一，《中華民國地政史》（內政部編印，1993 年 1 月），頁 205。

全縣分五期進行徵收土地及分配放領，每期定為四至七個鄉鎮，每期期間定為五至七個月，應徵收之耕地面積共為 279,055 畝地價，總值以辦理時三年市價及佃戶所納低微地租還原平均計算，計全縣為 66,253,400 餘元，除有力農民自已付還一部分地價外，均由農民銀行土地金融處貸借。於 9 月開始，由業權破壞最烈、業佃糾紛最多的白土、紫崗等鄉鎮先行著手。[24]

龍巖的土地改革，辦理的步驟：首先舉辦全縣土地經濟調查，作為基礎準備工作，其次才真正進入扶植自耕農計畫之實施階段。

（一）準備工作

第一步工作為全縣農村土地經濟的調查，及地主地權總歸戶的工作，其目的在探求土地問題及農村凋敝之癥結，據以擬具實施詳細辦法，作為主要參考資料。1942 年 5 月，向福建省政府呈准成立土地經濟調查隊，7 月開始調查。土地經調查之其範圍甚廣，項目包括：地權分配、現行土地利用和經營、租佃關係、農村金融、農產運銷、農家負擔、農村副業，以及各該地農業和自然環境等，均詳細調查。再將資料整理製成以人為經，以地為緯的「人地卡片」，成立「人地資料室」，以便瞭解地權集中情形，詳載每家土地及其他財產，以及其每年收支盈虧的情形、並研究分析各種問題：如土地分配不均、土地制度紊亂、農業經營衰落、農村金融失調、農家負擔繁雜、農民生活苦難等。[25]

---

[24]　＜中國扶植自耕農概況＞第二檔案館 103-148；蕭錚，《蕭錚回憶錄—土地改革五十年》，頁 232；林詩旦，〈從閩西的土地改革看臺灣扶植自耕農〉，頁 13。

[25]　林詩旦，〈從閩西的土地改革看臺灣扶植自耕農〉，頁 13；蕭錚，《蕭

　　農村土地經濟狀況調查完成後，於同年 12 月上旬，地權調整理辦事處開始將調查成果加以整理統計，出版《龍巖之土地問題》一書。根據龍巖土地調查之建議，提出解決土地問題之道，應從調整現有不合理之土地關係入手，清除土地利用上之束縛，以及加諸農民生產上之種種剝削、地方治安上之危機，然後利用合作組織，使業務組織加強、農業技術改良、土地生產力提高；一方面要增加公有產業及財富。[26]經陳請福建省政府核准後，於1943 年 2 月開始工作。

（二）徵收土地

　　所有農民耕種之農地，均准由耕作人備款，向地方政府收買為自有農地。同時不自耕之地主應將所有土地出售與政府，由政府給付地價。一切私有農地由地方政府實施徵收，再分配農民耕種。全縣非所有人自耕的農地及私有荒地，均由龍巖縣政府依法實施區段徵收。徵收後公告一個月，並通知各權利人限期申報權利，以憑核發補償地價。該縣為便於推行起見，將擬徵收之土地分為五區辦理。其徵收的步驟如下：

　　1.公告徵收：於每期扶植自耕農之鄉鎮，先由縣政府擬具土地徵收計畫，附具圖說，呈省政府核定。其次將實施徵收之土地，依照土地法規定，於縣政府及鄉鎮公所門首，以及徵收土地各保之顯著地方，標貼公告和登載當地報紙，將徵收情形公告一個月。凡經公告徵收之土地，由縣政府會同地權處，規定權利申報期限，通告各權利人，依限期申報，以為核發補償地價之依據。其各鄉鎮土地徵收情形，如表 3-2 所示。

　　錚回憶錄—土地改革五十年》，頁 240。
[26]　林詩旦、屠劍臣：《龍巖之土地問題》，頁 96。

表 3-2．龍巖縣各鄉鎮各期土地徵收情形

期別	鄉鎮名稱	徵收日期	徵收土地	
			面積（市畝）	起數
一	紫崗、白土	1943 年 5 月 1 日	27,936.24	38,721
二	西墩、曹蓮、新羅、合作	1944 年 2 月 1 日	23,920.62	31,665
三	龍門、銅江、大池、小池	1944 年 11 月 1 日	62,209.33	63,816
四	平鐵、銅江、內山、廈和、雁石	1945 年 9 月 1 日	53,394.19	57,534
五	適中、象和、美和白沙、溪口、梧新	1947 年 2 月 1 日	99,940.00	缺

資料來源：《民國三十七年中華年鑑》，頁 1380。

2.評估地價：補償地價之時，有關於地主之權益，為使地價之平均與合理，先由地權處派員攜帶地籍圖冊普查，會同熟悉當地情形之農民，按保調查各地目土地最近三年市價與繳租情形，再參酌交通、水利、土壤、地勢等各種狀況，擬定初步各等級地價區，就各等級土地，計算其平均市價，或收益價格。然後開保民大會，推選熟習農事及土地情況之若干民眾為代表，審查初步結果，造成記錄送縣政府復核。同時地權處再依據調資及審查記錄，擬定地價估計表，提出各鄉鎮扶植自耕農地價詳估委員會，詳細評議，再送縣政府正式核定公告；一面報省備案，公告一個月期滿後無異後，或有異議評決定後，即作為補償地價之標準。

[27]各期詳估地價情形，如表 3-3 所列：

表 3-3　龍巖土地改革各期地價之評估

期別	地價		地價級數	每年佃租純收益（市斤）	
	最高	最低		最高	最低
一	600	50	6	13	2
二	2,500	100	28	51	2
三	5,000	100	49	100	2
四	4,000	100	31	53	2

資料來源：《民國三十七年中華年鑑》，頁 1381。

表 3-3，每畝租佃土地收益，係按徵收前三年實收地租額計算，是項實收租額僅及原租額十分一至十分之二。分得土地之農民，應將地價繳給政府，政府以此項地價搭配土地債券償還地主。地價係以過去三年之平均租額，或年收穫量之二倍半，分期於十年內償清；地價之補償由縣政府組織地價評估委員會，按照最近三年來市價及繳租情形，評定標準地價，經公告確定後為補償之根據。

3.權利申報：龍巖地區的農地，因未經舉辦完整的地籍整理，原有土地所有權及他項權利，尚無登記冊可資稽核。因此關於補償地價之核發，有定期申報權利之補救辦法。權利申請由所有權人或他項權利人填具申請書，檢附契證，呈送地權處作初步之審查；審查無誤，再送縣政府核定，分別造具土地權利公告單，發交原鄉鎮揭示一個月，期滿無異議，或異議經調解或判決後即為確定。逾期未申報者，作無主土地公告，公告滿一年而仍無人

---

[27]　《民國三七年中華年鑑》，頁 1380。

補報者，則視爲公有土地。[28]

4.發給地價：土地權利經審查公告確定後，即由縣政府會同地權調整辦事處，繕造付價通知書，分別通知土地權利人，權利人應填具領款收據，以及土地清單正副本各一份，在規定期限以內，持具向農民銀行領取補償地價。農民銀行於付款之後，即將副本留存，作爲農民貸款抵押，正本移送地權調整辦事處登賬，以備核對之用。其他逾期未領取地價者，則予依法提存，自耕農與半自耕農應領之補償地價，得填具收據與土地清單，送請地權調整辦事處核抵其應領之承領地價，俾於領價繳價之間，免去債券之搭配。[29]

（三）分配與初領

1. 放領準備

各鄉鎮在放領土地之先，由地權處派員會同當地鄉鎮保長，攜帶戶口冊、地籍冊與土地經濟調查表等，按保逐戶核對戶籍、地籍，並複查各戶耕作能力之強弱與家庭負擔之輕重。其不符者則予分別辦理移轉登記，或實施查定各種土地折合標準係數：以地勢、土質、水利設施等，與土地生產力相差甚遠，將各等耕地之市畝面積，依其生產力之大小，查定折合標準，折合爲一定之標準面積，以便分配。其所謂標準非實際之市畝，乃以年產稻穀二市擔之土地爲一標準畝，實際之每市畝收入多於此數，或少於此數者照折。爲每一市畝年產乾穀二市擔，調查各種土地生產力之強弱，計算其每畝與上項標準差額之比例係數，作爲配放土地計算面積之標準。用標準畝爲分配調整的依據者，因土地有肥瘠

---

[28] 趙鉅恩，前引書，頁 10。

[29] 趙鉅恩，前引書，頁 10。

之不同，若用市畝，將使承領同一面積之農民，有面積同而收穫
懸殊的不平之感。上項係數由地權處派員會同各保推選代表，實
地查定之。[30]

2.調整各戶使用土地

各農戶在單位面積以內，其應用之土地，儘先以原使用土地
配放之；如與核定標準有不符時，則由地權處派員會同農民代
表，以保爲單位，依照下列原則，擬具調整方案：

(1)在單位面積以內之使用土地，原自耕農、佃農及出征軍
人家屬，有自耕能力者，有優先承領權。

(2)超出單位面積之土地，原使用人得就其使用價值最差
者，指定撥出，另行分配予缺地之農戶。

(3)所有依照前項分配缺地農戶之土地時，以配與接近原有
農場與使用便利爲原則。

(4)調整土地時，各農戶應領之土地，爲求使用上之便利，
得請求互換承領。

根據前項擬定之調整方案，經提交各保民大會通過後，造具
土地異動清冊，呈縣地權處複核決定後，通知各有關農民，於次
期作業之前交換使用之。至各農戶承領土地時，仍應填具承領土
地聲請書，檢同證明文件，呈准縣政府審核承領。

3.申請承領

農戶承領之土地，經分配確定後，承領農戶可即依據原使用
土地底冊及調整土地異動清冊，填具承領土地申請書、保證書，
連同證明文件，申請承領，經地權處審核相符即予確定。

---

[30]　趙鉅恩，前引書，頁 11-13；林詩旦，〈從閩西的土地改革看臺灣扶
植自耕農〉，頁 11-13。

　　徵收之土地，由政府加以重劃改良後，按照下列次序分配與農民耕種：（1）有土地使用人；（2）凡本鄉從事耕作滿三年之農民，在本縣境內從事耕作滿三年之農民，每一農民可分得若干標準畝（每年能產稻穀二市擔爲一標準畝），其數量以村人口與村土地面積除得之商；（3）每戶農民領地單位面積以鄉鎮爲單位，該鄉農戶人口與土地面積所除得之商，爲一農民所得面積；（4）每一四口之農戶，可分得若干標準畝，超過四口之農戶，得比例增加分田面積，以四口之農戶爲準，予以分配；超過四口之農戶人口，按每人應得面積予以調整。[31]各鄉每戶承領標準如表 3-4 所示。

　　表 3-4，土地之分配係按各該鄉鎮土地人口分佈情形，規定每戶承領土地單位面積，斟酌實際情形增減之。總之，以使原有農民獲得需要之土地爲原則。是項每戶單位面積，以供給四口之家需要爲準，人口多寡及耕作能力不同者，比例增減之。[32]

4.繳付地價

　　承領土地之地價，以評定各等級土地補償地價爲標準。各戶應繳承領地價，如同時有應領之補償地價時，得依照規定手續，請求轉帳互抵。承領地價或補償地價互抵後，應繳之餘款，承領人無力一次繳付者，得分期繳納。其次數由承領人自行決定，惟最長不得超過十年，並應訂立分期攤還地價契約，與合作社具體保證。攤還地價，每年繳付一次，每次於季節收穫後爲之。其久繳地價之利息，依農民銀行扶植自耕農放款契約之規定計收。[33]

---

[31]　林詩旦，〈從閩西的土地改革看臺灣扶植自耕農〉，頁 11-13。

[32]　《民國三十七年中華年鑒》，頁 1381。

[33]　趙鉅恩，前引書，頁 11。

表 3-4　龍巖各鄉每戶承領土地標準

鄉鎮名稱	每戶承領單位面積（標準畝）	每年正產物出產量（稻穀／市擔）
紫崗	13	26
白土	12	24
西墩	12	24
曹蓮	12	22
新羅	10	20
銅江	15	30
龍門	15	30
大池	15	30
小池	15	30
新羅（平鎮）	12	24
銅江（嶺南）	12	24
內山	15	30
廈和	15	30
雁石	30	30

資料來源：《民國三十七年中華年鑑》，頁 1381。

　　補償地價，以土地債券搭配現款償還於地主，其配搭之比例，視各期情形不同而異，第一期債券五成，以後各期逐漸加至七成。繳付地價的時間，一至四期多半為十年，也有八年、五年者，第五期縮短為七年或五年。全部徵收地價，政府實際支付的地價僅有法幣五千七百萬元，其中土地債券約佔 453 萬元，均由縣政府向中國農民銀行土地金融處貸款，[34] 內容包括現金及土地

---

[34] 沈宗瀚，《農復會與我國農業建設》，（臺北：商務印書館，1972 年），

債券兩種，配搭情形，各期不同，已如上述。嗣因業佃自行買賣，及原自耕農承領自己土地，不須借款，只辦轉帳抵銷手續，故農民銀行實際付出之現金及債券，未達原貸借之數目。至於地價補償及收回地價手續之辦理，係由農民銀行龍巖辦事處派專員負責。所以龍巖扶植自耕農之成功，得力於農民銀行之貸款，及該行人員之協助者甚大。[35]

徵收土地之補償地價，係以法幣為計算本位，由於戰時法幣貶值，地主損失甚大，又須配搭土地債券，其收益更受影響，為解決此困難，故訂定業佃雙方在限期內，得以實際物價自行買賣土地的變通辦法，若買賣不能辦竣時，農民仍即向政府繳價承領，試辦結果成效甚著。[36]

5.繕發證照

核准承領之土地，其地價一次清繳者，即由地權處按起數繕發土地所有權執照，作為承領人管業之憑證。地價分期繳付者，先繕發土地使用權證明書，俟地價清繳時，再予換發土地所有權執照。[37]

6.組設土地信用合作社或保農業生產合作社

各鄉鎮土地分配放領完竣後，即發動自耕農按保或按村組設土地信用合作社，或保農業生產合作社；或於保合作社內，設立土地信用部門，負責一單位內自耕土地之經常管理維護，並辦理分期繳付地價之保證催繳等事務。凡經政府扶植之自耕農，均應

頁 76。

[35] 林詩旦，〈從閩西的土地改革看臺灣扶植自耕農〉，頁 14。

[36] 林詩旦，〈從閩西的土地改革看臺灣扶植自耕農〉，頁 14。

[37] 趙鉅恩，前引書，頁 10-11。

加入為社員，以期扶植自耕農之成果，得以維持永久。[38]

　　到 1947 年，福建省主席劉建緒積極推行保農業生產合作社制度，想把佃農合法的組織，在不傷害地主原來權益的範圍內，來代管地主的所有權，實施合理的生產與分配。「它本身雖非嚴格意義的土地改革，但假如推行得力，其對於土地改革的影響，將是不可忽視的。」[39]

（四）完成後之限制

　　扶植自耕農工作完成後，對於地權之變更，有下列各種之限制：

　　1.禁止轉租，非經核准不得轉賣或分割，並以一子繼承為原則。

　　2.非購地自耕之農民，不得承買土地。

　　3.自耕土地准予轉賣時，政府有優先承買權。

　　4.土地設立負擔，最高不得超過已繳付地價，或原放領地價三分之一為原則。[40]

　　此四項限制，為維持扶植自耕農之成果，如不得轉賣分割、一子繼承以避免土地再零細化等，均為有效方案。

第四節　扶植自耕農工作之成效

---

[38] 林詩旦，〈從閩西的土地改革看臺灣扶植自耕農〉，頁 14。

[39] 章振乾，＜福建農業經濟論＞，《社會科學》3 卷 3、4 期（1947 年 12 月），頁 11。

[40] 林詩旦，〈從閩西的土地改革看臺灣扶植自耕農〉，頁 14。

一、完成扶植自耕農之業績

龍巖扶植自耕農業務之計畫，在不顧各方之反對下，於1943年開始實施，1947年冬全部完成。為順利推展業務起見，分五期推辦，由地權破壞最烈，租佃糾紛最多之鄉鎮先行著手，然後再陸續推行其他各處。總計各期徵收的情形如下：

第一期、徵收白土、紫崗、龍興、中溪等鄉鎮土地29,105.82畝，1943年4月核定扶植自耕農放款共5,740,000元，搭放土地債券五成，期限十年，利率月息9釐。

第二期、徵收曹蓮、西墩、合作、大同等鄉鎮土地25,502.00畝，1944年3月核定放款一千五百萬元，搭放土地債券七成，期限十年，利率月息1分5釐。

第三期、徵收龍門、銅江、大池、小池等鄉鎮土地67,769.77畝，1945年7月核定放款五千萬元，搭放土地債券七成，期限十年，利率月息2分。

第四期、徵收廈和、雁石、平鐵、內山等鄉鎮地56,227.05畝，因佃農多能自籌地價，致第三期放款未全部貸出，遂將三期未用之款移至第四期貸放，故本期未另核定放款。

第五期、徵收溪口、象和、適中、梧新、白沙、和平等鄉鎮土地996.40畝，1947年3月核定放款九億四千萬元，期限七年，利率月息3分。

以上五期徵收放領之土地共為278,244.64畝，核定放款10億一千七十四萬元。[41] 各期業務，除第一期經費由省補助七萬餘元，得以進行順利，如期完成外，嗣後歷期都受經費影響，不無

---

41 中國農民銀行，〈龍巖扶植自耕農放款業務報告，1947年3月〉，《地政通訊》17期（1947年6月1日），頁24-25。

展延。至於一至五期各期扶植自耕農戶數、分配土地面積畝數，如表3-5所示。

表3-5 龍巖各期扶植自耕農戶數、分配土地面積數

期別	扶植自耕農戶數	土地面積（市畝）	每戶平均畝數
一	5,217	27,936	5.35
二	5,212	23,920	4.58
三	7,020	62,209	7.86
四	5,702	52,394	9.36
五	9,125	99,940	10.95
合計	32,276	267,399	8.284

資料來源：《民國三十七年中華年鑒》，頁1382。

就表3-5統計，每戶約可得土地8市畝多，該縣分配土地時，係以土地生產力為標準，凡產稻穀兩市石者，折合為一標準畝。平均約一市畝折合為二標準畝。每農戶約可得正產物之稻穀32市石，以中國農家生活程度而論，已足敷用。

1.各期評定補償地價及承領地價：評估地價依照土地法規定係按最近三年之土地市價或收益價格計算其平均數（土地法修正後改依照二年）計算其平均數。惟戰時幣值低落，物價波動甚劇，故估定之地價，比較當時實際地價，稍為低廉。[42]

至於一至五期各期扶植自耕農，評定補償地價的價格，如表3-6所示。

---

[42] 趙鉅恩，前引書，頁12。

表 3-6 龍巖各期評定補償地價價格

期別	鄉鎮	評定補償地價每畝價格（元）	
		最高	最低
一	紫崗	600	100
	白土	600	100
二	曹蓮	1,600	100
	大同	1,500	300
	合作	2,500	1,200
	西墩	1,800	150
三	銅江	1,800	100
	龍門	5,000	300
	大池	3,500	1,200
	小池	1,500	150
四	平鐵	1,500	250
	內山	1,200	100
	廈和	2,000	200
	雁石	4,000	375
五	適中	210,700	20,700
	象和	150,200	5,200
	溪口	155,400	15,500
	美和	227,900	5,200
	梧新	165,700	15,500
	白砂	193,300	6,900

資料來源：趙鉅恩，《龍巖扶植自耕農紀實》，頁 12。

表 3-7　龍巖各期每戶承領單位面積之標準畝數

期別	鄉鎮	每戶承領單位面積
一	紫崗	13.3 標準畝
	白土	12.5
二	曹蓮	10.5
	大同	10.5
	合作	10.0
	西墩	12.0
三	銅江	15.0
	龍門	15.0
	大池	15.0
	小池	15.0
四	平鐵	12.0
	內山	15.0
	廈和	15.0
	雁石	15.0
五	適中	15.0
	象和	15.0
	溪口	20.0
	美和	15.0
	梧新	20.0
	白砂	15.0

資料來源：趙鉅恩，前引書，頁 14-15。

2.各期核定每戶承領單位面積：龍巖因田少人多，耕地頗感缺乏，分配每農戶之耕地仍未能如理想之充分，最低者每戶約

10.5 畝（係照前述標準畝計算）最高者爲 20 畝。惟農戶自取得土地所有權後，皆知嗣後農產收入，不致再被地主所剝削，多勤耕力作，以增加農作物之產量，故四、五口之家大都粗可溫飽。[43]各期每戶承領單位面積之標準畝數，如表 3-7 所示，大約在 10 至 15 畝之間。

　　3.各期保留之公田及學田：各期辦理扶植自耕農，爲兼顧地方自治財政與國教基金來源起見，原有地方之公產、學產，經專案呈准，視其實際需要，在各該鄉鎮徵收土地，約爲總面積 2~5 % 範圍內，於原有田畝中，酌予保留。惟一至四期，原有公學田，大部經共軍破壞，無法清查。故就原有少數使用部分予以保留外，復將分配剩餘部分，呈准撥充，以資彌補，其應繳地價，由每年收益中，分十年提成清還。[44]各期保留之畝數，列於表 3-8。

表 3-8　龍巖各期保留之公田及學田數

期別	保留公學田畝數（畝）	
	公田	學田
一	629.24	215.71
二	832.02	485.26
三	1,330.36	900.37
四	908.23	511.41

資料來源：趙鉅恩，前引書，頁 38。

　　4.各期土地金融貸款之動用及收回情形：各期徵收土地之資金，除一部分補償地價抵繳承領的土地，以及農民一次繳付地價者外，都向中國農民銀行洽借。計第一期貸 574 萬元，五成現金、

---

[43]　趙鉅恩，前引書，頁 14。
[44]　趙鉅恩，前引書，頁 16。

五成債券,利率月息9釐;第二期貸款一千五百萬元,三成現金,七成債券,利率月息2分;第三期貸款五千萬元,二成現金七成債券,利月息2分5釐;第四期貸款五千萬元,三成現金、七成債券,利率月息3分5釐;第五期貸款九億四千萬元,配搭債券洽改為累進制,在五萬元以下者免搭,五萬元以上者,就其超過部分,以十萬元為一級,累進配搭,利率月息3分5釐。各期貸款因配搭債券成數過高,業主為避免配搭債券之損失,多願與承領土地人,自行辦理買賣手續,因此實際動用數額,均比預期數額為低。而領地農民之分期繳付地價者,以糧價高漲,多能提前還清,所以信用亦極為良好。[45]茲將各期實施情形分述如下:

(1)**各期貸款動用情形**:第一期貸款,除以補償地價抵繳承領土地的地價,及一次繳付地價者外,實際動用僅146,526元,尚不足預定額3%。第二期動用貸款10,269,428.19元,合預定額68%強。第三期動用貸款32,430,268.32元,合預定額65%弱。第四期動用貸金30,538,580.30元,合預定額60%強。第五期貸款到1947年中正在辦理,預估亦較預定額為低。

(2)**各期貸款歸還情形**:各期貸款原定十年攤還,嗣以承領地價不甚高,而糧價則不斷上漲,農民貨幣收益數量逐漸增加,對於償還地價之能力亦形加強,故多能自動提前清償。計第一期貸款於1943年10月核准貸放,到1947年幾已全部還清。第二期貸款於1944年8月核准貸放,距1947年已提前償還95%以上。第三期貸款於1945年11月核准貸放,第四期貸款於1946年5月核准貸放,才一年多,其還本付息情形,亦日形踴躍,預計於數年內,均可償還清。

---

[45] 趙鉅恩,前引書,頁17。

5.經費之支出及其主要來源：龍巖地權調整辦事處，自 1943 年 9 月成立，截至 1946 年 12 月爲止，共計支出業務費 12,429,182.05 元，繕造照工料費 2,959,062.98 元，合計支出經費共 15,388,245.03 元。所有經費，除 1943 年開辦之初，係由省第一次撥助 75,525 元，歷年由省政府先後補助共 9,319.10 元，悉依證照費，及複丈複核手續費收入，以爲挹注。土地所有權執照費，由第一期每張收 1 元 5 角，此後各期迭有調整，到第五期時，比照田糧處管業執照收，提高爲三百元。而土地使用權證明書工料費，亦每期高漲，但第五期則免收，另向領地農民，按承領地徵收扶植自耕農事業費 5%，以資維持。其費用大漲的原因，除物價高漲之外，主要因實施農民耕地調查，業務增繁，入不敷出所致。[46]

二、　地主階層的反應及業務之維護

1.地主的態度不一致，甚至有些矛盾：一些贊同土地改革的地主，積極贊成扶植自耕農，「他們以爲這麼一來，土地由死寶變成活寶了」。有的提出要抽回一批好田，雇工耕種，只有不好的田或公田才賣給農民。有的則漫天要價，說一畝地要售二千五百元，最差的地也要賣一百元，比實際價格高出好多倍，而且限期三年內交清，在限期內還要加二成利息。還提出買地的農民，就得交租。一些反對土改的地主、工商業者，以及當年因收租吃過大虧的的業主卻表示不收「地價」，不贊同扶植自耕農。

支持土地改革的業主之中，有的由於開的地價太高，提出的條件太苛刻，與林詩旦的「扶植自耕農」方案有矛盾；有的地主

---

[46] 趙鉅恩，前引書，頁 17-18。

不照縣政府的規定，將業權轉移給政府，卻要農民直接把「地價」給他本人，發生地價落到地主手裡，農民拿不到業權了。而且縣政府規定無錢買地的農民，可向中國農民銀行貸款；可是貸款要找殷實的商鋪作保，要有證明。這些規定又把農民摒除在銀行門之外。於是官僚、地主、流氓乘機假用「農民」名義去「貸款」，他們拿到錢便作投機生意或作別的用處，縣政府指責這些人在拆臺，互相埋怨。[47]

2.中共反對扶植自耕農：1943 年底龍巖土地經濟調查隊工作結束，據此，中共閩西特委龍巖縣委分析情勢認為：地主對扶植自耕農的態度並不一致，甚至有些矛盾，可以充分利用，繼續開展靈活的、合法的鬥爭。同時著手於 1943 年 10 月成立了閩西南經濟工作總隊，以為在農民反奪田鬥爭下，扶植自耕農的辦法會做不下去了，辦事機構也自行撤消了。但最後中共閩西特委領導農民抵制扶植自耕農的方案，最後不了了之。[48]

3.業務執行工作之改進：扶植自耕農係新興的事業，尚無成規可循，一切辦法均於工作中，一面實施，一面研究，隨時體驗得失，視每期業務之需要，均有相當改進。如第五期業務在白砂、美和、適中、象和、溪口、梧新六鄉鎮實施，此六鄉鎮以前為共軍勢力所不及，未經分田破壞，業權大致完好，地主對土地觀念特別濃厚，因之推行扶植自耕農業務，遭遇阻力亦較大；例如有假借捐獻學產名義，企圖規避徵收者。為期突破此最一關，達成全縣實現耕者有其田之理想起見，因此於實施之前，詳為檢討過去各期業務得失，並對各鄉鎮特殊情形，予以必要之注意，以期

---

[47] 孔永松，前引書，頁 107。
[48] 孔永松，前引書，頁 107-8、387。

適合實際，復訂定「龍巖縣第五期扶植自耕農業務應行改進要點」，飭縣切實遵行。[49]

4.業務完成後之管理維護：「地權調整辦事處」鑒於扶植自耕農業務創設之艱難，故對於維持自耕農之成果，亦注意改進，除在完成區按保或村組織土地信用合作社，或保農合作社土地信用部，以便經常負責自耕農地之管理維護外，復於一至四期業務完成之後，加強縣政府地政科之組織，將地權處扶植自耕農成果，先後移交接管，並於完成之鄉鎮，各增設地籍員一人，積極辦理自耕農地之管理工作，同時又擬訂「龍巖縣自耕土地管理規則」一種，呈省修正，轉送地政部核定實施。[50]

龍巖全縣扶植自耕農業務，於第五期完成後，計創設自耕農地 278,244.64 畝，已幾達該縣全部耕地面積，扶植自耕農戶 27,189 戶。為維護已經扶植之自耕農計，除由龍巖縣府訂制「自耕農土地移轉辦法」實施管理外，復由中國農民銀行協助各鄉鎮組織土地信用合作社，並於合作社內設土地信用部共 274 處，自耕農均加入是項土地信用組織，可獲得農業資金來源，不致受高利貸之壓迫而喪失土地，淪為佃農，俾謀成果之永久保持。[51]

三、扶植自耕農實施成效

辦理扶植自耕農之地區，農民既無地租之負擔，又不受高利貸之苛剝，據實地調查及各方之報告，其精神及物質之生活均有

---

[49] 趙鉅恩，前引書，頁 18-22。

[50] 趙鉅恩，前引書，頁 22-23。

[51] 中國農民銀行，<龍巖扶植自耕農放款業務報告，1947 年 3 月>，《地政通訊》17 期（1947 年 6 月 1 日），頁 25。

顯著之改善，此因農民耕種自己的土地，頗知愛惜並善用地力之結果，故生產量亦較佃農時代為增加。地政署接行政院秘書處1945年6月14日自一字第1580號，通知福建省立研究院發表《龍巖最土地改革區情形》報告中有云：「福建省立研究院發表該院農村調查團，在閩西發動省立龍巖師範及高農工校學生，協同進行調查，曾至該縣土地改革區之白土、紫崗、龍門、西墩等鄉鎮，發覺土地改革區內，一般農民生活狀況有顯著之改善；而在鄰接改革區各地則負擔奇重，高利貸流行，一般農民精神萎靡，輾轉饑餓線上。該團認為『我國社會經濟之改造，必須自解決土地問題著手』。龍巖土地改革區系承襲十年前之變革，而經福建省政府正式定為實行總理土地政策耕者有其田之實驗區，...」等語。[52]

1.**調整分配，確定地權**：此次扶植自耕農工作之推行，土地重行分配，凡耕作之農民均擁有自有土地可耕種，每戶平均約得8畝2分餘土地，非僅租佃制度不復存在，土地權利亦因以奠定。農民以取得土地所有權，遂立起重視土地概念，因於準備放領，施行複查之際，莫不切實標指，使姓名失實、面積不符者，得以釐正。

其次，經過全部耕地徵收放領，農民之無戶籍者，不能取得土地，地主無法再化名飛寄；此外堂名、祠名為戶之共有地產，亦不復存在，於是戶籍與地籍完全一致，一掃過去戶地不相連繫之弊。[53]

2.**糾正戶籍錯誤**：向來人民為逃避兵役、勞役與捐稅而漏報、匿報戶口者為數極多。經此次扶植自耕農，以未依法辦理戶

---

[52] ＜中國扶植自耕農概況＞第二檔案館 103-148。

[53] 趙鉅恩，前引書，頁 24-25。

籍人事登記之農民，不給與承領土地之權利，因此利之所趨，遂紛起補正；復於放領以前，施以翔實之查對，於是戶籍之錯誤亦完全糾正。例如僅就雁石一鄉鎮而言，竟增加至 125 戶，1,062 口，幾佔原戶口 15.2%，可見其成效。[54]

3.促進土地利用，增加生產：過去使用土地者咸抱五日京兆之心，對於興修水利、改良土地各種維護地力的措施，業佃雙方均不願付出，因此十餘年內，整個農業生產已形成慢性之低落。自扶植自耕農之後，農民對擁有永久自耕權的自有土地，有愛護之熱誠，因而水利之興修、田場之整理、肥料之施用等，一切改進土地生產力之措施，均深切注意，積極推動，於農業生產之增加，有良好之影響。[55]

4.農家生活之改善：半自耕農及佃農均合法取得一份耕地，自主經營其自有之田場，而享有其耕作之全部成果。平均每戶可獲得十五標準畝左右之耕地，年產三十市擔左右稻穀，連同田地副產物及農閒時之副業收入，四、五口之家，已可維持溫飽，生活有相當之保障，較一般受高租壓榨，瀕於饑餓線上之佃農，實已優裕甚多。[56]

表 3-9，由比較閩省一般農家和美國農家的家庭支出，間接的考察其生活情形，按農家生活費用比例，以食物消費所佔最大，如收入增加，則用費必漸轉於衣著，再進而教育、娛樂、衛生等項。龍巖農家在辦理扶植自耕農前後，食物百分數減少，而衣著及雜項則有顯著之增加，較之福建一般農家顯有不同，可證

---

[54] 趙鉅恩，前引書，頁 25。

[55] 趙鉅恩，前引書，頁 24。

[56] 趙鉅恩，前引書，頁 23-24。

明其生活已漸趨改善。

表 3-9　龍巖與閩省及美國農家生活費相對支出百分比

項目	龍巖之農家（%）		閩省一般農家（%）	美國農家（%）
	扶農以前	扶農以後		
食物	67.35	60.75	66.34	41.75
衣著	10.82	14.85	9.27	15.70
雜項	21.83	24.40	24,29	42.55
合計	100.00	100.00	100.00	100.00

資料來源：《民國三十七年中華年鑒》，頁 1383。

註：雜項包括燃料、房租、教育、醫藥、嗜好、娛樂等項。

　　就農民而言，自取得自有耕地之後，熱心於農業生產，水稻因勵行兩季制而增產 13%，小麥增加 22%，衣服增加 13%，入學兒童增加一倍，而地方之治安秩序與守衛情形，亦大見改善。而且由於農民生活改善，購買力提高，商業發達情形亦可為佐證。在未辦扶植自耕農業務之前，龍巖縣棉布業僅有 11 家，到 1947 年則增至 22 家；百貨業單位亦由 12 家增至 23 家；教育用品及書籍店，由來原僅有的一家，增至五家。[57]

　　次就地主言，自耕地出售後，轉業於工商，一部分地主移住廈門，從事貿易，浸成鉅富。一部分地主留在原籍經商或經營手工業，以農民購買力增高，故亦大有所獲，例如棉布業，1933 年原僅 11 家，1947 年增至 22 家，教育用品與書籍業，由 1 家增為 5 家，可見一斑。[58]

　　5.增加賦稅收入：土地既由政府分配於農民承領，賦稅負擔

---

[57] 《民國三十七年中華年鑒》，頁 1383。
[58] 沈宗瀚，前引書，頁 76-77。

隨同移轉，戶糧俱實稽即易。同時農民於受惠之餘，又樂於交稅，因而徵實成數亦隨之激增，自 1944 年至 1947 年徵收田賦的成績，其業經完成扶植自耕農區域，平均都在 95% 左右，超過任何縣市徵收紀錄。其次，龍巖以山高林密，田段星散，土地編查時不免有所遺漏，經此次扶植自耕農，農民以權利關係，多秘密檢舉，平時人所不易發覺，而逃避義務之土地，今後則一網無遺，按畝分等則，繳納其賦稅。[59]

6.安定社會秩序：由於農民人人有田可耕，其勤勞作之所得亦不致再被地主所剝削，經濟地位日臻鞏固，衣食足而民知榮辱，有恒產者即有恒心，於是農村治安逐日有進步。同時土地糾紛從此根本解決，貧富之對立完全消除。農民因愛其土地而愛其家鄉、愛其國家，因此龍巖之治安已經獲有鞏固之保證。[60]

1949 年 5 月，農復會派員赴福建省第七區龍巖縣調查，發現該縣自耕農民，每戶平均分得土地十五畝，境內農舍整潔，秩序安寧，乞丐盜賊均甚少見。在此種環境下，農復會如實施任何計劃，其成果顯然將由農民享受。到 1951 年 2 月，據自龍巖來臺灣之某君稱：該縣自失陷後尚無清算等情事發生。[61]

7.家庭制度方面的變化：由於土地改革區域內土地的分配多是計口授田的，每一個人都有自已的耕地，所以昔日相依相助的大家庭制度，確起了相當的分化，以致大家庭遠較土地改革之前為少，同時也較其他的相鄰的土地未改革區為少。而且原代表落後農村社會經濟的「童養媳」婚姻型態，在土地改革區域內，亦

---

[59] 趙鉅恩，前引書，頁 25。

[60] 趙鉅恩，前引書，頁 24。

[61] 蔣夢麟，《孟鄰文存》，（臺北：正中書局，1954 年 5 月），頁 87。

有明顯的轉型。[62]

　　8.意識方面的變化：（1）最明顯為土地私有觀念的淡薄：一個土地改革前是地主的農民，對分田的意見認為：「從前雖然有點田，可是沒有錢的親族常常跑上門來求借，甚至強迫或偷取，真是麻煩極了，現在好了，我的田雖分了，但是都有了田，都有飯吃，大家安居樂業，就再也沒有什麼麻煩了。」同時由於土地每隔相當時期（普通三年或五年）又需重新分配，所以土地私有的觀念在一般農民的心中也難生根；（2）不願受人剝削：在龍巖有一所政府辦的試驗推廣農場，很難僱到本地的工人，原因是「工人認為不合算，他們牢牢記著僱農是被剝削者」，事實上由於每人都有自己的耕地，確實不願去受別人剝削；（3）家長專制的退減：土地改革區內的家庭較為平等而融和，家長對家屬，丈夫對妻子，已不如從前君主對臣民一樣的賤視和役使了，一方面由於每人都有同等的權利，分得等量的耕地，誰也不能賤視誰；另一方面由於生活較為改善，生活上的矛盾情緒也自然減少。[63]

四、扶植自耕農業務之限制

　　龍巖縣扶植自耕農實驗，雖極具成效，然而業務上亦有其限制，較顯著如下述幾項：

　　1.田場分割細碎：龍巖農民受限地形山多地少，加以歷經多子繼承之分割，以及共黨之分田、十九路軍計口授田之一再分割，所以土地坵塊更趨細碎。因而此次扶植自耕農計畫，原定於實施區段徵收後，予以重劃改良，再行放領，使零星細碎之坵塊

---

[62] 鐘其生，〈閩西童養媳問題研究〉，（手稿本，1945 年 6 月），頁 12-13。
[63] 鐘其生，前引文，頁 14-15。

得作合理之重劃，以免細碎情形依舊。關於自耕農場難以避免之土地利用零碎，不易改進事實之補救，龍巖縣政府在扶植自耕農完成之後，曾積極籌劃扶助農民組設合作農場，以補救農場過小經營之缺陷。

　　2.補償地價未能切合實際：補償地價依照舊「土地法」之規定，以最近三年土地市價或收益價格，平均計算，而修正「土地法」則改以二年平均計算，然因戰後物價波動甚劇，1946 年與1947 年之地價，相差極大，故三年或二年之平均地價，勢必低於現實；嗣雖有自行買賣之救濟辦法，以推行未能盡如理想，少數地主仍不免有所損失。[64]

　　3.農民生產力進步有限：扶植自耕農造成經濟方面的變化，為地主與佃農的對立泯除了，農民在生活上較安裕，不過由於生產方式及技術的沒有根本改進，仍是停滯在不經濟的小農經營階段，以致經濟生產力沒有明顯的進展。[65]

　　4.推廣不易：抗戰時期，龍巖以「買去地主」方式實行扶植自耕農政策，但最後仍無法在全國普遍推行，因為資金短絀，沒有足夠的資本，大量徵購地主的土地以分給無地農民，只是在局部地區作了一些試驗。當時地政部長李敬齋曾指出：「按照在全國十四省八十二縣扶植自耕農四年所取得的成果而論，要在全國實行自耕農化，也許至少要進行五百年才行。」[66]

---

[64] 趙鉅恩，前引書，頁 25-26。
[65] 鐘其生，前引文，頁 12。
[66] 李敬齋，〈全國地政檢討會議開幕詞〉，《地政通訊》第 22 期，轉自楊振亞，〈評國民黨在龍巖縣的土地改革，1942-1947 年〉，《南京大學學報》，1989 年第 3 期，頁 142。

　　龍巖、上杭兩縣的土地改革，評者以為由於實際上的領導
者，不全是足以代表農民公意的人士，「因此它變成一種維護治
安的，而非發展生產的制度；也因此在生產力提高的意義上，它
是被迫而處於停頓的狀態。在停頓狀態之下，我們窺見了舊時代
人物的蠢蠢思動，以及新租佃關係的萌芽。」又保農業生產合作
社，到 1947 年底，設立的數量仍然很少，「它眼前似乎是著重於
社的組織及租額的減低，大約慢慢是會轉而著重生產的。各縣組
社的進展，採取緩進主義，這自然是注意組成分子的健全；但少
數地方，地主參加組社，企圖奪取領導權的事實，可能還難免。
這事實是大大值得正視的，它的擴大影響，實足以使原來的良法
美意歸於消失。」[67]

五、龍巖扶植自耕農成功之原因

　　龍巖扶植自耕農工作雖成效未能盡如理想，然已證明耕者有
其田政策，確實為解決中國農地問題之重要途徑，同時在實施過
程中，雖曾遭遇不少阻力，與技術上之困難，但在省縣堅決支持
與實際工件人員之不斷努力下，卒底於成。探究龍巖實施扶植自
耕農成功之原因，約有如下數端：

　　1.有堅決必行之信心：扶植自耕農與地主之利益相衝突，而
地主勢力，嘗足以通過各種社團，操縱民意與左右政府之行動。
龍巖實施扶植自耕農，自不能例外，先後遭遇地主多方之阻撓和
打擊，卒以省縣政府始終堅持必成之信念，對於既定政策，毫不
動搖，遂能加強行政力量，貫澈實施。

　　2.有健全之業務及金融機構配合：實行土地改革之初，除新

---

[67] 章振乾，前引文，頁 11。

成立地權調整處，專責處理有關準備和徵收事宜；同時中國農民銀行土地金融處成立以後，本於其業務獨立、會計獨立，且以業務收入能自給其費用爲原則下，放款極其謹慎，不敢多做政策性之放款，而在龍巖之創置自耕農放款，爲土地金融處業務放一異彩，[68]尤其提供扶植自耕農補償徵收土地地價資金的融通，實爲龍巖土地改革成完成之一大原因。

3.有嚴密之實施辦法：扶植自耕農有關人民權利，稍有疏忽，紛爭即起，故方法力求完密，手續不厭周詳。龍巖先從土地經濟調查著手，繼之以複查地籍戶籍，然後實施徵收放領，循序推進，切實執行，除補償地價受法令限制，評定稍低，不免受人指摘外，凡調整分配等重要關鍵，均未發生任何紛擾。[69]

4.地方有識之士及青年才俊合作支持參與：扶植自耕農乃一項極爲繁難的工作，龍巖爲使權責有專屬起見，特設置地權調整辦事處，同時遴派富有地政學訓練與深具事業熱忱者，以主其事，自始至終，不予更動。其次該處工作人員亦多爲青年優秀幹部，雖待遇菲薄，咸能確守崗位，盡其職責，苦幹實幹，不辭勞怨，並能於實際工作中，隨時研究改正。縣長林詩旦有識人之長，如邀請久任龍門鎮教育界、爲人忠耿淸廉、勇於任事的鄭雲漢，出任龍門鎮長，以協助推行第二期扶植自耕農工作，果不負所望，配合國策，排除萬難，說服地方，達成任務，據此進而行於未經分田地權完整之巖東各鄉鎮。地權調整處副處長屠劍臣負責推行全縣扶植自耕農，其才識毅力殊不多見，態度誠正，更富說服力，往往使將敗之業佃扶植自耕農大會化險爲夷，召開成功，

---

[68] 蕭錚，前引書，頁 228。
[69] 趙鉅恩，前引書，頁 26。

爲工作同仁譽爲推行龍巖土地改革之成功重要因素。[70]

小結

　　國民政府推行的土地改革政策，向不易成功，惟抗戰後期龍巖之扶植自耕農計畫頗見成效，因其特殊歷史環境使然，龍巖經共軍和十九路軍占領之區域，曾實行分田和計口授田，業佃關係甚大變動，須調整雙方利益以解決此一僵局。而扶植自耕農之改革方案，即避免共黨沒收土地之方法，於分土地時，予地主以相當補償；一方面則改正十九路軍不論大無耕作能力，一律計口授田之弊，於是業佃間之糾紛乃獲解決，耕者有其田之政策始告成。

　　龍巖縣最先開始運用土地債券辦理扶植自耕農工作，且在進行土地改革之前，先作農村調查，建立「人地卡片」，爲日後臺灣土地改革之借鏡。土地金融以金錢作爲被徵收土地地價的補償，有助於土地改革，使地政人員信心大增，如同時期辦理陝甘地區辦扶植自耕農及土地改良，四川省北碚、甘肅省湟惠區，以及西南貴州等地都提出相似計畫。日後臺灣之實行耕者有其田政策，能以運用土地債券，奏其宏效，實由龍巖開其端。

---

[70] 林詩旦，〈悼念鄭雲漢兄〉，《龍巖會訊》，第 11 期，（1985 年 1 月），頁 8-9；林詩旦，〈致屠一平先生函〉，頁 45。

第四章　陳誠與戰時湖北的土地改革

前言

　　1948 年底，國民政府撤退到臺灣前夕，先派陳誠出任臺灣省主席，圖謀生存立足之路。陳誠目睹臺灣農村，租佃關係緊張，社會動盪不安，大有「一夫夜呼，亂者四應」之勢，「銘記大陸的慘痛經驗，銳意改進土地制度」[1]。陳誠審度時勢，深知土地制度若不變革，則政治絕無生路：「臺灣必須實施土地改革，是一項客觀需要，雖有萬難，不能顧也。」[2]，因而著手擬訂「臺灣省私有耕地租用辦法」，屬行三七五減租。當年第一租期（1949 年 7 月）即使廣大佃農受到減租實惠，穩住人心。

　　臺灣之土地改革之所以能成功，因主政者痛定思痛，實施意志堅決，國民黨官員未購置大批農地，又與本地地主豪紳無切身利害關係；藉由土地改革剷除地方勢力根基。但陳誠升任行政院長後，新任省主席吳國楨及立法委員，對於推行三七五減租、和耕者有其田政策態度齟齬、舉措不力之時，行政院即於 1951 年 6 月公布「耕地三七五減租條例」加以鞏固。[3]陳誠更手擬「耕者有其田條例」八條，強調「此案勢在必行，任何阻礙與困難，均在所不計。」[4]並得到總統的肯首，終於在 1952 年 1 月明令頒布「實

---

[1] 陳誠《臺灣土地改革紀要》（臺北：中華書局，1961 年），頁 42。

[2] 陳誠，前引書，頁 10。

[3] 蕭錚，《土地改革五十年－蕭錚回憶錄》，頁 382－388。

[4] 蕭錚，前引書，頁 376。

施耕者有其田條例」，嚴責臺灣省全境貫徹實行。

　　一般討論臺灣土地改革歷史，多注意國民黨當局貫徹實施的決心，也都肯定陳誠角色的重要性；而較少留意到陳誠個人在大陸時期土地改革的主張和經驗，特別是 1932 年在江西撫州剿共時的限田主張，以及戰時湖北省主席任內的減租政策。本章分析說明抗戰中後期，陳誠在湖北實施的二五減租、耕者有其田政策，成為日後在臺灣實行土地改革的歷史前奏。

第一節　陳誠生平與早期限田主張

一、陳誠生平

　　陳誠字辭修，名德馨，別號石叟，浙江青田高市人，1898 年 1 月 4 日（清光緒 23 年農曆 12 月 12 日）出生。1922 年畢業於保定軍官學校，投入粵軍第一師團鄧演達下任排長。北伐初期，追隨二十一師師長嚴重（字立三），由營長升團長，攻入浙江後，又擢升二十一師團長。嚴重對陳誠的才、學、識認識最早也最深。1928 年 1 月 11 日被任命武漢地區司令部衛戍司令長官。

　　淞滬戰役爆發後，陳誠曾率十五集團軍入滬支援，接著率領十八軍入贛，參加第四次圍剿紅軍，採各個擊破策略，先以主力進攻鄂豫皖、洪湖、湘鄂贛三個紅軍根據地，尤以鄂豫皖為進攻重點。軍政部長何應欽組織「贛粵閩邊區剿匪司令部」，令陳誠十八軍由吉安開往撫州駐防。1932 年 12 月到 1933 年 1 月，十八軍孫連仲部、吳奇偉部退回撫州，周至柔師在滸灣與紅五軍對擊

失敗，入贛的國軍開始被殲。[5]1933~1934 年間，陳誠擔任北路剿匪總指揮，1934 年 10 月下旬，贛省境內紅軍被迫西走延安。是年 12 月，受命為駐贛綏靖預軍總指揮，撫輯各方流亡，以安定地方秩序。

陳誠在武漢會戰中，任第九戰區司令長官，指揮長江南岸地區作戰。1937 年 12 月南京失陷，政府西遷重慶，武漢成為戰時軍政中樞。1938 年春，陳誠身兼軍事委員會政治部部長、武漢衛戍總司令、三民主義青年團中央團部書記長、第九戰區司令長官等要職。1938 年 6 月 15 日，兼任湖北省主席，取代長期任職的何成濬，旋因軍務繁忙，由民政廳長嚴重代理省主席職。

1940 年 6 月，宜昌失陷，一時朝野輿論集矢於陳誠。此後，重慶外圍的恩施、巴東防衛地位日趨重要。8 月重行成立第六戰區，9 月初，陳誠專任湖北省主席兼第六戰區司令長官，坐鎮恩施，拱衛陪都，親理省政，以建設新湖北、實施「新政」相號召，為改善農民生活，增加抗戰力量，並求實現民生主義，達到耕者有其田的目的起見；一方面遵照國民黨的土地政策，實行二五減租，以期直接增加佃農收入，間接的使佃農漸變為自耕農；一方面利用農民銀行舉辦的農地貸款，協助佃農購置土地，以實現耕者有其田的理想。

1943 年 2 月，陳誠奉調任遠征軍司令長官，赴滇緬，仍兼湖北省主席和第六戰區司令長官，3 月離開恩施，飛赴昆明，協同盟軍，調整部署，訓練部隊。1943 年 5 月，日軍大舉進犯鄂西，

---

[5] 徐濟德，《陳誠的軍政生涯》（長春：吉林文史出版社，1989 年 3 月），頁 76-77。

陪都危急。陳誠奉命回恩施司令部，指揮第六戰區所部阻擊日軍。石牌要塞一戰，殲敵三萬，粉碎日軍進攻重慶之圖，9 月返昆明。

二、剿共時期限田制度之主張

　　陳誠曾經先後在江西、湖北、臺灣三地推行過農村土地改革。其中最成功、最受重視厥為臺灣，其次，抗戰中後期，在湖北實施的二五減租。[6]然而陳誠最早的土地改革主張，則可回溯自第四次圍剿紅軍時期，1932 年在江西撫州曾經提出的「限田制度」政策。

　　1931 年 6 月，陳誠入贛圍剿共軍時，發現紅軍高舉「打土豪、分田地」的口號，深得人心，緣自農村人民普遍缺乏自有耕地，生活困頓，常迫不得已投入紅軍找尋出路，因此他認為欲消滅紅軍，應從政治、社會原因入手。1932 年 1 月，陳誠在撫州提出「限田制度」，企圖通過限制地主過度兼併土地的辦法，安撫無地與少地農民，以和共軍爭奪農民群眾。[7]陳誠主張由政府出資贖買地主多餘的田地，然後再分配給無地的農民，以實現「耕者有其田」。陳誠認為：「江西地方上的苛捐雜稅和貪污腐化，是激起民怨和民變的主要原因。我已經收集許多材料，命邱行湘加以整理，然後上報總司令，希望能革除和整治。此外，先總理提倡耕者有其田，我想提出建議，在江西試行限田制度，限制地主對土地的兼併，對地主多餘的土地，由政府贖買後分給農民，農民

---

[6] 沈宗瀚，＜陳故副總統與農業＞《傳記文學》7 卷 4 期（1965 年 10 月），頁 30。

[7] 徐濟德，前引書，頁 78。

有了土地便能安居樂業，共產黨再煽動也造不起反來。」[8]

　　陳誠提出限田的主張，在當時客觀環境下，根本不能實現，甚至被一些頑固份子視爲異端。蕭乾和黃維則是少數極端崇拜，表示擁護者，並積極協助收集農村土地材料，促使陳誠決心向蔣介石提出此政策，蔣介石則擱置不理，只含糊表示：此事可以找熊主席商量辦理。陳誠乃寄望於江西省主席熊式輝，要求先作局部實驗，再行推廣，但被拒絕。[9]。

　　熊式輝認爲陳誠整理農村經濟材料一事是「抨擊贛政」，早懷恨在心，在陳誠提出限田主張時，更加以譏諷：「我認爲倒不如共匪的打土豪劣紳、分田地來得痛快，受農民歡迎了。我看你是忘了我們的地方民團武裝，都是靠地主支持。你搞限田制再把地主逼反了，那才雞蛋打啦。依我看你還是帶好兵打好仗是正經事；軍事上的失敗，決不是搞小動作可以遮掩的。」[10]陳誠鑒於在撫州軍事和政治兩方面改革，難遂人意，還是致力於網羅人才和擴充部隊，於是在撫州積極的扶植第四軍，薦舉人才。此後第四軍成爲北伐時期的「鐵軍」，國共分裂，退往廣州，始終反蔣，陳誠則對其積極進行改造。[11]

---

[8] 方知今，《抗戰名將－陳誠》，臺灣版《陳誠大傳》（臺北：金楓出版社，1993 年），頁 143。

[9] 徐濟德，前引書，頁 78。

[10] 方知今，前引書，頁 144。

[11] 徐濟德，前引書，頁 78。

第二節　陳誠與抗戰時期的湖北

一、湖北政局

　　民初以來，湖北政局一向被主張「鄂人治鄂」的本地人把持，曾幾經改組。[12]到抗戰時期，蔣介石兩度安置陳誠擔任省主席，才真正直接掌控鄂政。1940 年 7 月，陳誠再度任第六戰區司令長官，駐節恩施；9 月 1 日，再回任湖北省主席，親理省政。因為陳誠既是蔣介石所推心置腹，又與湖北素有淵源者，戰前曾任陸軍整理處處長，常駐武昌、南湖，兼宜昌行轅主任，往來宜、漢之間，又與嚴重（字立三）素有淵源。[13]既使行政實權不致落入鄂人之手，又塑造蔣與湖北名流推誠合作的印象。嚴重回湖北，陳誠既可獲得財政支持，少受牽掣，又可爭取軍政協調，不少湖北人士也因而投入陳誠部。[14]

　　1940 年中，湖北全省 71 縣市，已淪陷殆盡；鄂西、鄂北尚存 31 縣，然均屬貧瘠之地，軍事上復分別隸於第五、第六、第九戰區，施政更形困難。[15]陳誠此時之所以堅辭中央職務，除因

12　蘇雲峰，<抗戰前湖北政治社會>，收於《抗戰前十年國家建設史研討會論文集，1928－1937》（中研院近史所，1984 年），頁 277-301。

13　朱茂凡，<陳誠的「新湖北建設計劃」實施之我見>，《鄂西文史資料》第 2 輯（1985 年 10 月），頁 2；劉真，<永遠活在人們的心裡>《傳記文學》6 卷 4 期（1965 年 4 月），頁 30。

14　談瀛，<陳誠、嚴立三與湖北省政>，《武漢文史資料》4 輯（1987年 4 月），頁 6-16。

15　《革命人物誌》第 5 集，頁 236。

戰區和鄂省軍政需要之外，亦因中央人事關係之緊張、複雜所致。回憶任職中央時表示：「不僅對此深有感慨，亦且極爲恐懼」、「自問一無所長，惟於主義與領袖，竊慕古人所謂忠義耿、公誠自矢之議，不避嫌怨，不計毀譽，知無不言，言無不盡，因此開罪各方，負咎多矣！」[16]

　　陳誠回任湖北省主席前夕，已手訂「湖北省政府施政要旨」十條，盡述對於治理湖北的總體和分類設想，首立其體，次究其用，對於施政各方面，均有原則規定，「以期完成抗戰之使命，樹立建國之基礎」。至 1944 年秋止，爲期四年。初仍因襲舊制，肯定嚴重代理以來之政要，「本府自二十七年改組以來，嚴、張、石諸公，對於施政綱要，業已具有規模，今後精神仍屬一貫，方針亦無庸變更，至於因地因時因人應事泛應曲當，則在負責同仁之善爲制宜也」（第 1 條）[17]。會中力倡「軍事第一」、「第六戰區第一」，強調鄂西地位特別重要，政治要配合軍事，於是嚴立三在失望與憂憤中辭代理職。[18]

---

[16] 張治中，《張治中回憶錄》上冊（北京：文史資料出版社，1985 年），頁 306。

[17] 陳誠，＜湖北省政府施政要旨＞，收於《陳主席教育言論選集》，湖北省政府教育廳，1940 年 11 月。嚴即嚴重，字立三（1892-1944），時任湖北省代主席兼建設廳長；張即張知本，時任省府委員兼民政廳長；石即石瑛，時任省臨時參議會議長。

[18] 王成斌等：《民國高級將領列傳》（三）（北京：解放出版社，1988 年），頁 226-238；黃震遐，前引文，頁 299；劉千俊，《鄂政紀要》下冊（恩施：軍政部印刷所，1945 年 10 月初版），頁 7-9；談瀛，

武漢、宜昌相繼淪陷後，恩施成為湖北戰時省會，其他省會相較，具有如下之特點：

（一）恩施為第六戰區司令部所在，為戰區範圍內黨、政、軍一元化指揮中心。

（二）地勢、地理上，恩施屬第五、第六和第九戰區之交界，包括鄂西、鄂南、湘北、湘西、川東等範圍。鄂西古稱「楚西山地」，地形複雜，山勢險峻，民貧地瘠，素稱不毛，向不受重視。[19]直到武漢淪陷，沙市、宜昌棄守，軍事地理位置變極重要，扼控長江上游門戶，為進入重慶之要道。進可反攻長沙、宜昌，光復武漢，守則可拱衛重慶。

（三）恩施為陳誠「建設三民主義新湖北」口號時的省會，也是建設三民主義新湖北的政治中心，並號召「革命的到湖北來」。[20]

1943 年春，日軍調集精銳部隊七個師團，約十萬人，進攻鄂西，企圖短時間內瓦解國軍，撲向重慶。陳誠指揮的國軍，在人員裝備、防禦設施均劣於日方的情況下，終於在 6 月 13 日擊潰日軍，保衛了重慶。[21]鄂西大捷以後，因為人心的振奮與士氣的提高，加上抗戰勝利的時期已愈接近，反映到社會上的各種生產

前引文，177-178。

[19] 馬世駿，＜增加鄂西糧食生產論＞，《新湖北》2 卷 1 期（1942 年 5 月），頁 84-87。

[20] 徐濟德，前引書，頁 159。

[21] 彭建成輯，＜鄂西會戰＞，《武漢文史資料》總號 21（1985 年 3 月），頁 63。

建設事業，更爲突飛猛進，社會經濟亦隨之愈益穩定。[22]

　　總之，1939~1949 年間，湖北一直爲陳誠掌控之地盤。宜昌戰役失守後，陳誠受到派系攻擊，國民參政會開會時，群起攻之的情況下，到恩施任第六戰區長官兼湖北省主席。因此，力圖振作，建設新湖北，以顯示爲政不凡。[23]陳誠親自主政後，使湖北省政特殊化，恩施建設大爲改觀，一切措施因人而異，可以爲所欲爲。所以陳誠主政鄂西，爲恩施歷史上最特殊時期。

二、戰時湖北省農業和租佃狀況

（一）農業狀況

　　戰時湖北若干重要交通據點，淪入敵手，但沿江多數縣份，仍多在政府掌握中。鄂省土地肥沃，氣候溫和，農產堪稱富饒，例如棉產、麻產均居全國第一，桐油居全國第三位，蠶絲居第五位等。漢水盆地，稻麥生產亦頗豐富，加以境內江河湖沼遍佈，尤宜於水產繁殖。省境之西北爲高山地區，東南則爲丘陵地帶，各該區域，或爲林墾勝地，或富畜牧，而過去鮮有開發，凡此種種皆見鄂省天然經濟條件，均適於農業之發展。[24]

　　湖北省向爲重要棉產區之一，1940 年戰事轉爲緊張，大軍雲集，需要日增，棉價飛漲，大事擴張生產；湖北全省雖已淪陷大

---

[22] 中國第二歷史檔案館輯，＜陳誠私人回憶資料（1935-1944）＞，《民國檔案》（1987 年 2 月號），頁 29。

[23] 徐怨宇，＜憶抗戰時期的鄂西＞，《鄂西文史資料》第 1 輯，頁 6-7。

[24] 楊顯東，＜當前湖北農業建設問題＞，《經濟建設季刊》2 卷 4 期（1944年 4 月 30 日），頁 162。

部，棉花不如平日之豐收，尚不失於重要物資之一，政府爲免物資爲敵用，搶購棉花，到 1942 年至少 50 有萬市擔的產額。[25]1941 年前後，湖北屢遭旱災，災情倍覺慘重。陳誠就任省主席後，民食軍糧，兩感焦慮。

至於地處西陲的鄂西，則崎嶇多山，地多梯田，語云：「崇山峻嶺，地無三尺平，人無三分銀」。農業區域屬「水稻玉米特產區」。[26]因受垂直氣候影響，農林植物分佈形態頗爲複雜，有「林重農」、「山包田」特質。糧食以包穀、稻、洋芋、紅薯爲主。特用作物則有棉、油菜、菸草、芝麻、苧麻、藍靛、花生、甘蔗、茶、桐油、藥材等。其中以棉作分布較廣，各縣除高山及水田外，皆有種植。[27]

戰時建設湖北農業，當以鄂西和鄂北爲中心，而農業最迫切須改良之問題爲：（1）租佃制度之不合理，（2）農場經營制度之不良，（3）土地利用之不當，（4）農田水利之不修，（5）食糧生產之不足，（6）特產增殖之不注意，（7）農產加工與運輸之不改進，（8）農村金融之枯竭。[28]

（二）租佃制度

據 1942 年楊顯東調查，鄂西一帶，每農家僅攤得耕地 10 畝，較之全省平均之 18 畝，相差過遠，且 65% 又爲佃農。農家耕種

---

[25] 龔平邦，＜戰時的湖北農業＞，《農本月刊》56 期（1942 年 1 月），頁 29-34；馬世駿，前引文，頁 88。

[26] 劉文松，＜湖北省農業區域＞，《新湖北季刊》2:1（1942 年 5 月 15 日），頁 122。

[27] 馬世駿，前引文，頁 87-88；劉文松，前引文，頁 122。

[28] 楊顯東，前引文，頁 164。

面積小則收穫少，佃農多，則土地之需求切，而同階級之間，不免發生劇烈競爭，於是地主益得趁機苛索。在分租制中，租額高者竟至八成（即主八佃二），而通行者亦爲六至七成。由於收穫少，租課苛，農民不願盡力經營與投資，以避免得不償失之結果，於是肥料、灌溉及土地改良上一切應有之設施，均感不足，而改進技術與增加生產之企圖，更屬無從著手。[29]因此改善租佃制度，成爲戰時湖北農業的問題中，首待迫切解決者。

三、陳誠推行「湖北新政」

陳誠早年深受鄧演達、嚴重思想作風的薰陶，親主湖北省政後，提出人事、經濟、意見「三大公開」。[30]治軍則重部隊紀律和軍民關係，在公開場合，經常引用嚴立三的話，訓勉部屬。在恩施主湖北省政時，更成個人的口號。[31]

陳誠坐鎮鄂西，一面抗日，一面從事各項省政建設，支持作戰，他指出：「我們今日爲政，一方面要努力抗戰，以爭取民族的獨立；一方面要加緊建設，以富裕民眾的生活。」[32]陳誠初抵恩施時，省政實施非常困難，1941 年 2 月，首先手訂「新湖北建設計劃大綱」。[33]指出其要義：「一爲在本省建設中徹底奉行吾人

---

[29] 楊顯東，前引文，頁 164。

[30] 徐濟德，前引書，頁 154-155。

[31] 談瀛，前引文，頁 11。

[32] 嚴斌，<陳誠在鄂西>，《湖北文史資料》總 31 輯（1990 年 6 月），頁 207。

[33] 《鄂政紀要》下冊，頁 9-35，35-74；<新湖北建設計畫大綱>，《鄂

所信仰之三民主義，以為一切工作之準繩；二為嚴格遵照中央所定之國策與命令，使湖北在神聖之抗戰建國大業中，完成其省區所應負之職責；三為依據全省實際需要，釐定方案，逐步實施，務期各項之建設，皆能本一貫之計劃，而次第推行。」[34]

陳誠的「新湖北建設」計畫，主要任務有三方面：「一曰開發資源，增進生產，以提高全省人民經濟生活水準；二曰加強訓政，推行自治，以提高全省人民政治生活之水準；三曰普及教育，倡導學術，以提高全省人民文化生活的水準。」[35]其中主要兩個項目：一是「計劃教育」，一是「民生主義的經濟建設」，至於「加強訓政」、「推行自治」以提高人民政治生活水準，則是達到這兩項目的的手段而已。1941年7月開始實行新湖北建設計畫，以五年為第一期，定出必須達到之標準。

（一）政治改革

1.標榜廉潔政府，改善社會風氣：陳誠從政時期歷來標榜不貪財好利、不蓄私產。1941年度省行政會議大會決議徹底肅清貪污，奠定政府建設基礎；1943年3月17日，省政府擬具「徹底肅清貪污辦法」五項，運用各級黨團組織及民意機構，實行檢舉貪污案件，並保障及獎勵人民檢舉。[36]1943年4月令行「湖北省限制酒食辦法」，以提倡節約，改善社會風氣。在此之前，早已

西文史資料》第2輯（1985年10月），頁237－261。

[34] 《鄂政紀要》下冊，頁9。

[35] 《鄂政紀要》下冊，頁9；陳誠，<新湖北建設計劃大綱旨趣之說明>見《新湖北建設計劃大綱》（恩施：湖北省政府祕書處印行，1942年8月），頁43-58。

[36] 劉千俊，《鄂政紀要》下冊，頁194-195。

在 1940 年頒行「湖北省政府各廳處公務員婚喪慶弔宴會餽贈及公私捐款暫行辦法」；1942 年令行「湖北省限制各級機關人員招待辦法」。又 1942 年 7 月 2 日，省政府修正頒行「湖北省整理飯菜暫行辦法」、1942 年又令行「湖北省限制各級機關人員招待辦法」。

2.掃蕩官吏貪污：陳誠曾公開批罵孔祥熙等人貪污枉法，先後槍斃貪污犯，其中有宜昌、監利縣長、省糧政局恩施辦事處主任陳國梁等人。此時輔政的鄂人嚴重、張知本（字難先）、石瑛等，都以廉潔無私風範著於鄉邦，陳誠也不得不有所表現了。

3.實施新縣制，提倡公文改革：1942 年施行新縣制，強化縣以下各級行政機構，提高工作效能。[37]陳誠曾召集秘書工作會議，批評中國政治只講究文字，徒託空言，因此省政府實行公文改革，簡化公文程式，主要採用「代電」，分列具體事項，廢除「等因奉此」，但由於官場文化積重難返，並沒有收到提高行政效率的效果。[38]

省政府因擁有整齊幹才，對工作熱沈，又志不在做官；要求成效，擬訂工作計畫，逐步達成預期目標。各部門負責長官有充足權力，不受牽制。應速辦之事，打破例規僵局，如合併中央和省政府重疊機關，財政廳長兼管田賦，建設廳長以全年公路費用購買器材，使公路材料不缺，每個人能盡量發展。[39]

---

[37] 孫宅巍，《蔣介石的寵將陳誠》（鄭州：河南人民出版社，1990 年），頁 186。

[38] 談瀛，＜陳誠、嚴立三與湖北省政＞，16。

[39] 朱啓平，＜恩施三日－鄂西紀行之二＞，《大公報》，1943 年 6 月

4.社會救濟：1942 年恩施等縣發生旱災，陳誠親臨主持省賑濟委員會時曾指示：「救災要救急，要雪裡送炭，不能雨後收傘，救濟要救徹底，要有始有終，不能像郎中看病，出了門就不管。」[40]親身過問救災之事，並能發出比較中肯之言。

5.改革徵兵：湖北兵役在舊社會還未完全改觀之前，不可能沒有流弊，但像繩子綁拉軍伕的現象確是少有，也能較為公平徵召。例如建始縣，對出征軍人家屬的優待工作，計有免除勞役，發動助耕運動，以及由地方集款收送安家費等。[41]

（二）經濟新政策

陳誠主持鄂政期間，最集中、最見效的事業，乃為「戰時民生經濟」。1942 年 10 月 2 日，省政府決議通過「湖北省經濟建設計劃實施綱要」56 條，同年 10 月 30 日公布施行。[42]陳誠針對戰時實際需要，並因時因地制宜，訂頒民生主義經濟政策，從生產到分配，都加以管制，提出著名的四大政策：「增加生產」、「徵購實物」、「物物交換」、「憑證分配」。[43]

1.增加生產：在增加生產目標下：（1）興修農田水利，自「一

---

24 日。

[40] 談瀛，前引文，頁 11-12、16。

[41] ＜新湖北－鄂西紀行之一＞，《掃蕩報》，1943 年 6 月 29 日。

[42] 湖北省政府編印，《湖北省經濟建設計劃實施綱要》（恩施：1943 年 1 月），頁 1。

[43] 陳誠：＜抗戰期中之民生主義－三十一年元旦出席湖北省黨政軍新年團拜演詞＞，收於劉千峻，前引書，頁 139-147；湖北省政府編，《湖北省實施民生主義經濟政策法令彙編》（恩施：1942 年），頁 7-22。

保一井」著手；（2）推廣農林，增產糧食：自改良品種，提倡造林植桐，繁殖畜牧著手；（3）工業建設，自統籌訓練技工，提倡生產效率，注重工廠之擴充與管理，推廣棉麻種植，並興辦紡織及被服工業，以裕民衣；（4）建築各式房屋，並指導人民改良原有建設，以樂民居；（5）開闢道路，疏濬河流，製造並配置各種水陸交通工具，以利民行；（6）籌設民生工廠，發展本省特產，製造各種日用品，以供民用。[44]

　　2.憑證分配：為穩定民眾生活，調節國民經濟，並且節約法幣使用，限制物資過分消費起見，省政府委員會特定「湖北省戰時試行生活必需品憑證分配制度通則」，先自湖北省級機關的公教警員開始實行，次及眷屬。生活必需品為米油、鹽、燃料、土地、棉花為範圍，一般人民只有食鹽計口供應。[45]

　　3.試行物物交換：目的在推行計劃分配、改善民眾生活、調節供求、穩定物價、防止囤積、減少法幣的流通量。實行交換的物品暫定為：糧食、食鹽、植物油、燃料、棉布，以及日常食品、農產品、工業品和用具等。先由省府所在地試辦，逐漸推廣至各縣，甚至鄰省亦得商定交換。[46]規定合作社與社員間、合作社相互間，為交換組合。1942 年恩施另成立民享社，其中交換青布的效果甚佳，又改組為平價供應處民享服務部，擴大範圍，普遍交

---

[44] 《鄂政紀要》下冊，頁 156-163；吳相湘，<陳辭修先生生平大事紀要>，《傳記文學》6:4（1965 年 4 月），頁 14-15

[45] 《鄂政紀要》下冊，頁 167-175；吳相湘，前引文，頁 14。

[46] 《鄂政紀要》下冊，頁 163-165。

換日用物品食品。[47]

4.徵購實物：戰時實施田賦徵實（以稻穀爲主，亦兼收其他雜糧）、公購大戶餘糧政策，並直接購運食鹽、棉花、紗布、食油等民生物資。[48]藉以保證生活必需品來源的穩定性，配合物物交換之施行。

（三）試行計劃教育

武漢撤退以後，湖北成爲民風凋敝的內地邊疆，教育支離破碎，而殘存的各校，內容窳陋，學風敗壞，因此省教育廳決心整頓學風。1941 年 2 月公布的「新湖北建設計劃大綱」文化部門中有計劃教育規定：「本省中等以上學校，以採公費制度爲原則，凡學生之就學、升學與就業，均由政府按實際需要，及其本身之智能，統籌分配，加以嚴格之管理；並舉行教育人員總登記，由政府統籌分派，以調節全省之師資」（第三條），「本省教育現時之中心任務，厥爲樹立三民主義爲信仰之中心思想，以統一青年之意志」（第五條）、「本省社會教育應以掃除文盲爲中心任務，限期辦理完成，以促進經濟建設及政治建設之發展」（第六條），以提高全省人民的文化生活水準，並強調教育與革命關係。[49]

陳誠在戎馬倥傯之際，決定在湖北成立「聯合中學」，以收

---

[47] ＜抗日戰爭時期國民黨湖北省政府西遷恩施後大事記略＞，《鄂西文史資料》，第 1 輯（1985 年），頁 164；朱茂凡，前引文，頁 10-14。

[48] 《革命人物誌》第 5 集，頁 240。

[49] 劉千峻，前引書，頁 14；＜計劃教育的理論與實施－三十年八月三日出席湖北省黨政軍各界擴大紀念週講＞，＜實施計劃教育之商榷－民國三十年十二月十八日對本省黨政軍工作總檢討及行政會議全體會員訓詞＞，收於劉千峻，前引書，頁 10-124、124-136。

容流離失所的青年，得以公費就學。湖北的計劃教育無強迫性，主要內容為：（1）以採公費制度為原則：確定資格者，得以享受公費，藉以提高全省人民的文化生活水準，並強調教育與革命的關係；（2）統籌升學就業。[50]為戰時無家可歸的青年，得到安頓。

經過幾年的努力，湖北的教育漸漸發達，就大學教育而言，除既有高等教育的省立教育學院、農業學院外，1942 年秋開始，創立工學院，1943 年秋，水利工程系正式。同時籌劃擴充成立醫學院和經濟學院。[51]

四、新湖北建設的新精神

抗戰前的鄂西為一民情凋敝的「內地邊疆」，自從陳誠親主持鄂政五年多期間，力圖興革，決心建設成欣欣向榮的「新湖北」。公共建設如公路、橋樑、機場，尤以農田水渠的完成，促使稻產數增加十萬石，數目雖不大，對向來糧產不敷的鄂西，已甚寶貴。[52]

由於實施憑證分配等政策，使得公教人員及家屬生活，獲得安頓，恩施吸引一批 25~45 歲的幹才，帶來蓬勃氣象。鄉鎮保甲

---

[50] 《鄂政紀要》下冊，頁 14；＜計劃教育的理論與實施－三十年八月三日出席湖北省黨政軍各界擴大紀念週講＞，＜實施計劃教育之商權－民國三十年十二月十八日對本省黨政軍工作總檢討及行政會議全體會員訓詞＞，收於《鄂政紀要》下冊，頁 10-124、124-136。

[51] 湖北省政府編印，《湖北省政府三十三年度施政計劃草案》，第二冊（恩施：1943 年 12 月），頁 102-103。

[52] 李星可，＜恩施一瞥＞，《益世報》，1943 年 7 月 10 日。

長也漸選用訓練過的青年擔任，工作負責，又不受牽制，首長領
導堅強，民風樸實，軍人、省府各級官員，均著樸素制服，吃同
等伙食，予人「新精神」的印象。[53]鄂西普及教育，物價穩定，
從生產到消費，掌握物資，以主要必需品，而且官商分明，官在
盡力抑商，國難財也無從發起，所以生活安定，布衣暖，蔬食飽，
人才自然來。[54]不僅解除戰時民眾困苦，並增加民眾的向心力，
直接間接地加強抗戰力量。[55]

　　當時報章不時批露湖北實施新政。[56]陳誠不懼艱苦，全力投
入，獲得「苦幹、強幹、硬幹、快幹」的「四幹將軍」稱號，他
個人更是以身作則，生活嚴謹，工作努力；凡認為是對的，都能
頂住外在風波，事無大小都過問，也能破格用人。實際上，湖北
正處於戰爭時期，受人為因素影響最大，雖然新政主要用湖北的
財力和人才，解決困難；然而，也因陳誠擁有特殊權力和勇於任
事的精神，才能成事。據長期追隨陳誠的朱懷冰追述：「實行二
五減租，將有待開發的鄂西開發起來。從前鄂北一帶土豪劣紳橫
行，私種鴉片盛行，一些老百姓吸毒，不事生產，民生萎頓，社
會風氣敗壞，他以鐵腕剷除地方上惡勢力，禁絕煙賭，將種鴉片

---

[53] ＜新湖北－鄂西紀行之一＞，《掃蕩報》，1943 年 6 月 29 日。朱啓
　　平，＜恩施三日－鄂西紀行之二＞，《大公報》，1943 年 6 月 24 日。

[54] 王成斌等，前引書，頁 214。

[55] 譚慧生，《民國偉人傳記》（高雄：百成書店，1976 年，頁 593。

[56] 有關報導例如，孔昭愷，＜湖北新氣象＞，《大公報》，1942 年 12
　　月 24 日；朱啓平，前引文；＜新湖北－鄂西紀行之一＞，《掃蕩報》，
　　1943 年 6 月 29 日；陸詒，＜鄂西歸來－勞軍行之七＞，《新華日報》，
　　1943 年 7 月 5 日；李星可，前引文。

的土地改爲良田，雷厲風行，以身作則，……實行民生主義的政
治政策，湖北省政經過一番興革，脫胎換骨，欣欣向榮，朝氣蓬
勃。」[57]

　　湖北推行的新政，一直是陳誠最津津樂道。[58]時任省政府人
事處的鄭南宣則對新政持反面的看法，認爲「所謂民生主義經濟
政策，只是利用省銀行資金，爲他們的官僚集團辦事（特別是趙
志堯經營的浙江幫），起了粉飾太平的作用。除公教人員享受一
點平價物品供應外，老百姓確未得什麼好處。當時的民享食堂，
在恩施有個歌謠諷『簡任雞、薦任蛋、委任看、百姓嘆』。」[59]

第三節　湖北省二五減租運動

　　據農村經濟調查顯示，戰時各省地權劇烈變動，田地所有權
集中大地主手中，其中以後方的四川、西康、雲南、廣東，大地
主增加最劇；小地主則以湖北、河南增加最多。[60]1941 年田賦
改徵實物後，各地地主又將田賦負擔轉嫁於佃農，且時常有提高

[57] 朱懷冰，＜鐵腕主鄂政，佛心甦民困＞，收於劉永年編，《陳副總
　　統紀念集》（臺北：大江出版社，1965 年 7 月），頁 199。

[58] 王康，＜陳副總統與新聞記者＞，《中央日報》，（1965 年 3 月 8
　　日），副刊。

[59] 白元龍、吳國順，＜鄭老談陳誠＞，《鄂西文史資料》第 1 輯（1985
　　年），頁 78-79。

[60] 《重慶商務日報》，1943 年 8 月 28 日。

租額，或任意撤佃的情況，影響佃農生活甚鉅。[61]土地問題必須
獲得合理的解決，農民生活方可改善。

一、湖北減租之緣起

　　早在北伐完成之初，廣東、湖南、湖北、浙江等省，即已實
行過二五減租政策。[62]張知本曾任廣東省土地廳廳長，主持過減
租工作。湖北省政府西遷後，張知本注意到施南各縣，佃農地租
奇重，甚至還存在農奴制度的痕跡。他兼任民政廳長時，即積極
籌減租事宜，由地政科展開土地清丈田畝、地籍整理等工作。1940
年張氏約集宣恩等縣縣長，研究減租具體作法，並親自制定宣傳
文告，組織工作小組協助各縣貫徹減租。陳誠推行減租工作時，
許多問題上，仍採張知本的辦法，也收到一定效果。[63]

　　鄂西因地瘠民貧，數十萬軍隊之物資補給，頗為困難。陳誠
親理省政之後，以實施民生主義經濟政策和計劃教育為目標，特
別重視學生與農民問題，屢次親到學校、農村訪問；關於經濟政
策，集中於解決土地問題，據此辦理土地查報，實行二五減租，
創設地政實驗縣。[64]

---

[61] ＜川省保障佃農＞，《人與地》2：7（1942 年 7 月），頁 32。

[62] 《上海時報》，1927 年 10 月 2 日、1928 年 2 月 20 日；謝勁健，＜
中國佃種制度之研究及其改革對策＞，《中國經濟》第 1 卷 4、5 期
合刊（1933 年 8 月），頁 34-35。

[63] 談瀛，前引文，頁 187。王成斌等，前引書，頁 211-212。

[64] 董中生，＜抗戰前線的湖北二五減租＞，收於《土地改革五十年－
蕭錚回憶錄》，頁 238-239；匡侯，＜我所認識的嚴立三＞，《武漢
文史資料》，第 10 輯（1982 年 11 月），頁 74-78。

　　湖北省有計劃的實施減租運動，始自 1939 年 11 月間，蔣介石之寒侍祕渝電：「鄂省施屬建始、宣恩、咸豐、來鳳各縣，不惟糧食足以自給，且可輸出；桐油、漆、茶、五棓子等，產量甚豐。惟人民則確實困苦，因土地多為豪強所佔，對人民盡量壓迫，對政府反抗不納稅。此種農村惡勢力，應即由政府斟酌，減輕佃租，由黨部領導農民，予以相當組織及訓練，由佃農陳報土地面積，以為按地問糧張本，同時以減輕佃農納租，使其自行陳報，亦為要著，……」飭以黨政力量，盡力推行土地陳報。[65]黨政當局自奉到上項電令後，推行不遺餘力，減租運動因此展開。[66]蔣介石又手令午刪侍祕電，飭查報趕辦土地陳報情形及利用成果、徵實準備工作。倘有地方人士昧於大義，應剴切曉諭糾正，各級行政及主辦人員舉行不力貽誤時機者，當以瀆職議處。[67]

　　1941 年 8 月 1 日，湖北全省財糧食會議通過「第三次全國財政會議」決議推行「本黨土地政策實施意見」。戰時國民黨總裁蔣介石對推行土地政策曾有兩次指示：一係指示「建立國家財政基礎及推行糧食與土地政策的決心」，一係「本屆財政會議之任務與實行土地政策之必要」，又曾提出「土地政策之實行不僅適當其時，容易推進，而且事勢所趨，實為必要，否則就不能建立國家財政經濟永遠的基礎，更不能適應目前抗戰建國急迫的需

---

[65] 湖北省政府編印，《湖北省抗戰期中民生主義土地政策之實施》頁，397-398。

[66] 潘信中，＜湖北之減租運動＞，《人與地》2 卷 7 期（1942 年 7 月），頁 30。

[67] 《湖北省抗戰期中民生主義土地政策之實施》，頁 397-400-401。

要。」[68]省政府據此原則，推行減租運動。

二、推行減租政策之目的與執行要領

（一）政策目的

1.改善農民生活：湖北實行減租政策，一以報答農民對於抗戰的功勳，一以擴展抗戰力量的泉源。陳誠強調：「而且再就抗戰的需要說，『有錢出錢，有力出力』……。我們試看看以血肉之軀和敵人拼命的，那個不是來自各處的農民？我們再看看生產糧食，維持軍人之命的，又那一個不是農民？……而農民都負擔了其大部的責任，那麼農民對於國家的貢獻，又有何人能比他更大？所以我們為報答農民對於國家的功勳，為要安定農民的生活，使其更能繼續為國家效其忠誠，以增抗戰力量，我們實應徹底執行減租政策。」[69]

2.實行三民主義經濟政策：湖北省政府利用政治力量，減輕佃農負擔，增加收入，而且年有餘錢，收購不自耕的土地，使佃農漸次變為自耕農；並促打破地主不勞而獲的依賴性，以達到耕者有其田的目的。[70]「新湖北建設計劃大綱」的經濟部門：「經濟建設的最高原則為民生主義，……平均地權，以達到民生主義之目的」（第一條）；政治部門「減租，嚴禁高利貸，取消苛雜，均為本黨既定之政策，必須徹底執行，以解除人民痛苦」（第六條）、「平均地權為本黨既定之政策，本省必須對於土地之測量、登記、地價稅及土地增值稅等，遵照土地法製定方案，切實施行，

---

[68] 《湖北省抗戰期中民生主義土地政策之實施》，頁 406-408。

[69] 《鄂政紀要》下冊，頁 149-150。

[70] 《鄂政紀要》上冊，頁 174-175。

而對於將來淪陷區收復之土地整理，尤須事前妥爲策劃。」[71]

陳誠在省行政會議指示，實行二五減租是執行國民黨政綱：「有些人以爲本省實行減租，是共產黨的辦法，這不僅是絕大的錯誤，而且可以說根本不明瞭本黨的主義。……與（其）爲將來受共產黨的殘殺或欺騙，不如政府事先予以合理的解決，根本消滅共產黨的殘殺或欺騙，使地主、佃農兩受其益。……無論何人，凡破壞減租者，便是反革命，政府決嚴予懲辦。」[72]

1941 年 7 月 1 日，陳誠對減租人員訓詞：「就是以平均地權的方法，達到『耕者有其田』的目的，而減租則爲平均地權的第一步。……嚴立三、張難先諸先生曾於去年辦理減租一次，已爲我們開了一個端，現在省府方面已下了最大的決心，務必將土地問題予以根本的解決，而解決的方法亦自減租起。」關於減租問題，由辦理者自身的修養、減租的宣傳工作，以及減租人員主觀的努力等三方面解答。「凡有阻撓其進行者，或有挑撥地主之情感者，政府必將執法以繩，甚至因而任何犧牲亦所不惜……以期減租政策之徹底的實施，佃農負擔之切實減輕，三民主義之具體的實現。」[73]

3.誘導佃農提高生產力：鄂西、鄂北各縣，普通農田多賴雨水或少量之泉水以資灌漑，倘逢天時不正，雨不及時，則禾苗枯萎，收穫絕望，每致演成人民死亡流離之慘劇。所以戰時鄂省農

---

[71]　《鄂政紀要》下冊，頁 9-35，35-74。上冊，頁 174。

[72]　《湖北省政府委員會議陳主席指示備忘錄彙編》，頁 152-3。

[73]　＜切實執行減租政策－陳主席三十年七月一日對減租人員訓詞＞，收於劉千峻，前引書，下冊，頁 109-110。

當務之急，為積極興修水利，以脫離聽天由命之牽拌。[74]1941年湖北氣候乾旱，省政府動員各界普遍車水灌溉農田，可是一般農民反應冷淡，因佃耕地正糧收穫悉數交租，佃農只能享有雜糧，因此希望正糧及早乾死，反而可提前種雜糧，實亦有其不得已的苦衷，但影響糧食生產則很大，所以減租可增加農業生產，達到軍民足食的目的。[75]

4.政治意義：陳誠指出減租目的：「實行二五減租為使農民能夠得到合理的分配，逐漸達到『耕者有其田』的目的，則土地和資本不至集中少數人之手，可使階級鬥爭消滅於無形。而且推行減租，可使政治歸於實際，轉移從政人員觀念，到各地指導減租工作，是一種實際工作，而且可以減輕最大多數人的負擔，得到衣食住行的改善」。又進一步指出：「減租政策的執行，是民生主義實現的第一步，也是目前安定人民生活，增加農業生產的主要方法。」[76]

5.調和主佃關係：在舊租佃制度下，地主壓迫佃農過甚，主佃相互交惡，成為社會一大隱憂，一旦狡黠者從中挑撥，不免要發生激烈衝突。實行二五減租，使農民能得到合理的分配，可使

---

[74] 楊顯東，前引文，頁165。

[75] 陳誠，＜減租的重要與減租指導員應有之認識與努力－民國三十一年六月二十日對鄂省全體減租指導員訓詞＞，收於《鄂政紀要》下冊，頁150。

[76] 陳誠，＜減租的重要與減租指導員應有之認識與努力－民國三十一年六月二十日對鄂省全體減租指導員訓詞＞，收於《鄂政紀要》下冊，頁149-152；《革命人物誌》第5集，頁236。

階段鬥爭消滅於無形。[77]

（二）減租政策執行要領

「新湖北建設計劃大綱」的政治方面第六條：「減租、嚴禁高利貸、取消苛雜，均為本黨既定之政策，必須力求充實，務期廣大農村之保健工作，能配合新縣制之推行，而普遍發展。」其中第七條內容：「平均地權為本黨既定之政策，本省必須對於土地之測量、登記、地價稅及土地增稅等，遵照土地法製定方案，切實施行，而對於將來淪陷區收復之土地整理，尤須事前妥為策劃。」[78]

陳誠在省政府委員會議中指示，具體執行減租的要領為：（1）對於減租須集中力量，逐漸推行，先由第七區全區實行，但須以恩施為中心，非做通不可，將來推行全省，仍每區指定一中心縣份全縣辦。（2）辦理減租可附帶調查糧戶：調查土地糧戶，原屬臨時清賦方法，並不妨利用學生暑期參力工作，民政、教育兩廳應先取得聯繫。（3）阻礙土地陳報進行，本省過去辦理章則，可以檢出來參考，最近陝西辦理很有成效，並電請蔣主席請其檢寄土地調查辦法，用資參考。（4）二五減租可將計算方法編成民歌一首，以便民眾普遍記憶。[79]

---

[77] 陳誠，〈減租的重要與減租指導員應有之認識與努力－民國三十一年六月二十日對鄂省全體減租指導員訓詞〉，收於《鄂政紀要》下冊，頁 150-152。

[78] 劉千俊，前引書下，頁 13。

[79] 湖北省政府秘書處編印，《湖北省政府委員會議陳主席指示備忘錄彙編》（1942 年 4 月），頁 154。

其後，陳誠在省政府委員會議中提出「切實實行減租政策」時，曾指示推行的要領如下：

1.辦理者自身的修養：「本席以爲欲使減租政策推行盡利，首須注意我們辦理者自身的修養。……望各位特別警惕，養成大智大仁大勇的革命精神，誓與惡勢力奮鬥到底。」

2.宣傳工作：「凡欲推行一種新的政策，就必須使一般人徹底明白這一政策的意義，所以宣傳工作是很重要的。關於減租的宣傳，對於佃農方面，須盡量使其明瞭減租是與他們有利的，今政府已決心爲大家除弊興利，大家自當一致的遵行政府的法令，自動的向地主提出合理合法的要求。對於地主方面，則應激發其仁慈的德性，以不事生產爲可恥，以不勞而獲爲不義；尤其要使其明白此種可恥與不義的行爲，非但是壓榨農民，使農民過此慘苦的生活，而且是葬送了他們的子女。」

3.以減租工作成爲信念：陳誠對於減租工作「事業成功與否，乃取決於我們內心的信念，今後我們以減租工作成爲信念，嚴厲執行，貫徹始終，則必可於最短期內收得宏效。」[80]

三、推行方法與步驟

1941 年 4 月，湖北省政府依照國民黨政策及「土地法」有關條文，制定「湖北省減租實施辦法」，提經省務會議議決施行。此項辦法對於減租的原則，及推行方法步驟等，都有相當詳細規定，其要點如下：

（一）二五減租內容

---

[80] 《湖北省政府委員會議陳主席指示備忘錄彙編》，頁 153-1544。

關於二五減租的計算方法，學者解釋頗不一致。[81]湖北省實施辦法規定：（1）佃租一律以正產物總收穫量爲準，二成五歸佃農，所餘七成五，主佃對分；（2）約定佃租超過千分之三百七十五者，應減爲千分之三百七十五；（3）約定佃租不及千分之三百七十五者，仍照原定辦理；（4）原約定以代金繳付佃租者，亦於付租時，依照上述原則，折合計算。[82]

此外，爲確保農民利益起見，防止地主巧取，逃避法令，侵奪農民利益；又農地正產物可能因天時、人力，發生豐收歉薄情況，規定收繳佃租實施辦法：

1.佃租的繳納於每年秋收之後行之，地主不得收押金。

2.正產物總收穫量，倘因佃農對於耕作的改良而增加時，仍依承租的總收穫量千分之三百七十五繳租。

3.正產物倘因一時環境關係，有所改變，致產量減低時，照其改變經營的產物計算佃租，並依辦法所規定的租率及減免辦法辦理。

4.農地因不可抗力致正產物歉收時，仍依當地習慣協議減納，但正產物之總收穫量不及三成者，概免納租。

5.農田範圍倘兼有水田及山地湖蕩者，其山地湖蕩產物，如約定或依習慣向不納租時，仍從其約定或習慣。

6.農地之稅捐由佃農代付者，得於佃租內扣除。

7.地主不得因減租而撤佃，除佃農有土地法第 180 條，及民

[81] 拙著，《浙江省土地問題與二五減租，1927-1937》（國史館，1996年），頁 478-481。

[82] 《鄂政紀要》上冊，頁 177。

法第 845、846 兩條的情形外，地主不得以任何理由解除租約。

8.地主如有用壓迫或欺騙手段，誘使佃農私相妥協，於減額外，另行私定租額者，一經查覺或被人告發，得由縣政府將原租土地免租三年，仍發交原佃農耕種；其情節重大者，並得依懲治土豪劣紳條例懲治。

9.佃農如甘受地主欺騙壓迫，私與妥協者，一經查覺或被人告發，得由縣政府依行政執行處罰之。[83]

（二）實施步驟

湖北省政府推行減租之始，即反復研討實行方案，期步驟精密，以適應社會環境，衝破一切障礙，以求新政的徹底實現。各種推行步驟，實施辦法規定要點如下：

1.欲求減租順利推行，收得實效，必須按步循序漸進。因此實施辦法規定，減租事務按年分區推行，其分區推行次序及辦竣時期，則由省府斟酌情形，以命令規定，期於五年之內，普遍完成。

2.規定執行減租的區域，應於奉命後，按縣、區、鄉鎮、保等級，召集區長、鄉鎮保甲長及機關學校人員、士紳等開會，說明減租政策的意旨與方法，並商討實行的步驟。

3.辦理減租的區域，由區鄉公所或聯保辦公處辦理調查事宜。限定地主及佃農，於一定期間內，將農地面積、坐落地點、正產物種類及常年收穫量、原佃租額及押租金數目等項，據實陳報，分保造冊，並呈報縣府。各地主不於期限以內遵照陳報，得由佃農單獨呈報，具同等效力。佃農應繳租額，經登記改定後，鄉鎮公所應即發給應納租額證，並督促主佃雙方依照實行。

---

[83] 《鄂政紀要》上冊，頁 178-179。

4.為調解主佃爭執，省政府頒布「湖北省各縣減租調解委員會組織規則」，規定各縣成立調解委員會，負責處理減租糾紛。凡主佃發生糾紛，先由鄉鎮長負責調解，如不成立，便呈報調解委員會公斷；如有一方不遵從時，再報請縣政府處理。如縣政府的處理，仍有一方認為失當時，可以列舉事實證據，提出訴訟。在訴訟未決定以前，縣政府不得強制執行，務求公允處理，雙方都能切實遵行。[84]

此外，省政府鑒於減租新政阻礙甚多，乃決定加強督導及考核工作。特規定由省政府及行署派遣督導員，縣政府派遣指導員出發各地指導；同時發動學生赴各地協助辦理減租，督促公平執行，宣導民眾自動遵從法令。又為信賞必罰，規定縣長辦理減租工作，列為考成之一；鄉鎮保甲長也依考核結果，分別獎懲。[85]

四、減租運動推行經過

省政府為求減租政策切實施行，將全省各縣分區、分年辦理，以期集中人力，達成任務。減租運動可分為下列四期：

(一)第一階段準備期（1939 年 11 月至 1940 年底）

1939 年 11 月 16 日，奉蔣介石之寒待祕渝電始，湖北省黨政當局 1940 年曾舉行兩次重要協商，決定推行之辦法，可歸納為下列五點：

1.決定租率為四六分攤，即 40% 歸地主，60% 歸佃農，自 1940 年度起施行；

---

[84] 《鄂政紀要》上冊，頁 179-181。

[85] 《鄂政紀要》上冊，頁 181。

2.減租辦法從鄂西各縣先行實施,與土地陳報分別辦理;

3.調派政幹團鄉政班全體學員分赴各保指導;

4.由黨部加強各縣農會組織,協助辦理;

5.辦法由民政廳擬呈核奪。[86]

戰時若要辦正式測量登記以後,才進行土地改革,實不可能。但在進行土地改革之先,必得有一仍較可靠的地籍圖冊,才能著手和控制,乃權宜採用土地陳報辦法。[87]另由省政府通飭各縣政府,嚴令區署聯保執行,由省黨部會同選派人員,分赴各縣切實指導;同時省臨時參議會提議「減租運動應普及農村,農民應立於主動地位」。同年 6 月公布「湖北省減輕鄂西農地佃租暫行辦法」十二條,正式規定佃租額為正產物總收穫量的 40% ,其約定租未超過 40% 者,依其約定。1940 年鄂西各縣田租即應依照此項標準完納,惟辦理伊始,結果未能完全達到預期標準。[88]

(二)第二階段(1941 年度)

1.1941 年 1 月至 8 月中:由於省政府推行之四六分租政策,成效不彰,乃另照內政、財政、農林三部指示意見,並酌本省實際情形,擬訂「湖北省減租實施辦法」31 條,及「湖北省各縣減租調解委員會組織規則」,1941 年 4 月公布施行,即「係依照土地法有關各條所擬訂,凡本省減租事務之推行,悉依本辦法辦理」(第一條)。此次減租辦法與 1940 年度規定辦法有重大不同者:

(1)**租額方面**:由四六分攤,改為二五減租,即納租額為

---

[86] 童鑛,<減租運動與民生主義之實現>《新湖北季刊》3 卷 1 期(1942 年 5 月 15 日),頁 105。

[87] 董中生,<抗戰前線的湖北二五減租>,頁 239。

[88] 潘信中,<湖北之減租運動>,頁 30。

正產物千分之三七五，俾完全符合土地法之規定。於是本省二五減租法案，乃完全成立。

（2）施行範圍：不以鄂西各縣為限，進而推及於湖北全省。

（3）禁止撤佃：減租實行後，如地主以撤佃威脅佃農，則佃農恐有暗中妥協，增納租額情事，因此於實施辦法中規定：「實施減租後，地主不得因減租而撤佃，除佃農有土地法第 180 條（非因不可抗力繼續一年不為耕作），及民法第 845（永佃權人將土地出租於他人）、846（永佃權人積欠地租達二年之總額）兩條之情形外，地主不得以任何理由解除租約。」（第二十條）[89]

（4）調解租佃糾紛：依「湖北省各縣減租調解委員會組織規則」11 條，凡關於農地面積、正產物、常年收穫量、租額、減租實施辦法前須收押金之糾紛，均可聲請該會調解（第三條），依照民事訴訟法關於調解各項程序辦理，不收取任何費用。（第五條）[90]

減租法規既已粗備，為集中力量徹底實施減工作，湖北省政府於 1941 年 5 月間，決定重辦鄂西第七行政區各縣減租；俟著有成效，再行推及全省，其具體辦法之要點如下：

（1）減租與土地清查不能併辦：辦理減租時僅能附帶調查佃農耕地面積數量之一部，於田賦改科無大裨益；且於辦理土地陳報，清查土地，曠日持久，必致兩無成效。其次學生暑假期不足兩月，如附帶清查佃農以及自耕農等耕地面積，必為時間所不許，甚至使減租工作之推進，發生阻滯。

---

[89] 劉千俊，《鄂政紀要》下冊，頁 198-200。

[90] 童鑣，前引文，頁 105；《鄂政紀要》下冊，頁 197-198、202-203。

（2）**確定實施區域**：先就第七行政區轄縣辦理，特重恩施全部鄉鎮，及巴東、建始、鶴峰、宣恩、利川、來鳳、咸豐等七縣，各擇一鄉辦理，共計 39 鄉鎮，487 保。以收力量集中之效，辦理時並特別注意各大戶佃農納租之減輕。

（3）**指派減租工作人員**：每鄉鎮督導員、副總督導員各一人，共計 39 鄉鎮（恩施 32 鄉，其餘 7 縣各一鄉）共派 78 人：每保派學生一人，計 452 保，（恩施 382 保，其餘七縣每鄉鎮十保，計 70 保），共派 452 人，由高中及農學院學生中選派。

（4）**限定工作期間**：自 1941 年 7 月 15 日起，至 8 月 15 日止完成，在一個月期間辦理完竣調查登記，及填發租額證等，總計已登記之地主 20,310 戶，佃農 29,606 戶。工作完成後，由民政廳召集督導人員，舉行兩次工作檢討會議。[91]

2.1941 年度 8 月下旬至 12 月止：1941 年擬訂「湖北減租實施辦法暨湖北各縣調解委員會組織規則」，呈經行政院於 1941 年 12 月核准備案，並將全省分區分期舉辦，預定五年完成。1941 年舉辦鄂西第七區之利川、五峰、來鳳、咸豐、宣恩、建始、巴東等七縣各一鄉，1942 年復辦鄂北第八區之鄖西、均縣、房縣、竹山、竹谿及利川、五峰、來鳳、咸豐、宣恩、建始、巴東等七縣，1941 年未辦理各鄉鎮，全省第七、第八兩區各縣減租工作，先後辦竣。

「湖北減租實施辦法」之內容重點：（1）依據土地法第 177 條之規定，確定租額之標準；（2）限期令地主佃戶陳報登記，由省製發陳報登記單，登記後製發應納租額證；（3）辦理陳報登記

---

[91] 童鑑，前引文，頁 106；潘信中，＜湖北之減租運動＞，頁 30-31；《鄂政紀要》下冊，頁 202-203。

前，應認真督導宣傳；（4）規定登記後之租約保障；（5）規定租佃糾紛之處理程序。[92]

1941 年度 8 月至 12 月此三個月期間，主要進行之減租工作如下：

（1）舉行減租工作檢討會：決定各級工作人員之獎懲，由省政府召集各縣減租督導員，舉行檢討會議，聽取工作報告，並對工作人員之勤惰以及地主之自動報減與違犯政令者，分別予以獎懲。

（2）擴大推行減租區域：爲普遍推行減租起見，更令利川、五峰、來鳳、咸豐、宣恩、建始、巴東各縣，依照辦法續辦各該縣大戶減租事宜。

（3）考核減租情形實況：訂考核辦法，爲實施之張本，派員分赴各減租區域，考核主佃雙方能否依照減租額實行？各縣區鄉鎮保甲長是否認真嚴格執行？縣各級工作人員推行減租工作是否努力？減租登記是否確實無遺漏？主佃間是否有威脅利誘、欺騙妥協之情形？有無轉佃牟利情事等，均責成詳細考覈糾。[93]

自上列辦法實施後，1941 年度鄂西第七行政區各縣減租情形，實施經過甚爲良好，所有田租大都均依政府規定標準完納。又根據考核結果，將違反政令的地主 36 人予以處罰，情節重大者判處徒刑或沒收財產；工作不力的區鄉鎮保甲長 68 人，分別

---

[92] ＜各省保障佃農實施概況＞（報告），《地政通訊》第 3 期（1947年 9 月 1 日），頁 16。

[93] 潘信中，＜湖北之減租運動＞，頁 30-31。

撤職或申誡；深明大義、自動報減租額的地主 32 人，則由各該縣政府傳令嘉獎。工作努力的學生 78 人，經發給獎章，以資鼓勵；成績較劣者 36 人，均經省府分別予以獎懲。[94]

(三)第三階段（1942 年始）

1.擴大推行減租區：全縣實施減租區域縣份，包括第八行政督察區鄖西、均縣、鄖縣、房縣、竹山、竹谿；第七行政督察區的巴東、建始、宣恩、利川、咸豐、來鳳、鶴峰等十三縣，共計 237 鄉鎮，3,331 保。依照辦法，續辦各該縣大戶減租事宜，推行均極順利。[95]

2.舉行減租工作檢討會，決定各級人員之獎懲：連次召集各督導員，舉行檢討會議，聽取工作報告，並對各級工作人員之勤惰，以及地主之自動報減或違犯政令者，分別獎懲。

3.釐定考核減租情形辦法：特於秋收納租之時，派員赴各減租區域，切實考核，並訂考核辦法。[96]

因為一般公務員忽視實際工作，1942 年減租工作改派由現職公務員和警校初畢業的警官擔任，可藉由實際推行工作中體驗；另一方面過去常見警察替地主催租，絕不會為佃農減租，而此次推行減租運動，一反過去作風，派初畢業的警官，為警察界樹立一種革命風氣，切實負起民眾褓姆的責任。[97]

---

[94] 《鄂政紀要》上冊，頁 182；潘信中，＜湖北之減租運動＞，頁 31。

[95] 《鄂政紀要》上冊，頁 183；下冊，頁 204。

[96] 童鑣，前引文，頁 106-107。

[97] 陳誠，＜減租的重要與減租指導員應有之認識與努力－民國三十一年六月二十日對鄂省全體減租指導員訓詞＞，收於《鄂政紀要》下冊，頁 149。

由省府及第區專員公署選派督導 80 人、學生 668 人，分赴各縣鄉保協助推行。工作程序分為五項：宣傳、調查登記、復核、填發租額證、造冊及呈報。關於調查登記及填發租額證等項工作，都於兩個月內辦理完畢，計登記地主 92,013 戶、佃農 121,941 戶，以上兩項（鄖西、鄖縣尚未計入）辦理完竣後，由民政廳及第八專員公署，分別舉行業務檢討議；10 月派員分赴各縣，考核實際辦理情形。[98]

1942 年 10 月 20 日，陳誠對民眾講演中指出：「咸寧土地整理完成後，民眾負擔減輕，他縣每畝課稅五元，該縣每畝僅六角，而政府之收入，本年可增加五十萬元。常辦理之初，人民時加反對，其實無非擁有土地之大戶從中作梗而已，今年決開辦二十四縣，先行整理土地，然後實行耕者其田。誰反對解決土地問題，誰就是土豪劣紳。」[99]

(四)第四階段（1943 年度）

「1943 年度減租工作實施方案」規定實施區域包括：石首、公安、松滋、棗陽、襄陽、宣城、光化、谷城、保康、南漳、宜都、興山、秭歸、長陽、五峰等十五縣，共計 351 鄉鎮，6,143 保。所有督導人員從第四、第五、第六各行政專員公署調派，由各縣政府就境內省縣立中學高年級學生中選派；未設有中學者，則選派鄰近縣份學生擔任。

推行的結果，除公安、石首、松滋、五峰、宜都、長陽等六

---

[98] 《鄂政紀要》下冊，頁 204-206；上冊，182-183。

[99] 摘錄＜南園日記＞，＜誰反對解決土地問題誰就是土豪劣紳！＞，《人與地》2 卷 10、11 期（1942 年 12 月），頁 6。

縣，因受戰事影響，呈准緩辦外，其餘各縣均按原計畫於兩個月內辦理完竣。[100]

(五)第五階段（1944 年度）

省政府鑒於減租政策貴能持久，以徹底改革租佃關係，使農民獲得實惠。但因人力財力有限，省政又繁多，因此本年度減租工作分為創辦與續辦兩種。創辦者計有第二行政督察區之英山、羅田；第六行政督察區之遠安，長陽、五峰、宜都等六縣。而續辦的有第五行政督察區宣城、棗陽、光化、南障、谷城、保康；第六行政督察區興山、秭歸；第七行政督察區之恩施、建始、利川、豐咸、鶴峰、來鳳、巴東、宣恩；第八行政督察區之竹山、竹谿、均縣、房縣、鄖縣，共 23 縣。[101]

所有創辦減租各縣，除依向例由各縣政府、鄉鎮公所、保辦公處負責辦理外，並由省政府或行署，就高級職員中，每縣選派督導員一人；就黨政機關高級職員中或中學教員中，每三鄉選派指導員一人；又就各鄉鎮中心學、保國民學校教職員中，每十保選派調查員一人，分赴各地辦理督察指導調查等工作，均依規定限於兩個月內辦理完竣。至於續辦各縣，除由縣政府鄉鎮公所及保辦公處負責繼續執行以外，並由省政府派員前往各縣視察督導，考核實際推行情形。[102]

五、二五減租實施成果檢討
（一）成效

---

[100] 劉千俊，《鄂政紀要》下冊，頁 202-210；上冊，頁 183-184。

[101] 劉千俊，《鄂政紀要》上冊，頁 84。

[102] 《鄂政紀要》上冊，頁 84-85。

　　根據當時檢討的結果，湖北省實行「減租政策」，兩年多的時間，確已獲已獲得相當成效，例如恩施與咸豐縣的佃農，已有百分之四十都變成自耕農；大多數農民的生活改善、農業生產增加，土地兼併投機買賣，亦日漸減少。[103]據《新蜀報》報導，當後方各地土地投機、土地兼併成爲風氣時，鄂西佃田均已播種，農地租佃糾紛卻較少，各地大批佃農紛紛購地，地主對兼併土地卻不感到興趣，土地問題比較有合理解決，一般人認爲減租政策成功。記者指出減租具成效的原因：

　　1.佃農增產：推行減租固然爲減輕農民負擔，但鄂西當局主要爲增產的實際需要。1941 年春，鄂西苦旱，建設廳規定農民修井築堤救急，但農民照例祈雨。而陳誠發動從溪流車水灌漑運動時，佃農多怠工，因在佃耕制度下，收穫終歸地主。因此由車水問題，發現土地關係問題，於是決定實行減租，提升佃農改良耕地的興趣。

　　2.發動學生：減租進行很順利，部分因省府發動高中以上學生認真調查地籍，複核查知表冊造具，頑固地主狡計僞造者多無所逃盾。

　　3.不影響田賦：政府會議中也考慮地主之質疑，實行減租會影響田賦徵實。然經過會議商討和主管機關計算結果，認爲地主仍有負擔能力，乃毅然堅持下去。

　　4.風氣已成：雖然減租政策只在少數地方實行，還未能以土地陳報作基礎而保護確實，未發動佃農主動爭取；但至少地主不

---

[103] 潘廉方，《臺灣土地改革之回顧與展望》（臺北：自印，1965 年 5 月），頁 9。

致再出頭兼併土地之風氣已形成,「地主大致知道減租是在實行民生主義。」[104]

湖北減租之能付諸實現,除了當局者之決心與毅力、工作人員的熱忱;而農民最能直接感受到其現實利益,所以普遍擁護。[105]就環境而言,鄂西地接前線,為山僻之區,不如後方之富饒,證明實施減租,端視當事者有無決心。

就各階段成效而言,第一階段之減租,雖曾開始實行,而實效不彰;第二階段之減租法案已大體具備,且因嚴厲執行法令,減租政策已深入農村;第三階段舉行工作檢討,彰明賞罰,考核實效,工作更為踏實。1942 年以後,鄂西各縣已普遍推行二五減租,政府因有過去兩年之經驗,人民因已知政府之決心,故工作進行,較前益為順利。[106]

(二)違法情事

二五減租是陳誠建設新湖北、實現民生主義一項重要措施,政令一出,興師動眾,雷厲風行。當時恩施有業主鄢子俊為減租與佃戶打官司,結果輸了坐牢;利川業主違抗減租,判處極刑。[107]然而,巴東等地之地主,多為地方權紳或族長,多有違反「二五減租條例」情事者:

1.地主暗地指使佃戶加田畝數,或正產物常年收穫量,或將一部分田畝匿不陳報,以圖抵補減租損失。

---

[104]　<鄂西的減租政策>,《新蜀報》,1943 年 7 月 27 日。

[105]　董中生,<抗戰前線的湖北二五減租>,頁 239-240。

[106]　潘信中,<湖北之減租運動>,頁 31-32。

[107]　朱立青,<我對陳誠在鄂西施政的片斷見聞>《鄂西文史資料》第 1 輯,頁 94。

2.地主任憑佃戶單獨陳報田畝，及正產物常年收穫，但佃戶恐得罪地主被奪佃、報復威脅下，仍多方維持地主利益，不敢有所短少者。

3.減租後，地主有不論成年豐歉，假詞威嚇，迫使佃戶繳足法定租額者。

4.地主於佃戶請示送租地點時，往往假詞威嚇，使佃戶不敢依照規定租額，致有貪夜送繳，免使人知者。

5.更換租約，提高租額，將應減租額加上原額之總和，訂在新租約，減租結果明減實不減。[108]

此外，當時檢討，認爲實行此項減租辦法，「有些地尚須加以改進：一、在法令上要有加強的規定，包括正產物收穫量標準的評定，書面契約的訂立和登記，頑固地主的刑事懲辦等；二、佃農方面，應該使其團結，並設法提高其意識，才不致被地主所愚弄，或個別欺侮。」[109]

論者以爲湖北二五減租政策推行之數年後，陳誠一離開湖北，二五減租工作就煙消雲散，租佃關係依舊，未給佃農帶來什麼好處，也沒有留下什麼「德政」。[110]

---

[108] 朱立青，前引文，頁94-95。《革命人物誌》第5集，頁238。

[109] 潘廉方，前引文，頁9。

[110] 朱立青，前引文，頁95。

第四節　湖北省扶植自耕農實驗

　　湖北推行減租滿三年之時，已有地主叫苦連天，自願減價出售其土地者，可見減租已發生預期效果。接著土地改革工作，除了擴大減租，應進一步運用政府之金融力量，舉辦長期低利分期攤還之購贖耕地貸款，以扶植自耕農。

一、宣恩、咸豐兩實驗縣

（一）土地政策綱要

　　湖北省政府為了徹底推行耕者有其田的政策，1942 年秋開始和農民銀行土地金融處協商扶植自耕農的辦法，隨即開始實行。[111]配合實施新縣制、推行二五減租及扶植自耕農等工作，1943 年擇宣恩縣為地政實驗縣，陳誠電調地政學家原浙江昌化縣長董中生為縣長[112]（旋調升地政局長），擬訂實施土地政策綱要：

　　1.設立縣地政研究室：地政專家董中生以為：「地政係屬縣政之一部，地位固甚重要；然必須與整個新縣制配合，始能發揮其最高之效力」。因此事先之設計，執行時之輔導，事後之檢討與改進，必須設一綜合研究設計之機構，專負其責，始能達成任務，故擬於縣府立地政研究室，聘請專人主其事（係臨時組織，輔助縣長綜合研究與地政有關之一切事宜，並負責設計實驗事

---

[111] 潘信中，＜扶植自耕農工作在鄂西＞，《人與地》3 卷 7、8 期合刊，頁 55。

[112] ＜視察東來歸來－地政權威蕭錚氏發表談話＞，《人與地》3 卷 4 期（1943 年 4 月），頁 7。

項）。縣政府科室祕書共同參加，以資聯繫。[113]

2.設立地政實驗區：新縣制的縣與鄉均為實級，辦理經常行政業務，已感力有不逮，故擬另設三個地政實驗區，專負督導實驗之實際責任；其他一切戰時行政全由縣、鄉兩級負責，俾實驗區能專心致志。[114]

3.建立鄉公有土地制度：新縣制之鄉政不僅為一自治組織單位，且為經濟組織單位，為求人民生活條件與戰爭條件一致之土地制度，亦為解決當前鄉財政之最有效辦法，本制度可為一切鄉鎮造產之基礎。其第一步工作，仍為地籍整理（土地測量、土地登記、規定地價、徵收地價稅），其次為推行鄉公有土地制度，充實鄉財政。[115]

4.建設地政新村：新村建設目標以地方自治開始實行法為標準，特別著重於定地價、墾荒地及各項地政基本工作。

5.扶植自耕農：以合作方式組織農民，成立土地信用合作社，並選拔優秀農民，組織農會，使農民得以本身組織力量，達到耕者有其田的目的。資金來源則商請中國農民銀行貸放之，規定貸放款辦法：（1）嚴厲執行佃農優先承買地主出售之土地；（2）私人所有土地最高額設限，徵收其超過部分轉售與佃農；（3）其

---

[113] 董中生，＜湖北宣恩縣配合新縣制定實行本黨土地政策計劃綱要＞，《人與地》3 卷 9 期（1943 年 9 月），頁 42-43

[114] 董中生，＜湖北宣恩縣配合新縣制定實行本黨土地政策計劃綱要＞，頁 43。

[115] 董中生，＜湖北宣恩縣配合新縣制定實行本黨土地政策計劃綱要＞，頁 43-44。

他詳細辦法商由中國農民銀行接洽辦理。[116]

（二）訂定扶植自耕農辦法

　　恩施、咸豐兩縣扶植自耕農辦法的要點如下：

　　1.實施區域：先從恩施、咸豐兩縣舉辦，以後再逐漸推行於其他各縣。

　　2.貸款對象：凡各級合作社社員有耕作能力而缺乏田地自耕，或原有田地典當與人，無力贖回者，均得申請貸款購贖土地。

　　3.貸款限額：每一合作社社員貸款購贖之土地，以能維持一家之生活，並適合其耕作能力為限，此項標準，水田為 15~30 畝，旱田倍之。

　　4.貸款條件：貸款年利息 8 釐，最長可至 15 年，採取分年償還辦法，以適合一般農民經濟能力。[117]

　　以上辦法開始實行時，由於農民對金融機構貸款知識簡陋，初期的反應並不十分熱烈；但經過一個月以後，四鄉的農民了解農貸性質之後，於是熱烈請求。貸款機構門前擠滿鄉民，有些是受地租重壓的世代佃農，或是僅有幾畝地的小自耕農，因天災、人事（如婚喪喜慶）而典當土地；更多是久受高利貸剝削，不得不出賣土地者；還有年富力強的雇農，卻無用武之地。他們都極需要土地，卻認命無尤地忍受現況。在這種情形下，恩施和咸豐兩縣的扶植自耕農放款，得以分兩期順利的展開：

　　1.第一期：從 1942 年 12 月起，至 1943 年 5 月止，共放款一百六十萬元，扶植自耕農五百餘戶，購贖田畝面積共約六千華畝。

---

[116] 董中生，＜湖北宣恩縣配合新縣制定實行本黨土地政策計劃綱要＞，頁 42-44。

[117] 潘信中，＜扶植自耕農工作在鄂西＞，頁 55。

2.第二期：從 1943 年秋收以後起，預備擴展貸款區，增加貸款數額。[118]

二、農民購贖耕地貸款

（一）辦法

1942 年 9 月 25 日，湖北省政府第 423 次委員會議通過「湖北省辦理農民購贖耕地貸款實施規則」八條，規定：「本貸款以合作社社員為貸款對象，各縣應按事實需要，指導農民成立專營之土地信用合作社，或於鄉鎮合作社內設立土地信用部」（第二條）、「土地信用合作社，或鄉鎮合作社社員購贖耕地所需之地價除自備二成外，其八成得報由該管合作社，向中國農民銀行當地貸款行庫申請，照章借貸給之」（第三條）、「遇有土地出賣時，原佃農或僱農有同樣條件優先承買之權」（第四條）、「凡佃農繼續佃耕十年以上之土地，而地主為不在地主時，得依法呈請徵收自耕」、「每一社員申請貸款購贖耕地之面積，以該社員及其家屬力能自耕者為限」（第六條）。[119]

（二）農貸成效與弊端

據 1943 年 7 月 27 日《新蜀報》報導：農民銀行恩施分行半年內在恩施、咸豐兩縣共放出二百萬土地借款，其中大部借給佃農購地之用。據統計：自 1942 年秋到 1943 年春，兩年間兩縣佃農，已有 40% 變為自耕農。兩縣扶植自耕農放款工作所以能稍有成效，歸因於下列諸點：

---

[118] 潘信中，<扶植自耕農工作在鄂西>，頁 55。

[119] 《鄂政紀要》下冊，頁 210-211。

1.減租運動的切實：減租本是一種消極改良的政策，但如果能切實推行，卻有積極的功用。一則可減少地主對土地的興趣，使之願於拋售；二則可培養佃農的經濟力量，以從事購贖土地；三則若地租減少，則地價隨之低落。

1943 年春，恩施的穀價已漲到一市擔六百多元；但一畝地（產穀約 4~5 擔）的地價不過一千至二千元左右，這種現象正是減租後地主心理的反映。恩施曾因反抗減租而槍斃過地主，又因連年荒歉失收，大半地租落空，生活也漸感艱難，因此地主對土地的欲望大為淡薄。而部分佃農則因戰時物價、工資的高漲而獲利，加以地價低廉等原因，於是土地漸由地主移入佃農之手。[120]

2.重稅政策的施行：田賦徵實和餘糧公購政策，使地主大多不願保留過量土地，有些地方已實際發生了「稅去地主」的作用；同時戰時從事商業投機，較投資土地更為有利，也促成地主放棄土地。恩施和咸豐兩縣因田地經過清查，隱匿較少，徵實和徵購兩種負擔，頗為沈重，對扶植自耕農政策的推行，甚有裨益。

3.合作組織的普遍和健全：透過合作組織使廣大而分散的鄉村經濟建設，有所依附，鄂西的各級合作組織很普遍且健全，每戶皆為社員，扶植自耕農放款即利用各級合作機構，負責初步登記調查審核，和事後監理放用途及催收事項。辦理以來，頗著成效。此外，各級政府機關的協助、辦理人員本身條件的健全等客觀的環境，再加上主觀的努力，兩者相配合，才能相輔相成。[121]

面對省政府推行的二五減租，一般地主尚無積極阻礙的表現，部分的地主能自動報請減租，不過也有少數自私的地主卻有

---

[120] 潘信中，＜扶植自耕農工作在鄂西＞，頁 56。

[121] 潘信中，＜扶植自耕農工作在鄂西＞，頁 56。

些動作：

　　1.隱匿田畝數：有些大地主在減租工作人員面前，表示絕對
尊重法令；但另一方面，以少報多，隱匿部分田畝，以達到常年
收穫「名減實不減」，而要求佃戶照舊納租的企圖。

　　2.地主不與佃農同時申報登記：法令規定主佃會同陳報登
記，以防爭執，佰少數不法地主不到場登記，只要求佃農陳報。

　　3.地主私下協調繳租：地主在實施分租時，私下要求佃農依
照舊日租額送繳。[122]

五、扶植自耕農放款意義

　　實施扶植自耕農的目的在買去地主，其手段是採用間接創設
自耕農方法，以達到扶植中小的自耕農的目的，其具體作用如下：

　　1.改變農村視聽：恩施的貸款方式，即以合理方式，使土地
逐漸轉入耕者手中。雖然辦理區域、獲得貸款的農戶、貸款的數
額，頗為有限；但確已引起廣大的反應和興趣，一般農民已知政
府不再只是收捐稅，而是如何在關切他們的生活。

　　2.防止徵收集中：恩施、咸豐貸款對象，以佃農居最大多數，
購買的田地即為原佃耕土地，具分裂大土地所有之作用。由於推
行扶植自耕農政策，社會觀感為之一變，土地投機和壟斷，逐漸
絕跡，恩施一帶風氣甚至「有錢的決不買田」，這種無形的影響，
對於防止土地集中，比較實際貸款數字還要大得多。

　　3.提供戰後土地改革之參考：恩施、咸豐大規模扶植自耕農
的實驗例證，若將所有農戶的農事盈虧，及家庭生活狀況，作長

---

[122]　＜鄂西的減租政策＞，《新蜀報》，1943 年 7 月 27。

期調查和記錄，貢獻給關心土地問題人士，和土地行政當局作參證，可作戰後土地改革之重要參考。[123]

小結

　　抗戰期間，陳誠兩度出任湖北省主席。經過武漢、宜昌兩次撤退，鄂西首當屏障陪都之責，形勢衝要。1940 年秋，陳誠至恩施親主鄂政之始，即頒布「新湖北建設計劃大綱」，以建設新湖北，作為戰時「三民主義模範省」自期。民政方面，改善農政與糧政、實行二五減租；財經方面，以民生主義經濟政策為重點；教育方面，以計劃教育為依據；軍事方面，以拱衛首都自負。

　　1940 年鄂西實行二五減租，直到 1943 年底仍不斷推行，區域逐漸擴展，普遍深入農村，發生良好的效果。減租使農民稍有積蓄的機會，且進一步藉農民貸款之助購贖土地，扶持自耕農。

　　湖北之能在戰時環境下，積極實施二五減租，端賴主觀、客觀條件之配合：

　　1.陳誠對土地政策的重視與推行的決心，在講演中說過：「誰反對土地政策，誰就是土豪劣紳」。

　　2.陳誠在江西任中路軍總指揮時，就曾提過限田制度，待主政湖北，早經醞釀的二五減租計畫更趨成熟，便果斷開始實行。所以湖北推行二五減租，絕非一時輕舉妄動。

　　3.鄂西分屬第五、第六、第九等三個戰區防線，省政實施較為困難，而陳誠長期以來，即組成一個完整班底和辦事效率極高的制度，緊握對軍需物資的供應、部隊的整訓，無需他躬親過問。

---

[123]　潘信中，＜扶植自耕農工作在鄂西＞，頁 56-57。

4.當時湖南主席兼第九戰區司令長官薛岳，與陳誠有特殊私人關係，陳誠在湘西設兩個運糧機構，將湖南軍糧撥至鄂西，以供民食；部隊亦可隨時借調，故陳誠可致力於湖北內政，制訂實行「新湖北大綱」。[124]

5.陳誠獲得蔣介石特殊信任，一切設施因人而異。[125]蔣經國和陳誠都是蔣介石希望所寄，陳誠也忠於蔣介石的旨意，積極反共在恩施鼓吹「建設新湖北」，試圖以鄂西爲基地，以三民主義爲旗號，作爲反共的樣板，也是剿共時期「三分軍事，七分政治」的繼續。同時贛南專員蔣經國曾提出「建設新贛南」的口號，也同出於此種思想。陳誠到恩施後，曾派人去贛南參觀，向蔣經國「新贛南」取法，作爲建設「新湖北」的參考。[126]

陳誠在湖北從事新政之措施，影響後來在東北，尤其在臺灣再度實施土地改革，湖北主持新政時期的減租和扶植自耕農經驗，爲爾後陳誠的治理臺灣，累積了可貴的經驗。陳誠在臺灣也提倡建立「三民主義模範省」，先後實行三七五減租、耕者有其田，「湖北省減租實施辦法」主要在做到分配平均，促進糧食生產，嗣後臺灣的「三七五減租」其動機和目的亦復相同，辦法則較湖北更爲進步，正如 1953 年 2 月 1 日時任行政院長的陳誠，在臺灣省地政人員講習班演講「徹底實現耕者有其田」時，所指出：「土地改革是解決土地問題，改善農民生活、增加生產，使農村經繁榮、社會基礎安定的必要措施。本人過去在湖北主持省

---

[124] 方知今，前引書，頁 304；孫宅巍，前引書，頁 193。

[125] 白元龍、吳國順，前引文，頁 79-80。

[126] 談瀛，前引文，頁 180-181。

政的時候,就十分重視這項工作,積極推行二五減租,收到很大效果。到了臺灣以後,看到臺灣的實際情形,對於土地改革更為需要,…」[127]可見陳誠在臺灣實行土地改革,與 1940 年代在湖北省施行二五減租、扶植自耕實驗的經驗,有密切關係。

---

[127]經濟部編印,《經濟問題資料彙編》續集(1954 年 7 月),頁 115。

第五章　蔣經國與贛南的耕者有其田新政

（1939-1945）

前言

　　江西省第四行政區督察專員公署，轄贛縣、南康、上猶、崇義、大庾、信豐、龍南、定南、虔南、安遠、尋鄔等十一縣，位於江西最南端毗鄰閩粵「三不管」的邊陲地帶。全區人口約六十萬，面積 22,138 平方公里，地勢崎嶇多山，可耕地僅佔總面積 11%，土地貧瘠，地質含沙，加以過去水利不修，人民靠天吃飯，因此在全區除信豐外，其餘十縣都是缺糧。[1]

　　1939 年 6 月 20 日，蔣經國由原任江西省保安處少將副處長，轉任江西省第四區行政區督察公署專員兼保安司令，其後又兼贛縣縣長，在短期內推出一系列「建設三民主義新贛南計畫」，重要內容為肅清匪盜、建立學校、瞭解民瘼、設立工廠、開闢道路、選用幹部等大端，並施行「管教養衛」，以實驗新縣制。新政建設工作使過去經濟落後且閉塞的贛南，在社會、文化、政治、經濟各方面皆有顯著的轉變與進步，一躍而為戰時新興地域。

　　為解決農民經濟的困境，蔣經國在建設新贛南三年計畫中，特別提出土地改革，以實現「土地政策戰時實施綱要」和孫中山的「平均地權」主張為目標，並著手制訂「新贛南地政實施方案」，

---

[1] 易宜曲主編，《江西省經濟地理》（北京，新華出版社，1990 年），頁 48-49；王擇：＜贛南的水利工程＞，《正氣日報》，1944 年 12 月 18 日，版三。

爲具體實施扶植自耕農，首先設立示範區，再推行至全省，進而
幫助發展農業生產，提高農民生活。

第一節　蔣經國與贛南新政

　　抗戰八年期間，蔣經國有六年（1939~1945）在贛南，但實
際主政贛南則只有四年（1939~1943），正值人生青春歲月（30~34
歲），個人政治生涯的發軔期。1939 年 6 月 20 日，蔣經國原任
江西省保安處少將副處長，轉任第四區行政區督察公署專員兼保
安司令，其後又兼任贛縣縣長，此時期爲蔣經國在江西事業成長
的最重要階段，也是累積地方行政歷練與資源，逐步邁向中央權
力核心的轉捩點。

　　蔣經國在贛南，先後曾經擔任江西省新兵督練處處長、江西
省第四區行政督察專員、贛縣縣長、三民主義青年團江西支團部
幹事長、江西省政府委員等地方要職，以及「三民主義青年團中
央幹部學校」教育長、「全國知識青年徵集委員會」委員、兼「中
央幹部學校徵集委員會」主任委員等多項中樞職務。他領導一批
富理想的年輕幹部，秉持吃苦耐勞的決心，發揮堅強的戰鬥意志
力，大刀闊斧，打倒封建惡勢力，開創新氣象，並企圖推動新政，
建設「新贛南」，成就一番事業。[2]

　　蔣經國在贛南，憑其在蘇聯的實踐經驗，以及個人特殊身

---

[2] 張瑞成，＜蔣經國先生在贛南－政治生涯的起點＞，《中國現代史專
　　題研究報告》第 17 輯（中華民國史料中心，1999 年），頁 277-316。

分，推行一系列「新政」，首要目標在奠定政治、經濟基礎，使贛南出現明顯進步氣氛，「在大後方確實看到一點新的希望，使落後的贛南變得朝氣蓬勃，面目一新。」[3]

一、改變風氣

　　蔣經國就任督察專員時，第四行政區地廣人稀，經濟落後，文化、教育、交通均不發達，加以治安不好，盜匪橫行，土劣作威鄉里，行政官員貪贓枉法，時有所聞。

　　面對當前種種，蔣經國決心先肅清各縣的積匪，採用剿撫兼施辦法，保證人民能安居樂業，徵兵徵糧做到公正，並逐步加強水利建設，發展生產，支援前線。同時，提高贛南人民的政治水準，把贛南建設成一個「三民主義的模範區」。[4]

（一）安定地方

　　蔣經國上任後首先面臨的問題，就是如何壓制地方的惡勢力，在施政上樹立個人的威信，因此揭櫫「除暴安良」的大纛，目標在打擊惡霸、流氓及地痞的氣燄，力圖恢地方秩序。[5]

　　為安定地方秩序，決心先掃除鴉片、賭博、娼妓、貪官污吏等「四大害」，雷厲風行展開「三禁一清」運動－禁煙、禁賭、

---

[3]　方世藻，＜贛南新政概述＞，頁 121-122；＜蔣經國在贛南大事年表＞，見《江西文史資料選輯－蔣經國在贛南》總第 35 輯，（1989 年 8 月），頁 466。

[4]　覃異之，＜我所認識的蔣經國＞，《江西文史資料選輯》第 35 輯，頁 323。

[5]　覃異之，前引文，頁 323-324。

禁娼，肅清盜匪，以改善社會風氣。其次整訓地方自衛隊，改編團隊，整頓警衛，組訓民眾，加強武力。接著實行清鄉工作，整編保甲組織，組成嚴密的特務情報網。[6]另一方面，打擊奸商哄抬物價，改變頹廢的社會風氣，打垮封建惡勢力，振奮民眾，安定社會。[7]據統計 1940 年 6 月專署軍法室判決的案件有 49 起，到 1941 年 2 月下降到 37 件；1942 年 8 月則只判了 18 件，其中煙、賭、盜案件均爲 0 件。[8]

（二）提倡公務員新作風

在施政上，蔣經國嚴懲貪污，整飭吏治，改變衙門作風，仿照蘇聯，提倡「公僕精神」，將公務員比作人民的公僕。[9]1940 年 12 月訂頒「江西省第四行政區公務人員服務公約」[10]，要求公務員要具有積極服務人民的精神，他本人則在公署親自定期接待人民請願申訴，各科長也都要參加，當場批示交辦，限期報告處理結果，並在贛州城（贛縣）懸掛意見箱，提供舉發不法和建設新贛南的意見。

---

[6] 劉建華，＜抗戰時期的贛粵邊區＞，《江西文史資料》總 31 輯（1989 年 2 月），頁 18-19。

[7] 喻松，＜回首當年共事時＞，《江西文史資料選輯》第 35 輯，頁 72。

[8] 方世藻，前引文，頁 128-129。

[9] 彭哲愚、嚴農，《蔣經國在莫斯科》（香港：中原出版社，1986 年 11 月，初版），頁 104-105。

[10] 覃異之，前引文，頁 324；蔣經國，＜江西省第四行政區公務人員服務公約＞，《蔣經國先生全集》第十五冊（臺北：行政院新聞局出版，1991 年 12 月），頁 136-137。

（三）微服私訪、體察民情

　　1937 年 10 月，熊式輝依照蔣介石指示，安排蔣經國到江西省保安處擔任少將副處長，原副處長爲黃埔軍校出身的熊濱改任參謀長。因爲日常工作都由處長、參謀長處理，都是熊式輝親信，借「太子」自重，蔣經國有職無權，「只是虛位而已，毫無作爲，每天按時上班，按時下班」[11]，省方一些要員對他表面上無不恭順，卻是敬而遠之。[12]

　　蔣經國爲使保安處職務不交白卷，時常在南昌地區微服巡視，明察暗訪，常以傳奇式人物出現於街頭巷尾，到處訪察，與民眾親近，了解風俗民情，因此贏得「私行察訪，體恤民情」的美譽。甚至經常化裝爲農民或卜筮星相者，下鄉視察私訪，訪問住戶商店，關心民瘼，在縣民口中有「蔣青天」之名。但他常介入司法案，又多根據一己耳聞目見，作爲各法院院長討論民刑案件訴訟的定讞。[13]他深入基層，既爲俯察民情，亦爲一種政治手腕，企圖籠絡人心，建立個人政治聲望。

二、贛南新政綱要

　　蔣經國在短期內推出一系列「建設三民主義新贛南計畫」，重要政策有肅清匪盜、建立學校、瞭解民瘼、設立工廠、開闢道

---

[11]　徐浩然，《蔣經國在贛南》（臺北：新潮社，1992 年），頁 43。

[12]　毛寧邵：＜我跟蔣經國開車＞，見《江西文史資料選輯》第 35 輯，頁 63-64。

[13]　方暾，＜回憶與蔣經國相處二三事＞，《武漢文史資料》總 18 輯（1984 年 12 月），頁 146-148。

路、選用幹部等大端，並施行「管、教、養、衛」，以充縣政建設，實驗新縣制。[14]新政建設工作，使過去經濟落後且閉塞的贛南，在社會、文化、政治、經濟各方面，皆有新的轉變與進步。

　　蔣經國上任即「下定了來贛南工作的決心，並且堅定了不怕一切苦難的意志。」[15]擬訂「三年計畫」向「五個目標」前進，1940 年夏，在第四區行政會議中宣布「新贛南三年建設計畫」，施政綱領，是建設人人「五有」的新贛南，要做到三年內「人人有飯吃、人人有衣穿、人人有屋住、人人有工做、人人有書讀」的「五有」目標。[16]「在極短時間完成大量工作」，「用很少人來發動幾十甚至幾百幾百萬人來工作」。[17]蔣經國喊出「吃苦、冒險、創造建設新贛南，奮鬥、犧牲、實現三年計劃」的口號，使贛南成為「增加抗戰力量，增加生產建設的一個根據地」，「建設三民主義新贛南的偉大目標」[18]，要求大家全力支持，並號召全行政區各級行政幹部艱苦努力，為實現五大目標、三年計畫而

---

[14]　董中生，＜新贛南觀光十日記＞，《人與地》3 卷 6 期（1943 年 6 月），頁 46-47。

[15]　蔣經國，＜新贛南三十年度工作總檢討＞，章貢學會輯錄，《蔣經國先生建設新贛南重要文獻輯錄》上冊（臺北：章貢學會出版，1997 年）（以下簡稱《輯錄》），頁 452。

[16]　蔣經國，＜吃苦冒險創造建設新贛南＞，《輯錄》上冊，頁 275、293。

[17]　薛汕，＜和蔣經國相處的日子＞，《江西文史資料選輯》，第 35 輯，頁 33。

[18]　蔣經國，＜吃苦冒險創造建設新贛南＞，《輯錄》上冊，頁 293。

共同奮鬥，[19]展開建設新贛南的序曲。

建設新贛南「三年計畫」（1941~1943 年），內容計有十一大類：農業、林業、工業、商業、礦業、交通、教育、文化、衛生、救濟、政治等，各項實施內容，都作具體計劃和安排。[20]

1942 年元旦，蔣經國檢討 1941 年度工作成敗時，指出較有成果者為：1.堅定人民對政黨及三民主義之信仰；2.造成新秩序安定人民生活；3.發揚民族正氣，民間時有可歌可頌事蹟；4.提高人民文化水準，轉移社會風氣。另擬出 1942 年度的贛南建設計畫，中心工作：1.掃除文盲；2.完成政治、經濟、基層建設，逐步實行建鄉、建保、建家運動；3.注重國民兵訓練；4.改善人民生活。[21]

1943 年底頒布「五年計畫」（1944~1948 年），列舉了發展鋼鐵、機器、電力等重工業；實現農業機械化，興建水利工程；贛南各縣城鎮都將建設成現代化的城市，人民都享有充分的物質和文化生活。係在三年建設計畫基礎上，深入進行，1943 年底頒布，1944 年僅實行一年（其中大部分工作是鞏固三年建設計畫的成果）後因日本侵略進入贛州，五年建設計畫因此擱淺。

新贛南五年建設計畫，「就是發展經濟，提高文化水準，改

---

[19] 又在 1940 年 11 月 5 日閉幕典禮，以＜奮鬥犧牲實現三年計畫＞為題，《輯錄》上冊，頁 295-313。

[20] 方世藻，前引文，頁 122-125；＜建設新贛南三年計畫第一年實施準則＞，《輯錄》下冊，頁 194-195。

[21] 蔣經國，＜為檢討過去擬定民國三十一年贛南建設計畫上父母親函＞《蔣經國先生全集》第十五冊（1991 年 11 月），頁 280-281。

良人民生活的國民經濟建設計畫,它的任務是複雜的,艱難的」。[22]其重要內容:

（1）**農業改革**:新政以「工業機械化、農業工業化」,為重工業基礎,樹立高建設新贛南最高準繩。要達到「工業機械化、農業工業化」不是一蹴可幾,技術、資金、機械都成問題,只能就人力最大可能,先從一些於農業最有利者做起,譬如改良稻作,增加生產,興辦農田水利等。

（2）**農田水利**:第二次新贛南建設計畫,自 1944 年開始,五年內預定全區各縣每兩保要建水庫及水坡各一座,共計為 2,660 座。水庫係利用適當地勢建於山谷間,直接防旱,間接防洪,工程較易,每一水庫可灌溉農田二百畝以上;水坡係利用山流小溪攔截流水,工程較大,每座可灌溉田五百畝以上。

在第一年的 1944 年內,各縣應興建的水庫及水坡工程為:贛縣 40 座,南康 50 座,大庾、信豐、龍南、虔南、定南、上猶、安遠、尋鄔、崇義各 20 座,共計 270 座。到年底各縣工程均已遵照完成,且多數超過規定數字,每保挖塘一座,亦已做到。據估計在五年計畫結束之後,2,660 個水坡水庫都完成,平均每座以灌溉 350 畝計,全部可灌溉農田 93 萬 1 千畝,可增收糧食 279 萬 3 千擔,民食當不再缺乏。[23]

---

[22] 《輯錄》下冊,頁 117。

[23] 王擇,〈贛南的水利工程〉,《正氣日報》,1944 年 12 月 18 日,版三。

第二節　新贛南土地改革政策

一、贛南土地分配狀況

　　贛南至少有 130 萬直接種田的農民，或親屬是務農的，即使一般的商人、工人，家裡有田的很多，學生、兒童的家屬也多半是農民，至於婦女十之七八也在田間勞作。農民為數龐大，一旦組織起來，很能發揮極大力量；但農民一向和政府的關係，只有完糧納稅的義務，從未有政治的概念。

　　贛南雖然是農業區，但一般農民的食糧卻不足自給。據統計：1937 年南康縣必須靠向地主富戶借糧度日者占總農戶 60%；安遠縣靠向地主富戶借糧度日者占總農戶的 80%。借錢度日者，南康縣占總農戶的 66%，安遠縣占總農戶的 85%。[24]

　　據調查，贛南勉強足以維持生活的半自耕農和不易維生的佃農，約佔全體農民的 80% 以上，農戶也都普遍十分窮困，每年平均有 60-80% 的貧苦佃農，必須向地主富戶借糧度日；有 66~85% 要依賴借錢生活。1930 年，蔣經國和上猶縣長王繼春到西南鄉，有戶張姓大地主家有幾百畝土地，由 21 個妻妾負責耕種。[25]

---

[24] 江西省政府，《江西農業統計》，1939 年 12 月編印，轉引自方世藻，前引文，頁 130。

[25] 贛南地區農村中年輕男子少，因許多男人都出外謀生，還有當年跟著紅軍走了，故女子多，地處窮鄉僻壤，天高皇帝遠，大地主花錢買妾耕種，比雇工耕種收益更多。徐浩然、章修維、羅林祿，《章亞若傳》（北京：團結出版社，1996 年 12 月），頁 200-201。

表 5-1 為 1936 年調查，各縣農戶分配比重情形：

表 5-1　贛南各縣各類農戶分配百分比

農戶＼縣份	自耕農	半自耕農	佃　農
贛　縣	21.6	34.2	44.2
南　康	23.4	30.0	46.6
上　猶	26.0	44.8	29.2
崇　義	31.4	35.0	33.6
大　庾	23.2	29.4	47.4
信　豐	23.4	35.5	41.1
虔　南	14.6	41.7	43.7
龍　南	14.8	41.7	43.5
定　南	13.8	30.5	55.7
尋　鄔	8.6	19.2	72.7
安　遠	7.6	21.7	70.7

資料來源：徐季元，＜贛南人口問題＞，《正氣日報》，1941 年 10 月 13 日，版三。

　　農民每日為生活而掙扎，與饑餓相搏鬥，加上租稅的剝削加重，無力改良生產工具和技術，農村社會更加貧窮化，所以當農村經濟愈破產，農民愈貧窮與愚昧無知；經濟愈受剝削，愈陷社會於不安，相互惡性循環結果，因之死亡率高於生育率。[26]

---

[26] 據統計乾隆 47 年、嘉慶 17 年、道光元年、咸豐元年、同治 8 年等歷年人口統計，除虔南一縣設治為遲，無法比較，其他十縣，除南

二、新贛南地政實施要領

戰時農民可以在經濟上發揮強大力量，成為建設新贛南的有力中堅，「做個現代的農民，尤其贛南的農民，一定要改革舊習性，接受新的知識，要有參予政治的興趣；每個農民都要懂得政府的政令是什麼，三年計畫實現了，對老百姓有什麼好處，怎樣來擁護政令，奉行計劃，怎樣來推動新贛南的建設工作。」[27]

蔣經國對於地政事業，頗感興趣，亦很努力想實踐土地政策戰時實施綱要，南康、大庾等縣的地籍整理工作，雖在萬分困難中，仍盡力推行。[28]從 1939 年起即起草具體條目，準備討論修補後，再開縣長會討論補充，形成正式文稿，常和章亞若一起寫這方面的意見稿。[29]手訂「新贛南地政實施方案」，其目標係「遵照國父平均地權遺訓及總裁指示之『土地政策戰時實施綱要』，重現建國大綱第十條及十一條之規定為目標。」[30]

康因社會大變遷人口增加一倍以上外，其餘各縣人口數量大量減少。乾隆 47 年全區人口為 1,870,041 人，到 1940 年只剩 1,494,376 人，計減少 375,600 餘人，約合原人口數五分之一。徐季元，＜贛南人口問題＞，《正氣日報》（1941 年 10 月 13 日），版三。

[27] 黃企華，＜農民是建設新贛南的主力＞，《新贛南旬刊》4 卷 1 期（1942 年 7 月 5 日），頁 13。

[28] 董中生，＜新贛南觀光十日記＞，頁 47。

[29] 徐浩然、章修維、羅林祿，前引書，頁 199-201。

[30] 「建國大綱」第十條：「每縣開創自治之時，必先規定全縣私有土地之地價，其法由地主自報之，地方政府則照價徵稅，並可隨時照價收買，自此次報價之後，若土地因政治之改良，社會之進步而增

（一）「新贛南地政實施方案」實施要項

1.健全地政機構

設立「新贛南地政研究所」，負責計劃研究本區地政及編纂地政刊物。公署增加辦理地政人員三至五人，除辦理地政外，並兼辦農林合作、水利等工作。

2.推行減租辦法

（1）制定減租辦法。

（2）制定租佃登記用紙，實行租約登記；控制租佃關係；

（3）縣政府地政科鄉鎮地政股，配合縣鄉鎮土地信用合作機構，負責實行減租辦法。

（4）租佃糾紛，由縣鄉鎮組織二級調解委員會調解之，調解不成，呈由公署裁辦。[31]

3.普設合作農場

（1）本區普設農業生產合作，每鄉鎮至少一處，預計全區各縣共設 206 處。

（2）每一農業生產合作社之農場面積，至少籌足二千市畝以上。

（3）社員得以土地、農具及其他生產工具繳付股金。

價者，則其利益當爲全縣人民所共享，而原主不得而私之。」十一條「土地之歲收，地價之增益，公地之生產，山林川澤之息，礦產水力之利，皆爲地方政府之所有，而用以經營地方之事業，及育幼、養老、濟貧、救災、醫病與夫公共之需。」，蔣經國，＜新贛南地政實施方案＞《人與地》3 卷 10 期（1943 年 10 月），頁 1。

[31] 蔣經國，＜新贛南地政實施方案＞，頁 2。

（4）合作社所需各種勞動力，均計劃分配，由社員及其家屬擔任之。

（5）合作社各種業務所需勞力，均依勞動力強度，制定單位分數，實行包工制。

（6）勞動力代價以工資方式，每半月依社員勞力分數給付一次，並以年終盈餘撥勞動犒賞金、合作社公積金、社員福利金、職工酬勞金、社員分配金，其分配標準另行規定。

（7）社股年息不得超過一分，於年度開始時，由社員大會議定之，年終無盈餘，不得發息。

4.設立農民新村及凱旋農村

設立標準現代化農村，作爲新贛南農村建設之示範村，內農戶均爲自耕農民，並利用人民義務勞力墾荒，建築凱旋農村，暫交給鄉鎮公所或出征軍人家屬，待抗戰勝利之日，舉行隆重賜田式。

（1）每縣各辦農民新村一個，爲全縣各鄉示範村。

（2）農民新村於 1944 年度開始辦理，五年內完成，每村以能容農戶百家爲原則，全村共設十一個農民新村。

（3）每縣凱旋農村以能容百家戰士爲原則，1944 年度開始辦理，兩年內完成。

5.開墾荒地、改良農田水利

（1）各縣地政機構，配合新都市及鄉村城市計畫進行。

（2）調查荒山荒地，擬定土地利用及原料生產計畫。

（3）調查水利工程擬訂施工計畫。

6.市地利用及管理

（1）縣市鄉地政機構，配合新都市及鄉村城市化計劃進行。

（2）整理城市及鄉村地籍，並訂其地價。

（3）將市區土地劃爲教育、機關、工業、商業、住宅等區，限定其使用方法。（並先繪製分區圖案或地圖）

（4）凡市區建築均應呈請主管地政機關核准，依市村建設計劃及制式標準圖樣建築之，並且未經發給建築執照，不許建築。

（5）土地自然增值，一律歸公，並徵收市荒地及建築設計執照等費，以充裕市政建設經費。

（6）建造公共房舍，辦理房屋救濟。

7.設立公墓制

（1）每鄉鎮設立公墓一處，或數鄉鎮設立公墓一處。

（2）公墓地址，應以不能生產，或開墾困難之荒山爲限。

（3）不論新舊墳墓，均限期移葬公墓。

（4）城市附近墳墓，應以不妨礙都市發展及觀瞻爲限。

（5）墳地地帶，植林及花木。

8.完成地籍整理

呈請中央地政署及江西省政府，提前辦理本區地籍整理，或由專署物色地政專才，借取儀器，會同江西省地政局辦理，至 1947 年度全區地籍務須整理完成。

（1）1944 年度完成贛縣、南康、上猶三縣土地登記，大庾、信豐、龍南三縣土地測量。

（2）1945 年度完成大庾、信豐、龍南三縣土地登記，崇義、安遠二縣土地測量。

（3）1946 年度完成崇義、安遠二縣土地登記。

（4）1947 年度完成尋鄔、虔南、定南三縣土地登記。

9.訓練地政員

（1）1943 年度 10 月開始招生四十人，訓練四個月，至 1944
年度 2 月畢業，分派各縣服務。

（2）由專署招考訓練土地測量人員四十人，成立測量隊一
隊，會同地政局加速完成本區各縣土地測量。

（3）各縣辦理土地登記之高級人員，由專署選派，低級人
員，由各縣於成立登記處時，就地報考，經簡單訓練後，即分發
工作。

（4）1945 年度再訓練土地行政人員一百名。

（5）測量隊經費，呈請中央地政署及省政府補助，所需儀
器，並請本省及其他各省地政局借用。

（6）土地登記費，由本署介紹各縣向中國農民銀行洽借地
籍整理借款，以徵收土地書狀費歸還之。[32]

（二）地政改革

整理地籍、清丈土地為土地改革的首步曲，有確切的地籍、
地目的帳簿，才能清理地權歸屬，並據以徵收稅賦。

1.土地清丈

1940 年 12 月制定的「建設新贛南第一次三年計畫」政治類
的實施要領第三條為「土地清丈」，各縣鄉鎮先設局，訓練工作
人員，負責清丈工作，各依計畫年度逐縣完成土地清丈。其實施
內容分為三項：

（1）清丈機關：縣設土地清丈局，鄉鎮設清丈辦事處，負
丈量土地之責。

（2）清丈人員：調集鄉鎮經濟幹事，舉行短期訓練，並召

---

[32] 蔣經國，＜新贛南地政實施方案＞，頁 2-3。

訓助理員二百五十人；

　　（3）實施程序：以鄉鎮爲單位，每鄉鎮組織丈量隊一隊或兩隊，會同業主，按其所登記土地之種類及畝數，逐畝丈量，全縣土地丈量完竣後，接辦所有權登記，並規定地價，呈准舉辦地價稅及土地增值稅。第一年完成清丈前應有各項之準備；第二年贛縣、南康、上猶、大庾、崇義五縣清丈完成；第三年信豐、安遠、尋鄔、龍南、虔南、定南六縣清丈完成。[33]

2.地籍整理

　　戰時中央以實施土地政策，作爲解決國家財政之要圖，曾經規定「照價徵稅」、「漲價歸公」，並令各省從速趕辦地籍整理，尤須先從市鎮區域實施，以防止土地之投機。江西省奉令於 1943 年內整理完竣，開徵土地稅，省政府曾指定五十一縣實施市鎮地籍整理，西區計有贛縣、南康、上猶、大庾、信豐、龍南等六縣，省府重申前令，各縣務須一律於年內整理完成。

　　贛縣地籍整理舉辦城區土地所有權登記，已於 6 月 20 日結束，21 日至月底止爲辦理土地他項權利登記，業務範圍爲典權、抵押權、承租權、地上權、地役權等。[34]1943 年贛縣、上猶等縣府奉令增設地政科，於 7 月 15 日正式成立，地籍整理即日起結束，業務統由地政科辦理。[35]

---

[33] 蔣經國，＜建設新贛南第一次三年計畫＞，《蔣經國先生全集》第 20 冊，頁 158-159。

[34] 《正氣日報》（1943 年 6 月 22 日），版三。

[35] 《正氣日報》（1943 年 7 月 16 日、20 日），版三。

第三節　贛南扶植自耕農計畫

一、扶植自耕農實施要領

扶植自耕農實施辦法，於「新贛南地政實施方案」中已有擬訂，又可分為甲種和乙種兩種扶植辦法。

（一）甲種扶植辦法實施要領

1.**土地來源**：依據「江西省第四區扶植自耕農辦法」，係將「非由所有人自耕的農地與私有荒地，以及無主或無繼承人之土地」，依法徵收。徵收土地之地價，由本人審報，地價評定委員會按照上、中、下九個等級評定後公告。土地徵收後，依照示範區區段、地形等進行重劃和改良，並視當地情形，劃為單位農場，由農民承領自耕，每戶以承領一單位為限。

2.**承領土地農戶**：依據「各縣農地購贖辦法」規定，承領農戶必須在本鄉或本縣從事耕作滿三年以上，有充分耕作能力，所有土地面積在二十畝以下的雇農、佃農、半耕農及自耕農。但有下列情形之一者不得承購：（1）有賭嫖等不良嗜好，經政府懲處有案，執行完畢或赦免後未滿三年者；（2）有宣告破產及剝奪公權情形者。

3.**承領地價與資金**：農戶承領地價以徵收地價為準，並酌加重劃或改良費用。承領農戶在承領土地時，得一次或分期在三年之內還清地價款。在繳清地價錢之前，政府發給領地證，繳清地價錢後發給產權憑證。承購土地所需資金，由承購農戶組織信用合作社，呈請縣政府轉專署商經農民銀行贛州分行貸給。

4.**土地之回收**：放領之土地，如承領者使用不良，或無力續

耕，或無子繼承時，由政府收回重新放領。[36]

　　5.**實施計劃**：（1）贛縣、南康、上猶、大庾、信豐、龍南等六縣，1944 年度起，每年應辦五千市畝以上；（2）崇義、虔南、定南、安遠、尋鄔等五縣 1944 年度起，每年應辦 2,500 市畝以上；（3）全區十一縣，每年預約總扶植自耕農面積爲 42,500 市畝，劃成二市畝單位農場 2,125 個，五年預約扶植總面積爲 212,500 市畝，劃成二十市畝單位農場 10,625 個，加 1942 年度預約成的六百個單位農場面 12,000 市畝，則預約扶植總面積爲 224,500 市畝，劃成二十市畝單位農場爲 11,220 個；（4）確定扶植自耕農示範區農地，永久性管理組織及經費。首先，每一示範區應留一約二十市畝之單位農場爲中心公田，備作農場永遠管理機構之經費及事業費之基金。其次，設示範區農場管理處於中心公田，指導示範區農業經營，及合作等改進事宜。

　　（二）乙種扶植自耕農辦法

　　所謂乙種扶植自耕農，即在條件較差的地方，政府把非自耕農，尤是富戶集中之土地強行徵購，並將土地介紹給自耕農組成的土地信用社，然後按上述程序，由政府貸款給貧苦之自耕農購贖。乙種扶植自耕農實施要項如下：

　　1.擴大宣傳農購贖辦法，使全區各縣人民家喻戶曉。

　　2.各縣合作社聯合社附設土地信用部，鄉鎮合作社附設土地信用部，會同土地行政機構，辦理農地購贖及減租運動。

　　3.每一鄉鎮土地信用部每年應促成三千市畝以上農購贖。

　　4.十一縣共有 1,126 個鄉鎮,每年購贖土地預計約爲 795,000

---

[36] 方世藻，前引文，頁 131-132。

市畝，五年內預計約爲 3,975,000 市畝。[37]

乙種扶植自耕農方式，在建設新贛南五年計畫期間，蔣經國離開後，由繼任人楊明在信豐、贛縣試行。[38]

（三）贛南土地計畫籌設之步驟

扶植自耕農政策之落實，先完成如下的預備工作：

（1）選擇適合之地區；（2）調查地區內之地主佃農、僱農或半自耕農姓名、田地及家庭狀況；（3）派員實地調查；（4）示範區地址確定後，由專署會同中國農民銀行，派員進行組織合作社，辦理土地徵收分配等手續。

土地改革計畫的進行，首先在示範試驗區舉行，選擇自然條件好，土地所有權者多數是非自耕農，佃農生貧苦，購地欲望較強，以及耕地面積與農民人數比較相稱，且便於改良的地方進行試驗點。在此一示範區內由政府貸款予佃農、僱農或半自耕農，使其得獲得自己耕種之土地。第四區專署準此原則，擬選贛縣、南康、大庾、上猶、信豐、龍南首先舉辦，每縣設扶植自耕農示範區一至五處，每區以一千畝爲準，此種示範區須以靠近交通線，田地平闊及田地所大半屬於不自耕之地者爲合適。

二、扶植自耕農示範區

江西省第四區專署實行耕者有其田，劃定六縣爲扶植自耕農示範區。1941 年 1 月，首先在贛州郊區的沙石鄉建立吉埠扶植自耕農的示範區，作土地改革試驗，爲第一個設立的示範區。接著

---

[37] 蔣經國，＜新贛南地政實施方案＞，頁 2。

[38] 方世藻，前引文，頁 131-132。

1942~1943 年間，先後南康縣的橫市、坪市、龍田，上猶縣的廣田，信豐縣的游洲、大庾的新城、龍南的水西等地，建立了類似的示範區。[39]

（一）推動組織

1.**組織架構**：四區公署為確立並健全各縣扶植自耕農範區之組織，特令在各示範區所在之縣設立「扶植自耕農範區辦事處」，置處長一人、副處長二人。縣長兼任處長，地政科長（無地政科者由建設科兼任），及中國農民銀行所派土地金融業務員任副處長，下分兩股：第一股為總務股，由股長一人、股員五人組成；第二股是業務股，由股長一人、股員一至五人組成。股長由辦事處長任命，股員多為地政人員充任，有時也調其它專門人員兼任；同時還抽調示範區所在的鄉、保有關人員參加，作為不在編制的業務職員。其行政經費，規定每二千市畝示範區為計算單位，全縣不得超過三萬元。[40]

2.**地價評定委員會**：評定地價是扶植自耕農實施過程中極為複雜的工作，因此特別成立了地價評定委員會。其成員除辦事處處長、副處長外，還聘請縣政府、國民黨縣黨部、三青團縣分團部、縣地籍整理辦事處、田賦管理處、地方法院、鄉公所、地方公正人士、佃農等方面代表參加。其職責是依據土地自然條件、肥瘠差別、水利灌溉等條件，評定合理的土地價格，處理土地徵

---

[39] 方世藻，前引文，頁 131；《正氣日報》（1943 年 7 月 15 日），版三。

[40] 《正氣日報》（1943 年 7 月 30 日），版三。

收過程中因地價爭執所引起的糾紛。[41]

（二）實施步驟：

1943 年 4 月，扶植自耕農工作開始推動，進行的大致步驟如下：

1.土地調查

1943 年 4 月開始，辦事處派員到廣田，首先按照地形等情況將示範區所有土地分段進行測量，繪成坵地地形圖，逐全坵注記地目、面積、順序編號，作為識別業主和進行區段徵收的依據。在此基礎上，辦事處派出土地調查人員，依據地坵圖，實地進行勘察，按照地理環境、土質等的不同，分設地價區。

當時全區土地價格分為上、中、下三等，每等又分成三級，故地價核定按三等九級進行。地價等級劃分以後，按照各該區前三年的生產收入平均值，得出該區之標準地價。再以標準地價為基數，計算出各級的地價數，匯集成地價調查表，呈送地價評定委員會討論通過，經縣辦事處和縣府核准後公布於眾；若有不同意見，可在半個月內向辦事處提出。

2.土地登記

地價評定並編成地價冊後，業務股派員下鄉，召集鄉、村、保甲長、經濟幹事、業主、佃戶到地坵現場，按繪成的坵地圖和編號的先後次序，逐坵進行農戶與地主情況登記。

農戶登記的內容有：姓名、籍貫、年齡、住址、本地居住年數、戶別（自耕農、半自耕農、佃農、地主）、家庭情況、經濟

---

[41] 朱倫喜、郭世鏗口述，＜扶植自耕農＞，收在《江西文史資料選輯》35 輯，頁 218。

狀況、所有權狀況等。同時進行產權登記，即登記土地所有權人姓名、住址、職業、年齡、營業證件及其它證明文件、土地面積及其生產租額、定著物情形、定著物價格等。若業主不能當場提供土地契據及其它證明材料時，應取具鄉、保甲長或四鄰之證明書，請求延期登記，但時間上不能超過一個月，逾期作無主土地處理。如遇地價冊登載面積、四至與實際不相符合時，原登記人應申請複查核算，以免產權出現差錯。

1943 年 9 月 2 日 1，縣政府發布關於補行土地登記通告，為推行扶植自耕農運動作準備。[42]

3.土地徵收

產權登記工作完畢，辦事處擬具區段土地徵收、重劃、放領計畫書，繪製徵收土地示意圖，一併呈請專署蔣經國審核。核畢，在徵收土地所在地及相鄰地區，張貼土地徵收公告。各鄉公所會同保甲人員深入民家進行宣傳，並依坵地調查簿所載地目、地號、地積、地價、業主姓名、補償地價金額等項目，印成土地徵收通知書，以書面形式通知各業主。若有徵收土地未登記者，則將通知書廣加張貼或登報，一個月內無人來登記，則視為無主土地，收歸公有。

土地徵收後，地價金額由中國農民銀行貸款扶植自耕農甲種貸款以補償之。被徵收土地之業主、農戶只須攜帶產權登記收據到農民銀行便可領取。若為自耕農，其領取金額應扣除所領土地所需金額部分。若業主沒有典權或抵押權者，應預先清償其應有負擔，餘款交付業主。

---

[42]　＜蔣經國在贛南大事年表＞，見《江西文史資料選輯》35 輯，頁 476。

4.土地放領

土地徵收後，示範區內所有土地均屬公有。辦事處派出測量人員，依土地地理環境、水利設施等情形，實行混合整理，重新劃分甲、乙、丙、丁、戊五種單位農場。每種單位農場面積大者不超過二十畝，小者不少於十畝。若因道路、溝渠或溪流彎曲等情形致坵形不整齊者，均加以變更，使之方正整齊。

施行重劃後之土地，除在適當的地方留一單位農場為中心公田，用於良種的推廣和新技術的試驗外，其餘土地均重新編制正式地號，放領給自耕農。承領土地之自耕農，在接到承領通知後，按照地號先後次序承領，並辦理有關承領手續。每戶承領土地以一單位為限，在承領土地時，凡是原來承耕之農民，在示範區內從事耕作三年以上、在縣內耕作滿三年之農民、抗敵軍人家屬，均可優先承領。

承領土地在地價繳清前，由縣辦事處、縣政府按單位農場發給領地憑證。待地價繳清後，再正式發給產權憑證，承領土地自此屬自耕農所有。廣田示範區共有耕地 2,711.4 畝，自耕農 201戶，平均每戶領地 12.07 畝。承領土地之自耕農，不能將土地典押或轉租，更不能分割；如自耕農使用不良或無力耕作、無子繼承（繼承原則為嫡長子繼承）時，由縣政府收回重新放領。[43]

（三）土地金融債券

參加示範區之組成農戶，可得購地貸款權利，惟所借款項須用以購贖土地自耕，其數額不得超過地價之八成，利息 8 至 9 釐，借款期限不得超過十五年。同時付借款者並預以所購土地為借款

---

[43] 朱倫喜、郭世鏗口述，前引文，頁 218-220

之抵押擔保品，其土地之契紙於借款還清後發還，此項扶植自耕
農辦法即將於 1942 年初進行，列入 1942 年度之中心工作。[44]

　　1943 年中央公布「中國農民銀行土地債券法」，首期發行數
為一萬萬元，以福建推銷最多（佔十分之六），江西農民銀行六
月接奉該項債券三百五十餘萬元。按券額分為五千元、一千元、
五百元、一百元四種，該項債券可充公務上一切保證金之用。江
西則於贛南各扶植自耕農示範縣首先推銷。

　　此外，為了扶植自耕農，調整土地分配，促進土地利用，中
國農民銀行江西支會兼辦土地金融工作，其主要業務有收買土地
放款、土地徵收放款、土地重劃放款、土地改良放款、扶植自耕
農放款、地籍整理放款、鄉鎮造產放款等項，每項放款均可搭附
土地債券三五成，以補充資金之不足。[45]

三、施行經過

　　1941 年冬，蔣經國為「徹底實現三民主義，扶助農民獲得經
濟上之解放」，各縣進行實行「耕者有其田」政策，以解決民食
不足的問題。[46]但實施的過程並不順利，新政推行之前，土地擁
有者將土地出租給自耕農耕種，坐收租金之利；推行新政，土地
徵收之後，因地價低，城裡的地主極端不滿，聯名寫信到江西省
政府告狀。但因蔣經國特殊身分，而且他又親自坐鎮指揮，才使

---

[44]　《正氣日報》社論（1942 年 5 月 2 日），版二。

[45]　《正氣日報》（1943 年 7 月 11 日），版三。

[46]　《正氣日報》社論（1942 年 12 月 6 日），版二。

這項工作得以推行下去。[47]

1942 年 11 月 4 日,《正氣日報》刊登「農行積極推行土地政策,擇定六縣試辦收買土地」的消息。[48]1941~1944 年,扶植自耕農的施行,在贛南的吉埠、南康、上猶和廣田四個縣的示範區內,農民絕大多數實現了耕者有其田。如吉埠示範區,162 戶農民,原耕 1,289 畝地,總計向地主徵收耕地 910 畝,平均每戶承領土地 9.6 畝。南康的三個示範區內平均每戶承領土地 10.91 畝。上猶廣田示範區平均每戶承領土地 12.97 畝。1943 年度江西省擬辦扶植自耕農示範區和戶數情況,如表 5-2 所示:

表 5-2　1943 年度江西省擬辦扶植自耕農實況表

類別	示範區	戶數	畝數
甲	水南示範區、信豐游州示範區、龍南水西示範區	320	14,779
甲	贛縣吉埠示範區,南康橫市示範區;坪市第一區、第二區;上猶廣田示範區		
乙	贛縣第四行政區所屬 11 縣		

資料來源:〈中國扶植自耕農概況〉第二檔案館 103-148。

1943 年 6 月 26 日,蔣經國召開專署及贛縣縣政府工作會議,指出下半中心工作是切實扶植自耕農。[49]1943 年 6 月 25 日舉行的四區專署贛縣縣政府及各附屬機關工作會報,蔣經國指示:「下

---

[47] 朱倫喜、郭世鏗口述,前引文,頁 221。

[48] 〈蔣經國在贛南大事年表〉,見《江西文史資料選輯》35 輯,頁 472。

[49] 〈蔣經國在贛南大事年表〉,見《江西文史資料選輯》35 輯,頁 475。

半年須以切實推行本黨土地政策，扶助自耕農為中心工作之一。新制初創，推行須有決心，各方期望贛南來試辦，必須做出頭緒來。農貸費金約千萬，只看我們如何運用。」[50]

1943 年 7 月 27 日，四區專署召開全區地政會議，推行土地政策，實行耕者有其田，令贛縣等六縣舉辦自耕農示範區。[51]會中以「建設現代化農村」為開幕詞，並為此發表＜摧殘封建勢力的社會基礎＞的社論。[52]到 1943 年中，贛南六縣共計創設七個扶植自耕農示範區，其農田面積：贛縣、南康業已測量完竣，贛縣吉埠為 1,758 市畝，南康橫市 1,071 畝，其餘五個示範區仍在測量，據估計：南康坪市約千餘畝、信豐游洲約一千四百餘畝、上猶廣田、大庾新城、龍南水西均約二千餘畝，七個示範區農田面積共計約一萬二千畝，總地價約一千二百萬元，除自有田免予徵收外，其餘總價約需五百餘萬元，農民銀行允許貸款一千一百七十萬元。四區公署以扶植自耕農為 1943 年下半年中心工作之一，該七個自耕農示範區，均限本年內完成。[53]

1943 年 8 月 15 至 17 日，舉行地政會議共三天，討論提案凡十六件，其要點如下：（1）限期完成本區十一縣地籍整理案；（2）各縣應擴設扶植自耕農示範區；（3）本區各縣創設農民示範新村。

1943 年，贛縣吉埠示範區，土地測丈調查及業權登記已先後

---

[50]　《正氣日報》（1943 年 6 月 26 日），版三。

[51]　＜蔣經國在贛南大事年表＞，見《江西文史資料選輯》35 輯，頁 475。

[52]　《正氣日報》（1943 年 8 月 26 日）；＜扶植自耕農的幾點意見＞，《正氣日報》社論（1943 年 11 月 5 日），版二。

[53]　《正氣日報》（1943 年 7 月 15 日），版三。

辦竣，全部農地定 9 月起開始給價徵收（自耕農之土地與重劃改良無礙者，免予徵收）所有農地面積及地價另以土地徵收書，分別通知並列榜公告，以備各業主查對，並於同年 9 月起 10 月底以前，攜帶土地徵收通知書，前往縣府換取委託付款書，轉向中國農民銀行贛縣分行領取地價。[54]

1943 年 12 月 10 日，第四區專署為推行土地政策，決定明年內連贛縣、南康、上猶、信豐、大庾等六縣，各增闢七個自耕農示範區共五千畝，其中崇義、龍南、安遠、尋鄔等五縣共四萬二千畝。[55]

1944 年，贛縣縣政府府為積極推行土地政策，於扶植自耕農方面，特將白雲鄉劃為扶植自耕農實驗鄉，縣府邀集有關機關負責人及農業技術專家磋商工作進行事宜：一、籌集六百萬元，充裕實驗工作經費；二、今冬該鄉範圍內土地禁止私自買賣；三、白雲鄉全鄉境內土地論公有或私有，概行徵收放領。[56]1944 年 11 月 14 日，《正氣日報》報導：贛縣積極推行自耕農實驗工作，籌集經費六百萬。而 1946 年度，贛南地區施行甲種扶植自耕農方式設立的六處示範區，共有農戶 991 戶，耕地 10,820 畝，平均每戶承領土地 10.92 畝。[57]

---

[54]　《正氣日報》（1943 年 7 月 30 日），版三。

[55]　<蔣經國在贛南大事年表>，《江西文史資料選輯》35 輯，頁 478。

[56]　《正氣日報》（1944 年 11 月 14 日），版三。

[57]　楊明，<江西省第四行政區專署民國三十五年度工作報告>，轉引自方世藻，前引文，頁 132。

第四節　土地改革實施結果

一、實施結果

　　贛南自 1941 年開始積極實施耕者有其田，其結果也僅限於幾個示範區內，部分農民得到好處，而少數地主仍則佔有土地總面積的 70% 左右。[58]因為甲種辦法僅限於自然條件較好的地區，且手續複雜，僅填表就有 31 種之多，故多捨甲種而改採用乙種辦法，即強迫地主放棄土地，在示範區內組織信用合作機構，實行農地購贖的辦法。[59]

　　1944 年，在建設新贛南第二個五年計畫開始實施，扶植自耕農的範圍進一步擴大。贛縣除廣田外，還在水南、黃沙等鄉先後設置了示範區。

　　然而新贛南建設正如火如荼推動中，蔣經國因重慶中央另有要任，將重心由贛南淡出，但蔣經國仍一直關心贛南的土地問題，1943 年 11 月 27，蔣經國離贛赴渝，途經曲江、衡陽、桂林時，友人中有關心新贛南建設者，就土地、財政兩問題相詢，蔣經國曾作零星答復。抵渝後，寫成＜關於土地財政政策答客問＞發表。12 月 20 日發表又＜關於土地政策＞的文章。[60]表示他對於贛南土地問題，仍持續在關心。蔣經國在 1945 年飛赴重慶，扶

---

[58] 曹雲霞，＜「五有」和「十多」＞，《江西文史資料選輯》35 輯，頁 144-145。

[59] 朱倫喜、郭世鏗口述，前引文，頁 221-222。

[60] ＜蔣經國在贛南大事年表＞，見《江西文史資料選輯》35 輯，頁 478。

植自耕農因而工作減速，後來由楊明繼任專員，儘管又恢復扶植自耕農工作；但和蔣經國時期相比就大為遜色，到 1947 年之後，此項工作就不宣而止了。

二、成效

　　蔣贛南實行減租和扶植自耕農的作法，曾經取得一定的成效。「在佃農土地上成立示範農場，並且把荒地放給貧農耕作。貧農領耕荒地要分期付款。兩年之內，農業生產上升百分之二十」，但在推動新政改革時，「與地方既有體制，如地主仕紳、軍隊和黨部要員幾乎完全沒有關係」，他努力要終止地主和「地方惡霸」加諸農民身上的許多壓榨行徑。[61]

（一）提高了耕作的積極性

　　在示範區內，無地和少地的農民得到了土地，提高了耕作的積極性，加上土地改良、水利興修、優良品種的推廣，單位面積產量有所提高。據上猶廣田示範區老農朱倫喜的回憶：「在扶植自耕農前，早稻畝產只有 350 至 400 市斤；在這以後，土地歸己有，耕作更細，施肥更足。同是一畝地，早稻可以收到 450 至 500 斤稻穀。購買土地的錢因地價較低，加上物價上漲，大部分農民在一年左右就還清了。每年公糧和田賦任務完成後，家裡還有不少積餘，生活比施行耕者有其田以前要好些。」[62]

　　《紐約時報》記者 Brooks Atkinson 曾加以報導，蔣經國的改

---

[61] Jay Taylor 著，林添貴譯，《蔣經國傳－臺灣現代化的推手》（臺北：時報出版社，2000 年），頁 97。

[62] 朱倫喜、郭世鏗口述，前引文，頁 221。

革計劃使得贛南地區面貌一新，「透過一年兩作及新的農耕方法，贛南原本是糧食嚴重短缺的地區，現在的產量卻足以供應十個月的消耗量，預期到了一九四四年就可完全自給自足。」[63]

（二）地價下跌

廣田示範區耕地大多數為外地商人所有，只有嚴坑、石坑等地有幾戶地主是當地人。那些土地擁有者，將土地出租給自耕農耕種，坐收租。土地徵收後，地價明顯下降。[64]

（三）農民生活水準提高

絕大多數的自耕農，由土地使用者轉變為土地所有者，或擁有耕地面積增加，耕種的積極性大為提高，單位面積產量上升，收入增加，在示範區內原規定三年還清的地價款，許多人在一年之內就還清，以後農田所獲全歸己有，承領戶生活水準有一定的提高。據農民郭世鏗回憶：「我家有六個人，承領了八畝多土地，第二年早晚稻兩季收到穀子近百擔，還有不少數量的紅薯、大豆、花生等。除了自己食用，還有一些剩下，可挑到街上去賣，這在以前是少有的。」[65]

（四）轉變社會風氣

承領土地者若有賭嫖等不良嗜好，經政府懲處或赦放不滿三年，有宣告破產及剝奪公權情形者，都不能承領土地。這也教育了那些好吃懶做、不務正業的人，使他們改邪歸正，對社會風氣的好轉有一定的影響。

---

[63] Jay Taylor 著，林添貴譯，前引書，頁 97、117。

[64] 方世藻，前引文，頁 132。

[65] 朱倫喜、郭世鏗口述，前引文，頁 221。

（五）穩定了軍心軍屬

在信豐、上猶等各扶植自耕示範區，對出征到抗日前線的軍人家長，有優先承領土地的照顧，在一定程度上穩定了軍心，鼓勵了人們從軍，激發了抗日救國的民族圖存之心。[66]

三、弊端

贛南推行的耕者有其田政策的過程，存在一些缺陷與不足：

（一）並非所有農戶都能承領土地

依照規定承領土地之農戶，必須是在本鄉或本縣從事耕作滿三年以上、有充分耕作能力、所有土地面積在二十畝以下的僱農、佃農、半自耕農及自耕農。[67]因此凡條件不符的農戶，就不能承領土地。

（二）部分大地主仍持有大批土地

贛南的一些地主仍占有大量的土地，長期支配地方的紳權威望，對人民的壓榨依然如故，如劉甲弟仍在贛州城仍然擁有許多地產，兼營七、八家商店，從事如籌建學校、保育院、公園等「公益」事業的捐款。雖然蔣經國大肆宣稱「堅決打倒封建勢力」。雖然「除暴安良」，使地方勢力頭目不敢公開對抗政府，在地方也稍有收斂，巧取豪奪也受到抑制，但各縣地方勢力的頭面人物，占有農村大量土地的根基，則極少變動。[68]

吉埠示範區也有諸多弊端，地主、富農掌握族權，形式上田

---

[66]　方世藻，前引文，頁 141、221。

[67]　方世藻，前引文，頁 131。

[68]　曹雲霞，前引文，頁 144-145。

地雖賣給農民，暗中仍然收租，將賣田的得款又拿去放高利貸；而按耕地攤派的田賦和苛捐雜稅，則轉嫁到農民身上。由於法幣貶值，自耕農三年後還債，佔了很大便宜，銀行則吃大虧。這種改良政策，只在小面積示範區得以實行，大範圍則無法推行。[69]

此外，南康的陳士元、上猶的蔡教權、大庾的黃財柜等人，也仍擁有大量田地，以收租剝削農民，並沒有因而有所減輕。贛南各縣大小地方豪紳對貧民放高利貸等慣習，仍舊是江西最多最嚴重的地區。居住在贛州城裡當寓公的地主惡霸，照舊過驕奢淫逸的糜爛生活。[70]

四、各界評價

蔣經國就職第四區專署即「下定了來贛南工作的決心，並且堅定了不怕一切苦難的意志」[71]，各界評價不一，列舉如下：

1.蔣經國具有理想、有抱負：就任時年僅 29 歲，不甘心當一個庸庸碌碌、不做事的官僚，而懷有厲精圖治、做一番事業的雄心壯志。

2.支援戰爭作出切實的貢獻：蔣經國堅持、決心抗戰，「贛南應當站在抗戰建國的最前線」。[72]

3.進行國民黨政治革新的實驗：蔣經國看到國民黨政權腐朽

---

[69] 羅旋，《蔣經國江西傳奇》（臺北：曉園出版社，1989 年），頁 132-133。

[70] 《江西文史資料選輯－蔣經國在贛南》35 輯，頁 162。

[71] 蔣經國《新贛南三十年度工作總檢討》，收於《輯錄》上，頁 452

[72] 《輯錄》上冊，頁 261。

僵化，企圖先在贛南改變現狀，以鞏固、延長國民黨的統治。[73]因為他的前途與國民黨血肉相連，具體做法即在贛南建立革新政治的示範區。

4.留俄同學高理文[74]、黃中美、周百皆、徐季元，以及王繼春、王後安等熱血青年的協助，明確的宣布：「我們的敵人是土豪劣紳、封建勢力、盜匪、流氓、奸商、漢奸和自然界的許多阻力。」[75]

5.在贛縣梅林的七里重點示範鄉，「這項工作只馬馬虎虎，蜻蜓點水式地試行了一年，就遭到官僚地主階級或明或暗的重重阻撓。雖然，蔣經國也曾頒布過一些懲治法令，但官僚地主們深知這種『過激手段』、『赤化行為』的做法，不會被蔣介石這個『最高當局』首肯。他們更有恃無恐，變本加厲地破壞二五減租。蔣經國自己也意識到這點，便趁勢偃旗息鼓，草草收兵。」[76]

小結

實施扶植自耕農，耕者有其田政策，是蔣經國建設新贛南的

---

[73] 徐浩然，《蔣經國在贛南》，頁 58-59、61。

[74] 高理文原名高素明，生於 1907 年，湖北鄂州人，比蔣經國年長 3 歲，與蔣經國都在 1925 年 10 月赴蘇俄，為中山大學第一期學員，回國後，成為蔣經國贛南專員任內的核心智囊成員，四大祕書之一。專署首任主任祕書徐君虎離開後，為主擬文稿者。

[75] 蔣經國《在第四區擴大行政會議上的開幕詞》。

[76] 贛縣政協編，＜在贛縣梅林＞，見《江西文史資料選輯》35 輯，頁 277。

一項重要內容。1930~1934 年贛南地區成爲中共領導下的革命根據地，1931 年 11 月在瑞金建中華蘇維埃共和國臨時中央政府。1934 年 8 月成立中華蘇維埃共和國中央政府政治所在瑞京。抗戰八年蔣經國有六年在贛南，推動一連串建設新贛南的措施，特別注意農村土地問題。1941 年冬，蔣經國提出在全區各縣進行扶植自耕農，實行「耕者有其田」的土地政策，以解決民食不足的問題。並選擇自然條件好，土地所有權者多數是非自耕農；佃農生活貧苦，購地欲望較強，耕地面積與農民人數比較相稱且便於改良的地方進行試點。

贛南土地改革才剛起步，即出現「新贛南要共產了」、「贛州赤化了」等各種流言，引起國民黨最高當局的憂慮「蔣經國未免鋒芒太露，後果堪虞」[77]。1944 年初，蔣經國離開贛南飛赴重慶，不久贛南亦陷於日本侵略軍之手，扶植自耕農工作減速，後來楊明繼任專員，儘管又恢復扶植自耕農工作；但和蔣經國相比就大爲遜色。1947 年後此項工作就不宣而止了。正如評論者所謂：「新贛南的三年計劃是一幅美麗的油畫，掛在專員的客廳裡，當作裝飾品」而已。[78]

---

[77] 蔡省三、曹雲霞，《蔣經國系史話》（香港：七十年代雜誌社，1979 年），頁 62。

[78] 曹聚仁，《蔣經國論》（香港，1954 版），頁 47。

第六章 四川北碚和甘肅湟惠渠的土地改革

前言

　　以政府力量實行扶植自耕農政策，利用土地金融貸款，徵收不自耕地主的土地，予以相當補償，承領的農民分年繳還地價，改善租佃制度，並對於細碎田場，加以重劃合併，以增加土地利用效率。1940年代各省擇地舉辦扶植自耕農實驗，除了福建龍巖之外，尤以四川北碚與甘肅湟惠渠灌溉區，成效最為顯著。

　　四川之北碚境內朝陽鎮十九保，租佃制度盛行，地權集中，地租亦重，佃農生活困苦已極，土地利用不合理，農業生產日漸退減，可代表華中一般之情形。尤以北碚鄰近戰時首都重慶，特擇定該地先作示範，期於全國引起領導作用。甘肅之湟惠渠灌溉區域，係因該地高旱，農田乏水，該地建造新式灌溉水渠，受益田畝計達三萬畝。渠成之後，因灌溉便利，地價頓漲。該地地權原極集中，而謀利之徒復擬大肆收購，政府乃決計將該渠全部灌溉區域土地予以徵收，再按耕作能力，分配農民耕種，謀「耕者有其田」政策之實現，並作為其他各省借鏡

第一節　北碚扶植自耕農示範區

一、北碚區域農業概況

　　抗戰時期四川的北碚管理局，為盧作孚所創設，地位相當於縣，其組織及人事雖幾經變更，而一切建設事業之計畫，則仍多

出自盧氏之意。該管理局雖改組成立未久，而人事健全，政務推行，頗易收效，在此環境中，推行扶植自耕農事業，亦較易行。

　　全區共有 9,551 農戶，佔總戶口 60% 以上，其中自耕農 16% ，半自耕農佔 14% ，而佃農 47 戶，比重高達 70% ，而佃耕土地佔總面積 64% 強，地權十分集中，土地面積有 1,428.41 畝，為 79 人所有、所有權人 91 戶中較大地主 10 人，所有土地竟佔總面積 50% 。農地 5 畝以下有 42 戶，田場零碎，土地利用極不合理，。地租亦重，約為每年正產物 80% 。朝陽鎮 19 保示範區，土地亦極為零碎，地權集中，田土移轉，漫無限制。[1]戰時租佃條件又更加苛刻，如北碚四鄉地主「恆以田賦徵實為口實，欲增佃戶額，加重押金，故換期已成一時風氣。」[2]佃農生活更加困苦。區內水利不興，旱災時現，加上肥料缺乏，生產銳減，水田每畝平均產量不過 0.53 市石，一般農民均極貧困，文盲極多，農舍破舊不堪，衛生毫不講求，更加強當局辦理扶植自耕農的意志。

二、扶農計畫實施方案與辦理機構

（一）實施方案

　　1942 年初，北碚管理局奉四川省政府訓令，指定為扶植自耕農事業區域，並與中國農民銀行土地金融處合作辦理。經雙方切實會商，並約集有關各機關法團首長及專家開會商討後，均認為以間接方法，恐因地主不願拋售土地，不易收效，乃決定採用「直接創設辦法」，即以行政力量，強制徵收私有土地，加以重

---

[1]　＜北碚扶植自耕農示範區紀實＞（三），《地政通訊》第 24 期（1948 年 1 月 1 日），頁 31。

[2]　葉倍振，＜農地地租糾紛及其解決＞，《人與地》2 卷 11、12 期（1942 年 12 月），頁 15。

劃整理，然後分發予佃農承購自耕，以創設扶植自耕農示範區。

　　本諸此議，隨即擬定「北碚扶植自耕農示範區實施法」一種，詳加規定土地徵收與放領等事實項，作爲辦理之南針及實施之依據。繼又擬定「北碚扶植自耕農示範區辦理程序大綱」一種，以爲工作進行之準則。於是，此項新事業得有具體實施之方案。[3]

　　（二）辦理機構

　　扶植自耕農實驗區計畫，初由中國農民銀行土地金融處，與北碚管理局共同擬訂，隨即農林部亦在該區設立輔導處，將行政、金融、技術三者熔於一爐，分工合作，相輔相成。負責辦理機構有三：（1）中國農民銀行：負責設計並供給辦理必需資金；（2）北碚管理局：負責一切行政及參加實際工作；（3）農林部輔導北碚自耕農合作農場辦事處：負責示範區辦理完成後，自耕農經營輔導，以確保自耕農民能改善經營，增加生產，充裕收入，提高生活以達富強康樂之境。[4]

　　1942 年初，北碚管理局籌設地政科主辦其事，實施區段徵收，將該保之地悉變爲自耕地，並決定在地政科未成立以前，工作之推行概由建設科負責兼辦。農民銀行在北碚設立土地金融分支機構，配合管理局辦理其事。爲求雙方工作得到合理之配合，經協訂合作辦法十項，以資聯繫。其中規定北碚管理局於每鄉鎮選定地段，實施土地區段徵收，創設扶植自耕農示範區，並先選定朝陽鎮十九保辦理；農民銀行方面，除貸放必需資金外，對於示範區之辦理及輔導事宜，均予以技術上之協助。在實施地籍整理時，並邀請重慶市政府測量隊參加工作，同時朝陽鎮公所亦派

---

[3]　《民國三十七年中華年鑑》，頁 1386-1387。
[4]　《民國三十七年中華年鑑》，頁 1387。

員幫辦徵收土地與放領農場等事項，嗣後農林部於 1942 年 12 月成立「農林部輔導北碚自耕農合作農場辦事處」。

（三）實施目標

1.調整土地分配：先從示範區入手，依土地法第 325 條、第 326 條及第 343 等各條之規定，用區段徵收辦法，有償收買私有土地，再加以整理重劃，按預定原則與實際需要，分為單位農場，放予自己耕作之農民承領使用。

2.促進土地利用：人地關係調整完竣，即實施土地改良，調查土性並興建水利，於高地築堰低處修渠，同時輔導農場合作經營，改善農事耕作技術，使同一面積土地發揮最大經濟效能。至 1945 年秋據調查，該實驗區的收穫量總計為 2,400 擔（合 2.8 萬公斤）。[5]

3.發展農村建設：各項農村建設事業之興辦，促進農村合作，以培養農民之互助精神；改良農產運銷，以增裕農民收入；發展農村教育，以提高農民智識；改善農村衛生，以健全農民體格；加強農民組訓，以養成行使四權之能力。其手段為管教衛，而其目的則在於全區民眾之富強康樂。

4.樹立專業楷模：草創伊始，他處既無成規可循，而其實施之程序，又無具體法令之規定，故此一示範區之辦理，亦屬試驗性質，如能依次辦到，則本區可視為辦理扶植自耕農事業之具體完成，逐步普及於北碚全境，以樹立運用國家資金，依法徵收私有土地，直接創設自耕農之模式。[6]

---

[5]　潘廉方，《臺灣土地改革之回顧與展望》（臺北市：自印，1965 年 5 月），頁 10。

[6]　李摯賓，〈北碚扶植自耕農示範區之鳥瞰〉，《人與地》3 卷 7、8 期

三、工作進行程序

1942 年初，迭經北碚管理局與中國農民銀行土地金融處雙方切實會商，並由管理局與中國農民銀行北碚辦事處協訂合作辦法十項，以資聯繫。復於 3 月 23 日，約集有關機關法團首長及專家多人，開會商討各種事務，經全體一致贊同，咸望其早日成功。旋擬具「北碚管理局扶植自耕農示範區實施辦法」一種，呈奉省府核定施行。復會商擬定「北碚扶植自耕農示範區辦理程序大綱」一種，嗣即依照上項辦法大綱逐步進行。[7]

（一）勘定示範區

北碚全區共轄朝陽、金剛、龍鳳、白廟、文星、黃桷、二岩、澄江八鄉鎮共 130 保 1,440 甲土地，居民共 16,299 戶，其中農民共有 9,551 戶，佔總戶數 60%，自耕農及半自耕農佔農戶 30%，佃農佔 70%，租佃制度均極盛行，全區均適宜於扶植自耕農事業。經由農民銀行派員作詳細調查、比較，結果以朝陽鎮 19 保條件最為適合，位於青北公路（青木關到北碚）之兩側，交通極便利，地形相當完整，地勢大體平坦，土壤亦非瘠薄，面積 1,248 餘畝，佃耕地佔 64%，地權相當集中，地租亦重，約為每年正產物 80%，土地利用極不合理，農業生產，且漸退減。[8]

（二）完成地籍整理

調整人地分配關係，須有確實根據，故示範區地址確定之後，即予以土地測量及各項詳細調查，歷時三月才完成。。

（1943 年 8 月），頁 40。

[7] 李摯賓，前引文，頁 41。

[8] 沈宗瀚，《中國農業資源》，頁 141；《民國三十七年中華年鑑》，頁 1387。

1.土地測量：商請重慶市財政局第三科派員協助，所需費用則由農民銀行負擔。其工作程序，先施行圖根測量，再實施戶地測量，計算全區面積共 1428.41 畝，其中水田 587.281 畝、旱地 580.589 畝、園地 5.785 畝、林地 160.86 畝、墳地 35.135 畝、宅地 29.91 畝、荒地 38.85 畝。[9]

2.土地調查：土地調查分土地使用調查、土壤調查、定著物調查及業戶調查數種，於土地測量之同時，由農民銀行業務人員按坵查明，對於各土地之地權、地形、土壤使用情形及定著物等詳為查考，同時對於各業戶之人口、職業、經濟情況等詳實查問，以作將來決定土地徵收與放領之參考。調查結果，編成示範區土地所有權人姓名住所表、土地使用人姓名住所表、定著物一覽表三種，又調查統計表十三種。[10]

（三）貸款徵購土地

上項地籍整理工作完成，即由北碚管理局擬具「北碚管理局扶植自耕農示範區土地區段徵收計劃書」，呈准省政府實施區段徵收，並根據測量調查之結果，參酌當地田業買賣習慣，評定適當價格，一律給予原業主以現金補償，而轉移其所有權。

管理局召集評價委員會，並約請農行土地金融業務人員商討，根據測量調查結果，參酌當地田產買賣習慣，評定適當價格，正式評定每石田面地價為 3,300 元。各戶應行補償地價之多寡，則以其田地面積之大小為準。累計全區應徵收之土地共 739.94 石（原共 820.58 石，但除旱地 81.64 石依當地習慣併入水田計算，

---

[9]　《民國三十七年中華年鑑》，頁 1387-1388。

[10]　沈宗瀚，《農業發展與政策》，（臺北：商務印書館，1975 年 12 月），頁 78；《民國三十七年中華年鑑》，頁 1388。

不另給價），徵收耕地後，其地價按時價以現金補償。應行補償之地價共 2,441,802 元。

除自耕農土地免予徵收外，其應須補償之數，共約二百萬元。依照農民銀行正式申請是項借款 1,995,000 元，期限十五年，月息八釐，以所徵收之全部土地房屋作為擔保。初由管理局承借三月，以為償付被徵業主地價之用，嗣後即由領地農民換約承借，以分期按年攤還之方式，直接向農民銀行償還之。該項借款合約成立，呈請核准徵收土地之指令亦到，乃由管理局依法辦理公告徵收手續，除布告週知與分別書面通知外，並召集全區保民大會，剴切說明，隨即正式舉辦業主產權登記。迨公告期滿，各田地業主之產權確定，乃開始發放補償地價。此外，地主原住房屋及不合農業上需要之房舍墳地等，均免予徵收。因處理極為公允，故徵收事項，能順利完成。[11]

四、實施分配放領

管理局徵收之土地，督促當地保甲長妥為照應保護，並劃分單位農場，再轉放農民承耕。茲分述其工作情形如次：

（一）劃分單位農場

該區內原有農業經營，大半為過小農場，土地極分散零碎，故土地徵收後，即重新劃分為若干單位農場，以便承領而利耕作。不適合於農業經營者，則劃為公有林地，以調節雨量，保持地力，並於適當地區，開濬堰渠，以利灌溉。

其劃分單位農場之原則：（1）單位農場面積之大小，根據各農戶耕作能力、生活必需費用，以及地形、地勢、地質等確定，

---

[11] 李摯賓，前引文，頁 41-42。

水田以十石至三石，旱地以五石至十石爲原則；（2）每一單位農場，必須搭配各類土地，使勞力得充分利用，日常生活之所需能自給自足；（3）每單位農場之各類土地，力求集中完整；（4）每單位農場配置之農舍，使其與田地距離相當，節省往返時間。依上述原則劃分，承領農民八十戶，計得八十單位農場，適合於區內耕種。各農場之土地面積，相差有限，平均每農場土地爲十八市畝左右，且均有相當之農舍，連在一起。[12]

（二）放領承耕

農場劃分完竣，即分別放與親自耕作的農民承領耕種。茲將放領承耕事項，分別敘述於下：

1.選拔自耕農戶：除須符合示範區實施辦法中對於承領農民之規定外，並需具有要件：（1）原爲自耕農或佃農，有耕作經驗及耕作能力者；（2）信用良好，未負高利債務者；（3）身體健康，無不良嗜好者。據查該區內原有地主、佃農及自耕農，共 126 戶，選拔結果，應予放領耕地之農民共爲 80 戶，均係耕作能力較強，而負債較輕者；其餘不合規定之農戶 11 戶，及依法被徵去的不耕地主，則由北碚管理局，輔導其轉業。

2.農場之放領：經選拔合格之自耕農戶，由管理局正式佈告周知，並由各戶填具領地申請書，經核定後，即正式通知各戶應行承領農場之面積及應繳地價，並介紹向農民銀行辦理借款手續，立約承借；應繳地價即由銀行轉帳作爲管理局還款，農民即領得其合於自爲耕作的農場，而由管理局給予承領耕地證明書。

3.農民借款與償還：單位農場劃分竣事後，即照原來徵購地價，估計各農場之價額，故各農民承擔債務之總和，與原來管理

---

[12] 《民國三十七年中華年鑑》，頁 1388-1389。

局所負借款債務相等，而且借款之利率、期限等，亦均相同。農民還款，以分年定額攤還本息爲原則，惟在戰時物價變動劇烈，還款以定額實物爲準，仍以各年度時價，折作現金繳納，扣除照月息8釐計算之利息外，餘款即作爲還本之用。當農民購地時，法幣一萬元可買稻穀三斗六升四合，嗣因幣價不斷下跌，穀價相對上漲，原定十五年償淸貸款，三年內農民皆將全部債務完全償淸。[13]

4.所有權之取得：農民借款繳付領地地價以後，由北碚管理局頒發承領耕地證明書，以爲營業與使用土地之憑據。事實上，此時尚未完全取得土地之所有權，必須借款全部償淸後，始可眞正取得；但爲繳納田賦關係，於農民承領耕地後，即經辦理推收撥糧手續。1944年，北碚全區舉辦地籍整理，農民即以所有人資格，向地籍整理處辦理登記，在田賦管理處辦理稅契手續，1945年底，農民已將全部借款本息償淸。故無論在事實上或理論上，農民已完全取得其承領土地之所有權。[14]

五、辦理扶植自耕農業務之困難

北碚示範區爲地政事業之一新園地，既無法規可循，社會風氣尚未開，故籌劃辦理多感困難。茲就該區困難情形列舉如下：

（一）法令規定不足

示範區之辦理，雖有「土地法」與「土地政策戰時實施綱要」爲其指導原則，但如何扶植自耕農，則未有具體法令，以爲實際

---

[13] 《民國三十七年中華年鑑》，頁1389。

[14] 行政院新聞局編印，前引書，頁24-34；《民國三十七年中華年鑑》，頁1389-1390。

辦理之根據，該區先後應用之章則、辦法、表式，不下七十餘種，皆係遵照國家立法意旨，並參酌當地實際情形，分別擬訂，雖大體尚能適用，亦不能盡如理想。

（二）人事缺陷尚多

示範區開辦之初，北碚管理局並無地政機構與人員之設置，故辦理他籍整理等工作，均須借才於其他機關，幸得農民銀行各級土地金融業務人員之合作辦理，及有關各方之贊助，故能推行順利，然為是項工作之擴展發達，則必須有更完善之人事關係配合，而各地方主持全部地政事業之機構，尤須早日建立。[15]

（三）社會發生疑難

北碚雖曾辦土地陳報，而正式的地政事業並未推行，社會一般對於扶植自耕農或辦理土地金融，初不明其究竟，多持懷疑態度，後經加以普遍深入之宣傳，並徵詢地方人士意見，所訂各項辦法，該區全體民眾均能了解信從，進行順利。直至徵收已將完成時，乃有部分地主發生誤會，發動一「勞土合作」公約，其意為地主與佃農合作，地主永久掌握土地所有權，佃農有長期耕作權，其每年生產之穀物，地主佃農各得其半，糧稅徵輸亦各負擔其半，以此方式請求政府從緩徵收該區土地，旋經其他自耕農佃農提出反對，其請求復經上級機關批駁，並分別與各地主以詳實之解釋，最後亦完全了解而贊助此事之實施。

（四）工作頗多牽制

扶植自耕農示範區全部業務程序，極為繁重，各項工作逐步進展時，雖無具體法規以資遵行，然有關辦理人員都能全力以赴，一面做一面學，務期在一定限期內完成，更期以最經濟之勞

---

[15] 李摯賓，前引文，頁43。

費，獲得最大效果。該區之辦理計畫，原擬訂於 1942 年底全部完成，其中以條件不夠，事實限制，故直至 1943 年 5 月底間，始獲徹底具體完成。[16]

六、辦理扶植自耕農成效

由於扶植自耕農成功，北碚農村出現新氣象，其他實驗區都取得一定效益。實驗區計劃在農業經濟及農村社會上所產生的效果，如同英國學者 Arthur Young 所謂「土地所有之魔力，能變砂土為黃金」。[17]

（一）人地分配關係之調整

經此次徵收重劃放領後，不自為耕作之地主，完全取消，租佃制度及其流弊，根本剷除。而現有之自耕農民，均獲得一完整合理之單位農場，自主之耕種。[18]關於該區辦理前後，人地關係及農戶使用土地面積之分配比較情形，有如下列表 6-1、6-2、6-3各表所示：

表 6-1　北碚示範區辦理前後地權分配比較表

農戶種類	地主		地主兼自耕農	自耕農	自耕農兼佃農	佃農	合計
	不在	住在					
原來農戶	19	16	2	39	3	47	126
現有農戶	0	0	0	80	0	0	80

資料來源：＜北碚扶植自耕農示範區紀實＞（三），頁 31。

---

[16] 李摯賓，前引文，頁 43-44。
[17] 沈宗瀚，《農業發展與政策》，頁 78。
[18] ＜北碚扶植自耕農示範區紀實＞（三），頁 31。

表 6-2　北碚示範區辦理前後自耕地與佃耕地比較表

種類		自耕地	佃耕地	共計
辦理前	面積	512.027	916.381	1428.41
	與總面積百分比%	35.85	64.15	100.00
辦理後	面積	1428.41	0	1428.41
	與總面積百分比%	100.00	0	100.00

資料來源：＜北碚扶植自耕農示範區紀實＞（三），《地政通訊》
24 期，頁 31。

表 6-3　北碚示範區原土改前後農戶使用土地面積分配表

使用面積(畝)	1 以下	1-5	6-10	11-15	16-20	21-25	30-36	31-35	36-40	41-50	51-60	總計
原有農戶數	5	37	21	15	7	4	1	0	0	0	1	91
現有農戶數	0	0	5	11	17	18	14	7	5	3	0	80

資料來源：＜北碚扶植自耕農示範區紀實＞（三），《地政通訊》24 期，頁 31-32。

　　由表 6-1、表 6-2 兩表，可知示範區辦理完成後，全區土地已百分之百為自耕農地，屬於區內八十戶自耕農所有。由第三表，又可見幾占半數之碎割五畝以下原有農場，在示範區辦理完成後，加以合理調整後，已完全改觀，農場面積大多數均在十八畝左右，過小過大之農場，已不復存在，土地集中之趨向，亦完成避免。

（二）促進土地合理之利用

　　土地改革後的自耕農，能改善其土地利用，使其發揮最高經濟效能。耕地經重劃後，過去道路畦畔過多、地段面積過小、一

人所有土地散處各種缺點，均得相當程度之解決。因合作掘塘、築堰、鑿井，使區內水利問題，獲得完全解決。

　　在促進墾荒與造林方面，以前政府雖獎勵近山植樹，卻毫無實效，因佃農常被撤換，不願為地主之收益造林；地主習於安樂，亦不種樹。但辦理扶農後，收益為農民所得，於是植樹之風，一時大盛，1942~1945 三年間，漫山遍野已有綠陰載道之概：至利用公共荒地，獎勵植樹，以創造公共財產亦有相當成績。

　　在地力保持方面，在示範區辦理完成後，農民普遍施用肥料，使生產增加不少，蓋所增加者，為農民所自有。此外，於坡地開溝引水，修建沉沙坑，改斜坡為梯形，植樹保坎；改變作物條播方向，以減少雨水沖刷，均能使地力得以保持，土地可得到善良合理之利用。[19]

（三）農業經營之改良

　　示範區內農業經營有明顯的改良，如改良農場佈置、改換作物種類、使用良種善法、實行水土保持與輪栽、充實經營資金等項，效果甚為顯著。農林部成立合作農場輔導處，原不只示範區一處，在遂寧、重慶南岸，均有同類組織，在示範區附近有朝陽鎮合作農場之組織，由同一輔導辦事處，負責輔導，然其結果，獨示範區合作農場成績卓著，均扶植自耕農事業之效果。[20]

（四）農業收益之增加

　　示範區辦理完成，農業收益，普遍增加。茲從農產物產量增加，經營費用減少，農產物價格提高及副業收入增多四方面論證之：

---

[19] ＜北碚扶植自耕農示範區紀實＞（三），頁 32。
[20] ＜北碚扶植自耕農示範區紀實＞（三），頁 32-33。

1.農產物產量之增加：示範區 1942~1945 年四年農產物收穫總數有如表 6-4：

表 6-4　北碚示範區各年度農產收穫比較表（單位：市石）

年度	1942	1943	1944	1945
收穫總額	1,839	1,530	2,150	2,400

資料來源：＜北碚扶植自耕農示範區紀實＞（三），頁 33。

1942 年為辦理示範區前一年，是年收穫總額為 1,839 市石，1943 年為辦理示範區之第一年，因水利尚未修整，遭受旱災，總收穫量較前大減，1944 年，水利竣工，產量增至 2,150 市石，1945 年增加至 2,400 市石。1945 年與 1942 年產量比較，增加達 30%，主要由於水利之振興，不再遭受旱災，施肥數量之增加，優良品種之選用及耕作技術之改進，使單位面積產量增加。

2 經營費用之減少：產量雖增加，但經營費確有減低之勢。

（1）**土地費用之減低**：在農民擁有自耕土地的情形下，其土地費用即為土地資本之利息與其所負擔之賦稅。茲將示範區辦理前後佃農負擔、地租總額，列於表 6-5。

表 6-5　北碚示範區各年度土地費用比較表（1942~1945）

年度	地租（市石）	賦稅（市石）	地價金額	利息折合實物額	總計（市石）
1942	1,287.30	0	0		1,287.30
1943	0	115	163.610	125.40	240.40
1944	0	126	320.815	96.24	222.24
1945	0	150	141.900	28.38	178.38

資料來源：＜北碚扶植自耕農示範區紀實＞（三），頁 33。

　　由上表 6-5 可知，示範區農民各年度所付土地費用，逐年減低，1945 年僅為 1942 年的 14%。

　　（2）勞工費之減低：示範區提倡勞力合作，實施換工辦法，不但人力可充分利用，勞工費用亦因之減少。據有記載可考者，1943 及 1944 兩年內實行換工 4,562 日，節省開支 190,000 元，實行耕牛合作，節省畜力，減少開支年約四萬元。

　　（3）肥料價格之便宜：示範區初用合作方式運輸肥料，價格比一般便宜；後則獎勵養豬，自給肥料，各家購買肥料者，即日漸減少；再加以辦理合作養豬場，月出肥料二百挑，低價供給場員銷用，於是區內之肥料費用一項，減少至最低限度。

　　（4）高利資金之消滅：自示範區辦理完成，一方面由於地主之剝削既經解除，復由農民銀行貸予充分之經營資金；此外，又因合作養豬積有公共資金，可供場員一時通融；高利貸款，完全絕跡，為農民節省利息支出不少。[21]

（五）農產價格之提高

　　農產物價格之提高，與生產之增加，有同等之重要。農業經營者必須注意經濟動向，欲求農業收益增加，從求生產之增加外，尚須求農產品價格之提高。示範區內曾實行下列三種方法，提高農產品價格：

　　1.經濟作物之栽培：北碚示範區地近重慶，故曾積極提倡種蔬菜等經濟價值較高之作物，結果各農戶獲益頗多。如李海榮一戶，原為一極貧苦之農夫，自改種蔬菜以後，1945 年僅賣蕃茄一項，獲利即達六十餘萬元；1948 年花椰菜一項又獲益十餘萬元，已擁有近百萬之活動資金。

---

[21] ＜北碚扶植自耕農示範區紀實＞（三），頁 33-34。

2.儲押之創辦：農民因資金之短缺，農產物收穫後，即須出賣大部份以換取金錢，然此時農產品價格，均極低廉，農民損失不可數計。為補救此弊，示範區乃舉辦儲押借款，計 1943 年儲押 72 市石，獲利 28,800 元；1944 年儲押 226.5 市石，獲利 453,000元；1945 年儲押 60 市石，獲利 120,000 元。

3.共同販賣運銷與加工：農人多不諳商情，在交易市場中，常為弱者，每由於資金窘迫，或農產物不能久藏而脫售，或竟被奸商用欺騙手段，蒙受價格上之重大損失。為解除此項弊端，示範區蔬菜及肥豬之出賣，常採共同販賣方式，糧食亦多加工後出售，如礱穀售米，磨麥製麵，既可以其副產飼養牲畜，復可獲得較高價格。專業礱房已由一家增至四家，麵房及粉房已由二家增至六家，而且合作養豬場則收購場員糧食，作大規模之烤酒及磨粉加工，亦頗著效。[22]

（六）副業收入之增加

示範區最重要之副業，首推飼養豬隻，經積極提倡結果，各農家之飼養豬隻均逐年增加。1942 年底，全區豬隻總數僅 149 頭，1943 年底（示範區辦理後第一年）則增至 305 頭，1944 年 307頭，1945 年 320 頭。至各年出賣豬隻之數量及其收獲金額有如下表 6-6：

表 6-6　北碚示範區各年度出賣肥豬統計表

年度	1942 年	1943 年	1944 年	1945 年
出賣肥豬斤數	3,000	4,200	5,800	6,000
收益金額（元）	33,000	184,000	580,000	2,400,000

資料來源：＜北碚扶植自耕農示範區紀實＞（三），頁 33。

---

[22] ＜北碚扶植自耕農示範區紀實＞（三），頁 34-35。

　　由表 6-6 可知，示範區養豬副業收入，確年有增加，1945
年收入，已爲辦理前之二倍。

　　示範區內農家的副業尚有養魚、編製草帽、編製竹器等。1944
年養魚收入計約四萬元，1945 年收入達十萬元；編製草帽及竹器
經督導改良，出品日精，獲益亦多。示範區農產物之產量既逐漸
增加，而其經營費用，反而減少，農產價格既經提高，而農家副
業收入亦隨之增加。[23]

（七）改善農民生活

　　因示範區之辦理，農民收支大抵獲有盈餘，其生活之可以得
到相當之改善。在佃耕時代，其收入除支付地租外，幾全部用之
於食物一項，衣住及其他支出，不及總支出 10%。迨示範區辦理
完成後，其經濟情形大抵有盈餘。茲將 1943 年 3 月至 1944 年 2
月，農家收入出支分配情形，分類表列於表 6-7。

表 6-7　北碚示範區農民支出分類表（單位：%）

支出用途	購買耕地	牲畜費用	食物	生活改進	雇工費用	燃料	設備	貸款利息	花費	捐稅	生產費用
佔總支出百比	29.9	23.2	16.1	10.3	7.4	3.4	2.7	2.1	2.1	1.8	1.0

備考（1）支付購買耕地款係償還農行貸款，是項借款於本年內大部即
　　可清償，將來希望能指導農民將此項支出能轉移於生活改進食物
　　及生產費用上面去；（2）生活改進包括教育、醫藥、衛生、飲茶
　　及送禮等；（3）生產費用包括運輸產品及加工等費。

---

[23]　<北碚扶植自耕農示範區紀實>（三），頁 35。

　　上表 6-7 所示，食物一項已僅佔總數 16% 強，而教育、醫藥、衛生等費則佔 10% 有奇，兒童入學率提高，醫藥、衛生方面亦較前注重；至購買耕地支出佔 30% 弱，實為農民之儲蓄，用以備償領地價款者，而 2% 多之貸款利息，僅為一時之負擔。至 1945 年底，領地地價即全部償清，此兩項支出即可以作改進生活之用。

　　就農家支出分析，其生活確已有相當之改善。茲就實際情形，分物質生活與精神生活兩方面，略加分析。

　　1.物質生活之改善：示範區辦理完成後，大部份穀物為農民自有自用。對農行借款本息，則以出售雜糧價及豬價償還。此外，各家購買油、鹽、豬肉等支出，均逐漸增加。衣著方面，四川的衣料最貴，1942 年內，區內無一人添製新衣，但 1943~1945 年三年內，各家均有添製，平均每人至少均添製一件，而舊衣亦較以前整齊清潔。農舍方面，三年內，已從事於修葺之房舍，有十餘家之家。[24]

　　2.精神生活之改善：農民擁有自有田地，生活上之焦慮與恐懼，已完全消除。其次，由佃農一躍而為自有業者，無論在自身之感覺上，或社會人士之觀感上，地位已經增高。佃農取得土地後，對於自身前途，寄與無窮希望，故能激發其進取心，以促進其對於農業之經營。

　　（八）農村建設之展開

　　佃農變為自耕農後，生活從此安定，利害一致，從事農村建設之人的條件業已具備。在經濟方面，因農家收益逐漸增加，有餘力以從事各項農村建設。故示範區辦理完成後，各項農村建設事業，均能順利推進，如公共造產、修築道路、輔導子弟教育、

---

[24] 沈宗瀚，《中國農業資源》，頁 145。

提倡清潔衛生及其他事業之推進，均卓著成績。[25]

七、辦理扶植自耕農之影響

（一）社會風氣之開導

自示範區辦成後，農村社會最顯著的改觀，爲促使地主與農民雙方之自覺向上。推動以來該區附近之不耕不種地主，多自動請求政府徵收其土地，以創設自耕農，如十八保之馮元臣曾以其地 90 畝，請求管理局收買以之扶植自耕農民二戶。同時該區合作農場，一面吸收場員，一面購地扶植自耕農，先後成交五起，購地 130 畝，自動參加合作農場者多數案件。

（二）地權集中之過止

戰時物價飛漲，地價隨之騰貴，地主及暴發商人，多相競於土地之投機，使地權益形集中。自示範區辦成後，因政府已顯示其管制土地所有及使用之決心，故北碚各村鎮地主豪商多不肯再向土地投機，且有自動拋棄土地與自耕農承購者，自耕農獲得有效之保障，農村社會得以穩定繁榮。

（三）地價上漲之抑制

自此示範區辦成後，一般地主豪商鑒於政府有實施土地政策之決心，把持土地將來不但無利或且受損，因此多願出售現有土地，土地之供給增加。由於需供之形勢改變，而停止地價上漲之勢，至農民購買土地，必計算其每年之農產收益，以收益還原求其價格自較投機價格爲低，故有抑制地價上漲之效。[26]

---

[25] ＜北碚扶植自耕農示範區紀實＞（三），頁 35-36。
[26] ＜北碚扶植自耕農示範區紀實＞（三），頁 37。

第二節　甘肅省湟惠渠灌漑區扶植自耕農示範區

一、甘肅湟惠渠概況

（一）範圍

1939 年 3 月湟惠渠灌漑工程開始施工，至 1942 年工程大部告竣，乃整理地籍劃分農場。東西長約 32 公里，南北寬狹不一。灌漑之地約爲 25,644 畝，該區扶植自耕農之實驗，即以此 2 萬 5 千餘畝爲對象。面積總計 25,644 市畝，其中 4,908 市畝靠近黃河，可用水車灌漑列爲最上等地，其餘土地在湟惠渠未修之前，每遇旱年即無生產，除極少數公有荒地外，餘均爲私有土地。[27]

湟惠渠區域，地屬高旱地區，農田乏水，生產力較強者，約佔三分之一，平常者約佔三分之一，其餘三分之一，均爲十種九不收之劣地。除水車地四千餘畝外，其餘土地，每遇旱年，即無生產。因此本區農民七百餘戶，過去大半不能維持溫飽，且附近二十里內，並無草原，不能飼養家畜，因之糞肥殊不易覓得，土地生產量自趨貧弱。[28]1942 年 2 月新式灌漑水渠落成放水後，瘠磽驟成沃壤，每畝稻穀產量，比前增加 364 斤，計值 48 元，即全部增產 120 餘萬元。至地價方面，在開工前每畝僅值一元左右，

---

[27] 《民國三十七年中華年鑑》，頁 1383；沈宗瀚，《中國農業資源》，頁 146。

[28] 《民國三十七年中華年鑑》，頁 1383。

放水後遽增至百元以上。[29]

　　上項土地，在湟惠渠未修成前，按其生產力量，可分為最上等地、上等地、中等地、下等地、最下等地及荒地共六等則，如表 6-8 所示。

表 6-8　湟惠渠修築前地質和各等則土地面積

地則	地質	面積畝數
最上等地	用水車灌溉之水地	4,908
上等地	舖砂不久之新砂地（註）	3,600
中等地	舖砂多年之半新砂地	8,818
下等地	舖砂已久之老砂地	1,300
最下等地	未舖砂之土地	3,838
荒地	可能墾種之荒地	3,180
合計		25,644

　　資料來源：《民國三十七年中華年鑑》，頁 1383。

　　（註）：旱地舖蓋砂礫，用以保存水分，增加地溫，謂之「砂地」。惟保持年數有限，年愈久則舖砂效用愈下，生產力愈小，必須推出舊砂，另行蓋舖新砂，其費用頗不貲。

（二）地權分配

湟惠渠區內所有田地，土改之前，分配如表 6-9 所示：

---

[29] 東華，＜甘省扶植自耕農正洽商辦法中＞，《人與地》2 卷 7 期（1942 年 7 月），頁 36；魏寶珪，＜湟惠渠灌溉區之扶植自耕農＞，《人與地》3 卷 7、8 期（1943 年 8 月），頁 62。

表 6-9　湟惠渠區域地權分配

土地類別	面積畝數（畝）
公有地	278
不在地主之私有地	2,30
在鄉地主之私有地	23,060
合計	25,644

資料來源：《民國三十七年中華年鑑》，頁 1383。

　　表 6-9 所示，不在地主之地為 20 戶地主所有，其中僅有 130 畝為 11 戶小農所有。此種小農大多住在區外鄉村。其餘 2 千餘畝，為 9 戶地主所有，其中 4 戶，共有 1,600 餘畝，內有 1 戶，竟有 770 餘畝，此種大戶多為城居之非自耕者。[30]在鄉地主之私有地，共為 23,060 畝，為 521 戶農民所有，地權之分配如下表 6-10 所示：

表 6-10　湟惠渠灌溉區域土地所有權分配情況

所有權畝數	所佔面積		農民戶數(所有權人)	
	畝數	佔全面積之百分數	戶數	佔所有權人百分數
10 畝以下	804	4	143	27.4
10-30 畝	3,216	14	181	34.8
30-100 畝	8,407	36	148	28.4
100 畝以上	10,633	46	49	9.4
合計	22,060	100	521	100

資料來源：＜中國扶植自耕農概況＞（第二檔案館 103-148），頁 6-7。

---

[30]　《民國三十七年中華年鑑》，頁 1383。

原土地主權分布現狀，除不在地主 7 戶，佔地 910 市畝外，餘均爲當地地主。[31]當 1939 年永登縣屬尚無不在地主，即如皋蘭縣亦僅 7 戶，故其勢力甚小，但自該渠開鑿以來，至 1942 年止，爲時僅 3 年，官賈謀利之徒，鑒於該地水利之興修，土地生產力之增加，於是荒蕪之地轉爲投機謀利之場，造成地權極其集中。1941 年 9 月，甘肅省政府雖明令禁止湟惠區內土地之移轉，然土地買賣之黑市愈演愈烈。[32]

二、辦理扶植自耕農實驗區

（一）準備情形

1.防止投機：此區在未實施整理前，除極少公有荒地外，餘均爲私有土地，大部生產甚微，地價低廉，無人過問。1938 年計劃開渠，始有人注意購買，迄至 1940 年第一次所有權登記時，不在地主尚爲少數，嗣後逐漸增多。甘肅省政府於 1941 年明令禁止產權移轉，以防土地投機；但暗中買賣，仍有進行者。[33]

2.制定法令：1941 年甘肅省政府決定由湟惠渠灌漑區域開始試辦扶植自耕農。1942 年 4 月，擬定「甘肅湟惠渠灌漑區土地整理辦法」，呈准行政院及國防最高委員會備案。關於土地之徵收、農場之劃分、單位農場之放領、承領之資格及手續、地價之補償及繳付、農場之繼承及收回等，均有明確之規定。1944 年 7 月，爲使業務進行順利，復增訂「湟惠渠特種鄉土地整理第一期實施方案」，釐訂徵收土地之程序，提高發放地價之標準，增加承領

---

[31] ＜中國扶植自耕農概況＞（第二檔案館 103-148），頁 6-7。
[32] 魏寶珪，前引文，頁 62。
[33] 《民國三十七年中華年鑑》，頁 1384。

單位農場之辦法，合作農場之增設等，付諸實施。[34]

　　依照「湟惠渠灌溉區土地整理辦法」，土地調整有如下之規定：「第六條、本區域內之土地，經徵收後加以整理，除渠道路佔有之土地及政府保留之公地外，一律劃為單位農場依法放領；第九條、單位農場之面積水田定為二十畝至三十畝，旱田定為五十畝至一百畝；第十條、本區城之承領人以自耕農民為限。」[35]

（二）洽定借款領購土地

　　湟惠渠實驗區，代表甲種扶植自耕農。甘肅省政府決定向中國農民銀行貸款，徵收湟惠渠兩岸全部土地，然後按農民勞動力多少，分給農民耕種，扶植成為自耕農。徵收土地的價款，前後四次，共借現金一百二十八萬元，另搭配土地債券三百二十萬元，合計一千六百萬元，利率月息二分三釐至二分五釐，限期四年或五年。[36]

　　為適應環境，從 1944 年 11 月至 1945 年 8 月，分為三期徵收土地，共辦理單位農場 11,162 個，其中 59 個因土質太劣，無人承領。獲得水利灌溉的田畝，均改放予當地農民承領，原有地主由政府向農民銀行借現金及土地債券予以補償。「農民得地後，甚為歡欣，越年收穫大增，交還地價甚為踴躍。」後來又在湟惠渠、靖豐渠等周圍辦理過鋪沙貸款，以扶植土地改良，「大受農民歡迎」。[37]

---

[34]　《民國三十七年中華年鑑》，頁 1384。

[35]　<中國扶植自耕農概況>（第二檔案館 103-148），頁 6-7。

[36]　《民國三十七年中華年鑑》，頁 1384。

[37]　《民國三十七年中華年鑑》，頁 1385；蕭錚，《土地改革五十年－蕭錚回憶錄》，（臺北：中國地政研究所，1980 年），頁 232-235。

三、執行機構與經辦業務

（一）執行機構

1.土地整理事務所：土地整理辦法核定後，甘肅省政府於1942 年 6 月 7 日設立「湟惠渠土地整理事務所」於達家川村，其內部組織，規定設所長一人、組長三人、組員三人、技士一人、技佐四人，皆由富有地政學識經驗者充任。原擬由此機構辦理徵地、劃分農場、放領農場之全部事務，不意於辦理灌溉區域土地測量、登記及調查統計該區域具有耕作能力之農民、農戶，並劃分公用土地、公共道路、農會基地、單位農場各項工作以後，其他一切均不能繼續進行。其原因有三：（1）該所無行政權，行政工作全賴皋蘭、永登兩縣府代為執行；（2）該所成立時，為食宿方便，租住於達家川村（因其地有水地）紳士家辦公，而反對整理土地者，即為此村紳士，故窒礙甚其多；（3）湟惠渠當時雖已試水，但渠水並不穩定，時放時停，因之農民尚乏信心。如每一壯丁最多分得田地三十畝，倘係不能灌溉之地，其生產薄弱，不足贍養一家；因之不但地多者不肯放棄餘地，原有好地少許者，亦不肯捨好地而承領較多之劣地，原來無地者，亦恐徒費勞力，不敢承領新地，故進行多掣肘，終未能達到預定之計劃，遂於 1943 年 4 月將該所結束。

2.特種鄉公所：甘肅省政府鑒於事務所無所作為，為加強業務，貫徹主張起見，於 1943 年 11 月，改設湟惠渠特種鄉公所，畀以行政權，編制與六等縣等同。又為隔離地方紳士包圍，設鄉公所於較荒涼之張家寺，利用廟宇辦公。同時將湟惠渠加緊補

修，使日臻完善。[38]

（二）辦理業務

自土地整理事務所成立後，其經辦之業務如下：

1.土地測量：全區灌溉總面積 31,550 市畝中，除前經湟惠渠工程處分戶測量之 25,600 市畝外，尚有 5,950 市畝須加以測量。其經過徵收重劃後，因道路阡陌之變更，亦勢須重行測量。

2.土地登記：全區除已經登記者 21,561 市畝外，尚有 95,989 市畝，須舉辦第一次土地所有權登記，以確定產權，1941 年 9 月及 1942 年 4 月，甘肅省政府曾先後訓令皋蘭、永登兩縣政府，布告禁止區內土地之移轉，但在布告之前買賣者，仍須承認登記。全區土地經過徵收手續，原業主產權已視為消滅，再經重劃放領之土地，必須再由新領耕作之農民，申請登記其所有權。[39]

（三）徵收土地

全區土地須在整理之先，由省政府全部徵收之，其規定順序為一、詳細調查地價，呈准公布之；二、照價收買；三、全部地價由省政府自中國農民銀行貸借，於土地放領後，收回地價時，分年償還之；四、核算應發地價總，呈報備查。[40]

1.徵收原則：除宅基住所仍歸原業主，不予徵收外，所有農地及附著農地之樹木，一律徵收重行放領，並規定原業主有優先承領自有土地之權。

2.決定地價：徵收應納地價，同時即頒發領耕土地證明書，或土地所有權狀。徵收地價略低於市價，應納地價，農民如有不

---

[38] 魏寶珆，前引文，頁 65；《民國三十七年中華年鑑》，頁 1384。

[39] 魏寶珆，前引文，頁 64。

[40] 魏寶珆，前引文，頁 65。

能一次繳清者，可分七年攤還之，每年須另加利息一分。

　　補償徵收地價，原規定照申報地價加三成發給，但過去所申報之地價，與實際情形頗有出入，因人民對申報地價，多欠了解，復恐依價申報，徵課重稅，每每報價甚低，且有延不申報者，不能作爲發價之根據。故決定依土地種值，估定價格，分爲三等九級核發，每畝最高爲一千元，最低爲一百元。嗣以其時抗戰方酣，物價上漲，曾將地價提高爲每畝自五千元至一萬元。甫經規定，適抗戰勝利，法幣增值，爲顧及承領農民繳償地價困難計，又減爲每畝二千元；繼而物價又漲，仍恢復五千元至一萬元之標準。前後雖經調整數次，但始終較市價爲低，蓋原意在扶植自耕農，能自力耕種者，資力決不充足，加以貸款利率高，限期短，而農業經營之純益本低，如過於顧及原業主之利益，則承領人爲債務所累，仍難免陷於經濟困難，有失扶植自耕農之本旨，故訂價略低於市價。[41]

　　徵收價款係向中國農民銀行洽借，利率月息二分三釐至二分五釐，限期四年或五年。

　　3.分期徵收：爲適應環境，減少阻力起見，按土地性質、地主類別，分爲三期徵收：

　　第一期於 1944 年 11 月 15 日公告，徵收不在地主及未依法登記土地，共 5,036 畝。

　　第二期於 1945 年元月 25 日公告，徵收荒地、老砂地及公用地，共 5,822 畝。

　　第三期於 1945 年 8 月 1 日公告，徵收水地及新砂地，共計

---

[41] 魏寶珪，前引文，頁 65；《民國三十七年中華年鑑》，頁 1384。。

14,786 畝。[42]

4.補償地價：湟惠渠工程告竣之後，土地金融處曾貸與甘肅省政府「整理湟惠渠灌溉區域扶植自耕農放款」四百萬元，使土地金融與水利建設及土地行政相配合，而謀耕地問題合理解決。

第一期補償地價計 2,222,330.80 元，第二期補償計 1,959,622.40 元，均已發出，惟因：（1）不在地主分散各地，住址不明，必須查詢催領；（2）在鄉地主，多未持有省頒營業執照，證件凌亂，必須查核；（3）土豪劣紳企圖阻撓，煽惑農民，拒領地價；（4）一部份農民恐將地價領到用罄，故暫不承領，儲作交付工程費之用；（5）一部份農民，因應領地價款額不多，為節省領取時往返費用，寧存觀望，諸種原因，致發付稍形遲緩。

第三期徵收土地補償價款，應為 128,704,082.50 元，但貸款僅得一千二百萬元，不敷甚鉅；續貸又以手續費時，而承領人應繳地價，不能按期收得，致有一部份地主應領之地價，未能迅速發清。由農民銀行貸款一千二百萬元，一面趕收承領人應繳價款，估計在\短期內發放清楚。[43]

（四）重劃農場

依據測量成果，「灌溉水路以及整理辦法」第八條之規定標準，將全區土地劃分為單位農場，放領於自耕農民。

1.單位農場：依據整理辦法之規定，所有沿渠被徵之土地，除渠道道路佔用土地與政府保留之公地外，一律劃分為單位農場，分配予農民承領。每一單位農場之面積，規定水地為 20~30

---

[42] 沈宗瀚，《中國農業資源》，頁 146；《民國三十七年中華年鑑》，頁 1384-1385。

[43] 魏寶珪，前引文，頁 65；《民國三十七年中華年鑑》，頁 1385。

畝，旱地爲 50~100 市畝，因甘肅土地生產力薄弱，如此才可維持八口之家。依照整理辦理之規定，農場可以自由移轉，但不得移轉於非自耕農。[44]

單位農場之劃分，原擬劃分整齊，並以一戶領一個地面相連之農場爲原則，所有住宅、公墓、公屋及道路等，則先行劃分；但因地勢複雜，土質迥異，且村莊存在已久，遷徙困難，新屋亦不易一時建築完成，而每戶人口多少不一，耕作能力不同。爲適應以上各項條件，不免稍有遷就，未能盡合理想。

2.承領農場人：原定以合格壯丁爲標準，倘數口之家無合格壯丁，即無資格承領農場；且以男性年齡爲標準，無異否認女性繼承權；又年齡與日俱增，今年無資格承領，翌年取得資格，又恐無地給與。爲免以上種種糾紛，特將原定辦法修改，承領農場人以耕作能力資本及人口爲標準，其老弱殘廢耕作能力不強者，則安置於合作農場。[45]

3.分配農場：分配單位農場於農民之步驟，首爲登記領種農民須爲自耕農。具有領種資格者計有：原業主、湟惠渠區內原住之農民、皐蘭、永登兩縣境內之農民，以及合於規定之他縣農民，最後才爲他省之農民。如同一類之農民多而土地不敷分配之時，則以抽籤方法決定之。[46]

單位農場面積原定爲水田 20~30 畝，旱田 50~100 畝，共劃分 958 個農場，但農場土地優劣不等，領到優等十畝，即可維持一家生活，劣等土地五畝，溫飽亦有可虞，勢不能不重爲劃分，

---

[44] 魏寶珪，前引文，頁 64。

[45] 《民國三十七年中華年鑑》，頁 1385。

[46] 魏寶珪，前引文，頁 65。

以昭公允。計全耕地 25,644 畝,全佃耕地除省農業改進所農場用
地和張家寺農場用地 500 畝,合作農場 256 畝,新住宅 382 畝外,
其餘 24,506 畝,劃爲 1,162 單位農場。[47]如表 6-11 所示:

表 6-11　湟惠渠單位農場面積

畝數級	農場數
10 畝以下	4
10-15 畝	367
15-20 畝	23
20-25 畝	329
25-30 畝	439
合計	1,162

(五)放領農場辦法

1.具備下列條件農民,准其承領農場:(1)無論有耕作能力,
而願親自耕種者;(2)居住本區域或附近各縣以農爲業者;(3)
無不良嗜好、不端行爲者。

2.各自耕農優先承領其原有地所佔之農場,倘有一個農場佔
兩戶以上地主之地時,以佔地最多之農戶承領。

3.每戶應領農場之大小及農場之地點,由鄉公所按照各申請
承領人之耕作能力、人口多少、住宅地點等條件,公平決定。

4.人口最多之家,弟兄分別承領,其地權各自分有,但家長
不願分立門戶者,仍種一戶,故有一戶領兩個以上單位農場者。

5.有耕作能力而毫無資本之男女,歸納於合作農場。

---

[47]　《民國三十七年中華年鑑》,頁 1385。

6.放領農場爭執最多，凡鄉公所不能解決之問題，均由各村公正人士會同公斷。

根據上列辦法，經五個月之時間，始將全部農場放領 1,103 個，尚餘 59 個因土壤太劣，尚未有人承領。[48]

四、扶植自耕農之效果

扶植自耕農工作，經過地主豪紳之阻礙，以及農戶初期之懷疑，由於谷正倫主席與張心一廳長之措施，終於 1946 年 5 月圓滿完成。[49]

（一）地權分配平均

本區土地經徵收重劃放領後，不在地主完全消滅，在鄉耕者，皆有其田，其地權之分配如下表 6-12：

表 6-12　湟惠渠灌溉區各類農戶承領農場面積情況

農戶種類	戶數	人數	領農場數	農場面積	每人平均畝數
本區內原有之自耕農及半自耕農	560	3,614	799	16,471	4.6
本區內原有之佃農及僱農	195	881	215	4,508	5.0
本區以外遷來之農戶	89	206	89	2,108	12.4
合計	844	4,701	1,103	23,087	4.9

資料來源：《民國三十七年中華年鑑》，頁 1385。

---

[48] 《民國三十七年中華年鑑》，頁 1385。
[49] 沈宗瀚，《中國農業資源》，頁 146。

　　湟惠渠區內原無田地之農民計 195 戶，共領農場 4 千餘畝，按人口平均，每人分得約 5.0 畝。其餘 89 戶係自本區以外遷來之農民，共領地二千餘畝，每人分得 12.4 畝。（此種外來農民所領之地，多為劣地，且新來農戶，每戶先來一、二人，故每人分地面積較大）。實施後六口之家，有地少不下二十畝，多未過三十畝，間有少數農戶，人口太少，亦有領地十畝者，自屬不合理想。係按其能力分給，將來人口增加，或將不免窮困。[50]

　　（二）**農業改進**：佃農、雇農，經此次放領土地後，因自覺已有恆產，凡整理土地、修繕水渠、建屋植樹等，均竭力從事。故承領二年內，大農土地之生產，反不如小農之豐盛。但此種進步，僅屬於農民勞力所能作者；他如肥料之增用、牲畜農具之補充，以限於財力，多未著手，故地盡其利之目的，僅達一半。

　　（三）**社會改造**：土地重劃分配後，一部分大地主不免蒙受損失；但貧富階級日漸消除，貧農已有恆產，可以自食其力；向之豪紳以金錢勢力壓迫操縱者，無所施其伎倆；而無田可耕，習為盜匪之貧農亦不復存在，社會秩序日形安定，風俗習慣日趨正常，教育衛生等事業，亦日漸改進。例如 1947 年學校增至 4 所，學生增至 460 人，而考入中等學校肄業者超過 30 人之多；惟以限於人力財力，進步不免稍緩。[51]

小結

　　戰時設立以政府力量實行扶植自耕農的實驗區，係利用土地金融貸款，徵收不自耕地主的土地，予以相當補償，對於承領耕

---

[50]　《民國三十七年中華年鑑》，頁 1385-1386。
[51]　《民國三十七年中華年鑑》，頁 1386。

地的農民，則分年繳還地價，以改善租佃制度，並組成合作農場，對於細碎田場，加以重劃合併，以增加土地利用效率。1943 年，國民政府劃四川北碚管理局行政區域內朝陽鎮十九保，作為扶植自耕農的實驗區，由政府徵收地主土地後，放領給現耕農民，並輔導其組織合作農場。雖然實驗區規模很小，但成果顯著，鼓舞了土地改革的實施。此外，北碚土地制度可代表華中一般之情形，尤以鄰近戰時首都重慶，期望於全國起領導作用。

　　另一方面，甘肅省自 1939 年開始，在省主席谷正倫、建設廳長張心一主持下，熱心推行土地政策，擇定湟惠渠作為特種鄉試辦扶植自耕農政策示範區，並決定先修渠灌溉，化磽瘠而為沃野，再劃分土地，俾能多容納人口。[52]政府乃決計將全部灌溉區域土地予以徵收，再按耕作能力，分配農民耕種，以實現耕者有其田。戰時各省陸續舉辦類似此種大規模之水利工程，為防患未然，此種扶植自耕農之方式，大可為其他各省借鏡。[53]

---

[52] 沈宗瀚，《中國農業資源》，頁 146。
[53] 《民國三十七年中華年鑑》，頁 1382-1383。

第七章　抗戰勝利後的土地政策

前言

　　二次大戰結束後，全世界關注的焦點都在國民經濟的恢復和發展，戰前土地租佃關係佔優勢的國度，紛紛實行土地制度變革。中國淪陷區收復，土地問題重心到土地所有權和地權分配，即成為尖銳而待解決的議題。廣大的農民大眾，尤其是回鄉的戰士、雇農或佃農都要求土地改革，成為自耕農。戰時美國副總統華萊士於訪華時發表感想，也曾呼籲「國民政府實行土地改革，為促進農業生產與發展工業之必要步驟。」[1]

　　抗戰勝利之後，農業生產萎縮日益嚴重，土地關係更加惡化。人民在歡呼勝利，盼望重建家園的同時，更急切要求解決土地問題，因為「受了長期間的大破壞，生產不夠，物資缺乏，農村無一處不破落衰敗，故復興農村，改善農民生活，實刻不容緩，而改善農民生活的最好辦法，厥為改善農地分配關係，使農民所耕的田，漸為其自己所有，農民從事生產乃能加倍努力。」[2]面對共產黨提出新土地改革政策，政府當局不能不採取一些措施，以緩和農村日趨尖銳的階段矛盾，力求農業生產之恢復。

---

[1] 蔣廉，＜農業土地問題與土地改革＞，《土地改革》第 1 卷第 8、9 期合刊（1948 年 8 月），頁 15。

[2] ＜全國地政檢討會議專輯＞（下），《地政通訊》23 期（1947 年 12 月 1 日），頁 2。

第一節　國民黨之土地政策與地政

戰後人口銳減，田地增加，但地籍紊亂，兵役有待於編遣，航測可以利用，於測量地坵，田賦徵實將回復徵法幣等種種經濟態勢，均有利於徹底整理地籍、改革田賦、推行地價稅與土地增值稅，以及實施扶植自耕農。[3]因此戰後土地改革方案的訂定、土地政策的推動，都應與各種經濟狀況相配合。

一、「經濟改革方案」有關土地政策

（一）經濟改革方案

1947 年 3 月，國民黨第六屆三中全會通過「經濟改革方案」，其中有關土地者，有以下各項重點：

1.城市土地應限期徵收地價稅及土地增值稅。

2.土地之分配與整理，應以扶植自耕農，組織集體合作農場為原則；土地所有人之土地面積超過其自行使用能力時，應由政府依法徵收超額土地，重新分配，並作經濟上最有效之利用。

3.改革租佃關係，規定租額不得超過農產正產物三分之一的折價。

4.綏靖地區土地處理辦法，應即加緊實施。

5.土地金融之性質係屬長期，必須政府指定專款與發行土地債券，方可濟事，至適當時期並應另設專行以司其事；在過渡期間，應充實農民銀行土地金融之資金，通過縣銀行以開展業務。

（二）農民運動實施綱要

---

[3] 林通經，＜論我國土地政策實施方案＞，《經濟建設季刊》2 卷 4 期（1944 年 4 月 30 日），頁 147-148。

接著三中全會又通過農工部所提的「農民運動實施綱要」，其中關於改革土地制度一節，包括以下各項：

1.速辦地籍整理及土地估價，徵收地價稅及土地增值稅。

2.發行土地債券，徵收地主超額土地，再分售與農民，由農民分期償付地價，以逐漸達到耕者有其田之目的。

3.倡辦合作農場，以期達到土地為場員共有共享之目的。

4.所有荒地，政府應從速清理，配給無耕地及耕地不足之農民，並規定「合作農場」有優先請領或承種之權。

5.厲行佃租額不得超過農產正產物三分之一的規定，以減輕佃農負擔。

6.厲行保障佃權，使地主不得隨意撤佃。

7.租佃契約終止時，地主應償還尚未失效能之耕地改良費。

8.禁止地主預收地租及各種額外需索。

9.禁止包佃。

10.規定鄉（區）農會協助政府辦理鄉（區）租佃契約之審查登記，並按月列表彙報。

11.規定鄉（區）農會為業佃糾紛之初步調解機關，以謀業佃之協調。

12.各地政府應規定農場及地塊之最小面積，禁止其分割。

13.倡辦公墓制度及土地重劃，以使土地利用經濟化。[4]

二、戰後的地政改革

戰後地政方面，面臨兩大任務：一為綏靖區土地的處理，一

---

[4] 吳文暉，《農業經濟論》（重慶：中國經濟書刊生產合作社，1947 年 10 月），頁 186-187。

爲一般地區土地改革的推行。「前者是要在曾爲共軍劫掠破壞而由國軍收復的地區，迅速實施耕者有其田，使農民得到土地，地主得到補償，以招撫流亡，安定地方秩序；後者要在一般地區廣泛的實施耕者有其田，使農民生活提高，農業生產增加，以杜絕共匪對農民的煽惑。以上兩大任務，其目標是爲樹立民生主義的新土地制度，達成戡亂建國大業。」[5]戰後初期，因收復區地權問題極待解決，所以加緊辦理土地權利清理，此項工作的目的只是在維護持法統，並無改革的意義。1946 年 4 月 29 日修正公布「土地法」施行細則，同年 10 月 16 日，國防最高委員會通過之「綏靖區土地處理辦法」，專爲曾經被共產黨佔領之收復區而設，其適用之土地專指農地。[6]並於 1947 年成立地政部，由湯惠蓀出任次長。1946 年秋季，召開首屆全國地政會議，籌備擇區推行二五減租。但因政府復員南京後，頃即受到國共戰事與貨幣貶值之夾擊，除若干地區小規模試辦外，未能全面推行。[7]

（一）地政機構之擴充

抗戰勝利以後，除康、藏及新疆外，其他各省均已設立省級地政局，各縣則均設地政科，積極展開地政工作及清理光復後的土地產權，及至 1946 年 4 月地政部成立，第一次在中央各部會中設有主管地政業務。同時，各省市均設有農民銀行，各分行均有土地金融科股的設置，以配合地政業務的發展，大量供給資金

[5]　湯惠蓀，＜對日抗戰勝利後大陸推行士地改革之回憶＞，《臺灣新生報》1955 年 11 月 11 日。

[6]　鍾崇敏，＜新頒土地法與綏靖區土地處理辦法之比較研究＞，《中農月刊》9 卷 1 期（1947 年 7 月 31 日），頁 24。

[7]　張憲秋，《農復會回憶》，（臺北：行政院農業委員會編印，1990 年 2 月），頁 15。

辦理各項貸款。[8]

　　1947 年 7 月 19 日，國民政府公布「地政部組織法」28 條，將地政署改組，擴大為地政部，「掌理全國土地行政事宜」（第一條）。部之下設地籍、地價、地權、地用、總務五個司（第四條）。其中地籍司掌關於土地測量、土地登記、土地圖冊之保管、土地之清理等事項（第六條）。[9]至此中央主管地政之機關，始告大成。

（二）「全國地政檢討會議」之召開

　　地政部成立後，地政業務之推行，已有固定機構負責有年，「為謀改進全國地政業務，對各省市以往地政工作實施情形，須詳加檢討，以為規劃改進依據」，於 1947 年 9 月 29 日，召開「全國地政檢討會議」，討論事項約有六端：（1）地籍測量、土地登記、規定地價業務，以及方法的檢討與改進；（2）扶植自耕農與保障佃農業務之推進；（3）綏靖區土地處理工作之推進事項；（4）現行地政法規之檢討；（5）現行地政機構之調整；（6）其他地政部交議或會員提出有關地政事項。[10]

　　會議召集各省市地政主管人員到南京參加，並邀有關機關代表暨地政專家參加，地政部高級職員亦均與會，計共出席 117 人，舉行五日。會中地政部長李敬齋致會議訓詞：「二十年來政府遵循遺教，制為各種地政法規，期於日常行政之中，漸收土地革命之效，只以執行強度不夠，而社會傳統習性不易驟變，致績效未

---

[8]　殷章甫，《中國之土地改革》（臺北市：黎明出版社，1984 年），頁 54

[9]　張維一，《中華民國地政史》（內政部編印，1993 年 1 月），頁 162-163。

[10]　地政部長李敬齋，＜為全國地政會議呈國民政府主席＞（1947 年 9 月 18 日），國民政府檔案 0560/8060.01 總統府（國史館藏）。

致顯著，馴使共匪得以抵隙蹈暇，藉口土地改革，以遂其威脅農民，毀壞農村組織之陰謀，事之大痛無逾於此。吾人應深刻反省，認清事實，必土地政策有確切之執行，斯國家建設方能奠不敗之基。方今動員戡亂與準備行憲，齊頭並進，亟應一面針對共匪詭倡土地改革之悖亂行動，迅作正本清源，有效措施，以團結農村人心，改善農民生活；一面完成地方自治之基本工作，切實訓練農民行使四權，務使農民之政治生活及經濟生活，均有正常健全之發展，然後對於共匪陰謀，可予以徹底之打擊。」[11]除反省地政工作之外，並指出今後目標為針對共產黨的土地改革。

會議共通過提案 232 件，計一般行政類 40 件、地籍類 84 件、有關規定地價及土地稅 21 件、有關土地權者 63 件、地用類 23 件。大多數提案咸著重於地籍整理與地權處理問題，堪稱為此次會議之特色。[12]閉幕後，所有決議案均由地政部切實研究辦理，其中有關扶植自耕農、保障佃農者，根據「經濟改革方案」，擬訂改革農地分配之實施辦法，將扶植自耕農及保障佃農之具體步驟，詳加規定，以利實施。[13]

三、修正土地法

（一）修正土地法提出經過

由於 1930 年的「土地法」，存在許多弊病與疏漏，公布以後，

---

[11] 地政部長李敬齋，＜為全國地政會議呈國民政府主席＞（1947 年 9 月 18 日），國民政府檔案 0560/8060.01 總統府（國史館藏）。

[12] 鍾崇敏，＜全國地政檢討合議述評＞，《中農月刊》9 卷 2 期（1948 年 2 月），頁 43。

[13] 《民國三十七年中華年鑑》，頁 1355。

社會各界的批評和要求修改的意見就不斷出現。1936 年 10 月，五全大會所設土地專門委員會提出「土地法修改原則二十四項」，經中央政治委員會審議結果通過了 23 項，咨送立法院據以修正，土地行政各項工作的進行，始有土地法可資依據，然恰值全國抗戰爆發，修正公布「土地法」的工作遂告中輟。

抗戰勝利後，國民政府修正公布「土地法」，為解決日趨嚴重的農村土地問題重要舉措。在戰前「土地法」修改工作的基礎上，1946 年 4 月 29 日，公布新的「土地法施行法」61 條[14]（亦稱「新法」），土地法修正公布拖延至此時始完成。新法重點之一為將舊土地法「耕地租用」章之規定，稍加修正，其要點為：（1）地租之限定，改以地價為標準，即不得超過地價百分之八；（2）對於地主收取押租，予以更嚴格之限制；（3）租佃爭議得由地政機關調整。[15]

（二）新「土地法」內容大要

修正後的「土地法」共有 5 篇 25 章 247 條，比舊的「土地法」（5 篇 31 章 397 條）條文有所減少，其框架為：

第一編總則：分為法例、地權、地權限制、公有土地、地權調整五章。

第二編地籍：分為通則、地籍測量、土地總登記、土地權利變更登記四章。

第三編土地使用：分為通則、使用限制、房屋及基地租用、耕地租用、荒地使用、土地重劃六章。

---

[14]　《地政通訊》第 16 期（1947 年 5 月 1 日），頁 7-11。

[15]　黃通，《土地政策原論》（臺北：中國地政研究所，1961 年 12 月），頁 143。

第四編土地稅：分為通則、地價及改良物價、地價稅、土地增值稅、土地改良物稅、土地稅之減免、欠稅七章。

第五編土地徵收：分為通則、徵收程序、徵收補償三章。[16]

（三）新舊法比較

1.新修正的「土地法」政策較進步：有關農地方面比較進步的一些政策：

（1）力圖利用地權調整，創設和扶植自耕農：規定政府斟酌地方情形，按土地種類及性質，限制個人和團體所有土地面積之最高額，額外的土地限令於一定期間分割出賣，不予出賣者，政府得依法徵收；私有農地所權之移轉，以承受後能自耕為限；承佃人耕作「不在地主」的土地滿八年以上，得請求該管縣市政府代為照價收買之；政府得以土地債券依次徵收私有荒地，「不在地主」之土地及超過私人占有最高額之地，為創設自耕農場所需（第106~124條）。[17]

（2）比較詳細的規範租佃雙方的關係：有利於維護佃農的基本利益和保障佃權，並以地價做為限制地租的標準規定「地租不得超過地價百分之八，約定地租或習慣地租超過百分之八者，應比照地價百分之八減定之，不及地價百分之八者，依其約定或習慣。前項地價指法定地價，未經依法規定地價之地方，指最近三年之平均地價。」（第110條）。[18]

（3）鼓勵承墾荒地，以創設自耕農：規定對於私有荒地、空地限期強制依法使用，逾期不使用者，政府得照申報地價收買

---

[16]　〈土地法〉，《地政通訊》第15期（1947年4月1日），頁8-27。

[17]　《地政通訊》第15期（1947年4月1日），頁16-18。

[18]　《地政通訊》第15期（1947年4月1日），頁16-17。

之；自耕農或自耕者組成的農業生產合作社，可承墾公有荒地，承墾人自墾竣之日起，無償取得所領墾土地之耕作權，繼續耕作滿十年者，無償取得土地所有權，墾竣後之土地得免納土地稅 2~8 年（第 125~134 條）。[19]

新法這些內容，實際上吸收了抗戰時期土地政策的一些實驗結果，有助於緩和農村社會的矛盾，逐步實現平均地權，因此與舊法條文相比，有明顯的進步。

2.新修正的「土地法」的限制：並未擺脫舊「土地法」解決土地問題的基本思路和模式，所提出的不少政策，又為現存的地主土地私有制度以法律的維護和保障。

（1）對於限制個人和團體所有土地面積最高額的原則，修正的「土地法施行法」規定：「土地面積最高額之標準，應分別宅地、農地、興辦事業等用地。宅地以十畝為限，農地以其純收入足供一家十口之生活為限，興辦事業用地，視其事業規模之大小，定其限制。」（第七條）[20]按照這一規定，各省做出限制私有土地實際額數的標準很寬，結果根本無法滿足無地缺地的農民對於土地的要求，又為平均地權設置了法律障礙，實際上失去限制私有土地面積最高額的普遍意義。

（2）修正的「土地法」，將土地稅分為地價稅和土地增值稅二種，並將舊法的按比例稅率徵收，改為按累進稅率徵收。

（3）以地價稅而論，規定以法定地價額 15% 為基本稅率，土地所有權人的人地價總額未超過累起點地價時，按 15% 的稅率徵收；超過累起點地價 500% 以下者，其超過部分加徵千分之二；

---

[19] 《地政通訊》第 15 期（1947 年 4 月 1 日），頁 18。
[20] 《地政通訊》第 16 期（1947 年 5 月 1 日），頁 7。

超過累起點地價在 1000% 以下者，除按前項規定徵收外，就其已超 500% 部分，加徵千分之三；超過累起點 1500% 以下者，除按前項規定徵收外，就其已超過 1000% 部分，加徵千分之五；以後每超過 500% ，就其超過部分追加千分之五，加至千分之五十為止，可以清楚看出，累進的起徵點偏高，累進率也很低，這種地價稅很難達到抑制地主和「稅去地主」的目的。

（4）規定土地增值稅照土地增值之實數額計算，於土地所有權移轉時，或雖無移轉而屆滿十年時徵收，實施工程的地區則於工程完成後，屆滿五年時徵收。土地增值實數額在原地價 100% 以下者，徵收其增值實數額 20% ；土地增值實數額在原地價數額 200% 以下者，除按前項規定徵收外，就其超過 100% 部分，徵收 40% ；土地增值實數額在原地價數額 300% 以下者，除按前二項規定分別徵收外，其超過 200% 部分，徵收 60% ；土地增值實數額超過部分徵收 80% 。可以清楚看出，土地增值稅的政策違背了孫中山關於土地增值全部歸公的重要主張，並且由於累進率偏低，也難以發揮抑制土地兼併，增加國家財政收入的作用。[21]

（5）前項「地租不得超過地價百分之八，約定地租或習慣地租超過百分之八者，應比照地價百分之八減定之」等之規定，在平常幣值安定、地價及物價穩定時，自然是最合理的規定，但是實際卻很難實行，因為第一、已依法估定地價的地方，非常之少，要計算「最近三年之平均地價」，由於戰後地價變動過劇，決難計算準確；第二、戰前許多學者即主張地租不得超過地價百分之八，係因當時銀行利率普通為 8 釐左右，而戰後經過惡性通貨膨脹，利率已大增；第三、地租率既依地價而規定，則地租的

---

[21] 成漢昌，前引書，頁 272-273。

繳納，自應照錢租為原則，但中國農村地租形態，仍以物租佔最大優勢，欲驟然一律改用錢租，必難做到。

又新法施行法第 26 條雖有規定：「依地方習慣以農產物繳付地租之地方，農產物折價之標準，由該管市縣地政機關，依當地農產物最近二年之平均市價規定之。」即佃農依習慣以農產物折價代繳，但因農產價格變動之劇，折價困難；加以田賦尚在改徵實物時期，改用錢租自更不易實施。[22]

總之，修正後的「土地法」在調解租佃關係、扶植自耕農、節制土地壟斷以及簡化地籍程序等方面，都比舊的「土地法」為進步，反映戰後國民政府在新的客觀條件下，為緩和農村日益尖銳的階級矛盾，對土地政策所作的一些調整。然而，其基本思路在承認和維護地主土地私有制度，企圖在不急速變更現行制度的前提下，以和平漸進的改良方式，謀求土地問題的解決。

「土地法」及「土地法施行法」修正公布後，繼續進行地籍整理及辦地政實驗區等，但均收效甚微，不了了之。於此前後，行政院還在 1945 年 9 月、10 月，先後公布「豁免田賦實施辦法」和「二五減租辦法」，決定在 1945 年度和 1946 年度，各省市分期豁免田賦一年和減租四分之一；1946 年 10 月又公布「綏靖區土地處理辦法」提出在「綏靖區」實行「三一還租」（即佃租不得超過每年一次農產正產物三分之一）等實驗改革措施。[23]

新土地法的這些措施，都屬於戰後國民黨當局對土地政策的調整，但承認地主階級土地私有的原則仍不變，只是作了一些枝節的修補，其結果也都如同修正的「土地法」一樣，收穫甚微，

---

22 吳文暉，《農業經濟論》，頁 215。
23 成漢昌，《中國土地制度與土地改革－20 世紀前半期》，頁 274。

根本不能解決農民土地問題，而且隨著國共內戰的爆發和擴大，也都成了一紙空文。

四、綏靖區土地處理辦法

　　綏靖地區待善後的問題很多，處理很煩雜，尤以土地問題的處理，為迫切的要求，因為中共看準了中國土地問題的嚴重性，農民大眾普遍受土地饑餓（The Hungry of Land）壓迫，卻無力擺脫土地匱乏的枷鎖，「要想戡平匪亂，除用軍事力量外，尚要為農民解決他們的饑餓問題。」綏靖區在收復前，其土地被中共用種種手段分配，地權極為紊亂，若不加以處理，農民與地主勢必不能安然相處，直接影響到社會的安定，間接影響國家的生產。[24]戰後綏靖區的土地處理，其於扶植自耕農及保障佃農，在其土地處理辦法中，已有詳細規定。

（一）綏靖區土地處理辦法之提出

1.過渡辦法的公佈

　　因中共在佔領地區曾施行土改分田，政府收復後，鑒於綏靖區土地問題極為特殊，「土地法」的規定也感不足。在「綏靖區土地處理辦法」公布之前，中央地政機關曾草擬「特種地區土地處理辦法」，因種種原因未成為定案，及收復地區日漸擴大，地方秩序極待恢復，地權糾紛尚待處理，各省市紛紛請示處理辦法，有的根據實際需要，擬訂計畫或方案，呈請中央核定，其著者如徐州綏靖公署擬有「收復區土地處理暫行辦法」17 條，江蘇省政府擬有「蘇北收復區各縣地政緊急措施方案」甲、乙兩種；

---

[24] 傅毓衡，＜一年來綏靖區土地處理工作檢討＞，《中農月刊》9 卷 1 期（1948 年 1 月 31 日），頁 6。

上海市黨部擬有「處理收復後土地辦法」；袁守謙、鄧文儀二將軍亦擬有「綏靖時期各部隊政治工作計劃綱要」，均先後向中央建議，然而只有袁、鄧二人所擬的計畫綱要被中央採納，由行政院通令實施，其中關於土地處理部分，歸納有四點：

（1）經過非法處分的土地產權，仍屬原所有權人，但仍由現耕人繼續耕種。

（2）經過非法處分的土地，由政府發行土地債券徵收之，分配於貧民耕種。

（3）經過非法處分的自耕農地，仍由原所有權人收回自耕。

（4）無人耕作的土地，由原所有權人另行出租，或由政府代為租佃。[25]

以上四點，可謂由中央通令實施綏靖區土地處理過渡辦法。因其實施時間很短暫，且內容過於簡略，大半採入現行法令中。

2.統一法令的公布與檢討

有關土地處理的統一法令，計有綏靖區施政綱領、綏靖區土地處理辦法、綏靖區城市土地及建築物處理辦法、綏靖區合作農場輔導辦法、綏靖區縣及鄉鎮地權調處委員會組織規程、綏靖區土地處理辦法施行程序及經費標準，及中國農民銀行發行綏靖區土地債券辦法等共七種。均係由中央先後公布實施，其中以綏靖區施政綱領、綏靖區土地處理辦法公布最早。[26]

為配合進攻中共解放區的總體戰略，1946 年 10 月 25 日，行政院公布「綏靖區土地處理辦法」21 條。[27]嗣又修改為「綏靖

---

25 傅毓衡，前引文，頁7。

26 傅毓衡，前引文，頁7。

27 《地政通訊》第 15 期（1947 年 4 月 1 日），頁 28-30。

區土地處理暫行條例」，其重要內容如下：

（1）綏靖區內之農地，其所有權人爲自耕農，准憑證件收回自耕。

（2）其所有權人無自耕能力，或因故不能自耕時，得按其同居家人口，保留一部分農地，其保留面積標準，由省政府視當地實際情形定之；保留地出租時，租佃額不得超過農產正產物三分之一；其約定以錢幣交租者，不得超過農正產物三分之一之折價。（第五條）

（3）經由非法分配之土地，一律由縣政府依據本辦法徵收之，地價由縣政府估定後以土地債券分年補償之，償付期間最多不得超過 15 年。

（4）徵收之土地依原佃耕人、現佃耕人等次序承領自耕。

（5）承領人應依照估定地價，分年向中國農民銀行交納地價，期限不得超過十五年，未交清前以承領之土地爲抵押擔保，不按期交納或怠於工作、將土地出佃者，得由縣政府將所領土地收回，交清後應由縣政府發承領人以土地權狀；承領土地之農民自承領土地之日起，應依法交納土地賦稅。[28]

綏靖區土地處理辦法第五條規定：佃租額不得超過農產正產物「三分之一」，遠較土地法的「千分之三百七十五」爲簡單明瞭，使佃農與地主雙方容易了解而且實行。又這種規定，係以繳納物租爲原則，「較適合當前中國的環境，…不特可行於綏靖區，

28　蕭錚，《土地改革五十年－蕭錚回憶錄》，頁 275-276；馮小彭，＜建國六十年土地行政的回顧與展望＞，《土地改革》第 21 卷第 10 期（1971 年 10 月），頁 6。

並且應該推行於全國。」[29]

　　其後在 1947 年 9 月 29 日的「全國地政檢討會議」中，蔣介石又剴切訓示：「尤其對於綏靖區的土地行政，必須根據既定政策，恪遵現行法令，堅定信念，講求技術，打破困難，忠實執行，庶可遏止目前亂局，樹立復興基礎。」又蔣介石在 1947 年國慶日＜告本國同胞書＞中明白指示：「抗戰結束之後，經濟建設爲舉國一致的要求，而經濟建設的中心目標是在工業化的過程中解決土地問題…」；如國馬歇爾、魏德邁將軍等外國人士，亦熱切期望並重視中國土地的改革。[30]綏靖區爲實施土地改革最理想的地區，中央對綏靖區土地的處理，雖有完備周密、積極而溫和的法令，然而實施效果卻令人擔憂。

（二）實施意義

　　據調查結果，江蘇省東海等八縣，已經非法分配者有 100,293 畝；山東省 75 縣市，經非法分配者有 19,160,953 畝；察哈爾省經非法分配者有 3,091 頃。江蘇、山東兩省共將屬於綏靖區之各實驗縣，劃定區域，徵收土地，以從事扶植自耕農之工作。[31]

　　「綏靖區土地處理辦法」較具有改革的意義，提出一條所謂「農地農有」的政策。此時非綏靖區土地問題亦日趨嚴重若干省分爲適應實際需要，曾參考「綏靖區土地處理辦法」的精神，分期分區試辦土地改革，工作重點爲減租、對地主「實行限田」、「培植自耕農」，以達到「農地農有」之目的。規定凡經中共軍盤據而收復的地區，應實行減租，減租後其租額不得超過各該耕地正

---

[29] 吳文暉，《農業經濟論》，頁 216。
[30] 傅毓衡，前引文，頁 6。
[31] 石樺，＜勝利以來我國農村經濟概況＞，《中農月刊》9 卷 4 期（1948 年 4 月 30 日），頁 39。

產物年收穫總量的三分之一，故又稱「三一減租」。

　　然而事實上，政府「農地農有」的政策，卻始終處於試驗階段，僅在局部地區做示範樣本。三一減租卻招來地方還鄉團更加凶殘的反攻倒算，任意拘捕佃農，強迫清繳租穀，不然的話則施以吊打、火烤、水灌等毒刑，「勢弱無能的佃戶，此時呼天不聞，呼地不應，只有隨其擺佈支配，只有呻吟待死。」[32]而且「此種辦法，顯有漏洞，蓋同一地區之土地處理，有兩個方式，同是一農民，經共匪非法分配者，卻可取得土地，而其他則否，此在精神上已不夠積極。至實施地區，又限於少數實驗縣份，復因軍事之推移，經費之拮据，土劣之阻擾，工作時行時輟，故截至 1947年底止，在蘇、皖、冀、魯、察、陝等省，指定之實驗縣不過十四處，而較具成效者，僅江蘇省之東臺、淮陰、興化、宿遷四縣，所徵收放領的土地，只 105,000 畝而已。」[33]

五、憲法有關土地條款及二五減租政策

（一）憲法有關土地條款

　　1946 年 12 月 25 日憲法通過，憲法中有關土地條款，主要為第 142、143 條和 146 條，為 1930 年土地法頒布以來，各地土地政策的濃縮，並無多大新意，都具體規定實施平均地權，如第142 條「國民經濟應以民生主義為基本原則，實施平均地權，節制資本，以謀國計民生之均足」；第 143 條「中華民國領土內之土地，屬於國民全體，人民依法取得之土地所有權，應受法律之保障與限制。私有土地應照價納稅，政府並得照價收買。…土地

---

[32] ＜代蘇北佃農們喊冤＞，《大公報》（上海）（1948 年 4 月 26 日）。
[33] 湯惠蓀，前引文。

增值非因施以勞力資本而增加者，應由國家徵收土地增值稅，歸人民共享之。」「國家對於土地之分配與整理，應以扶植自耕農及自行使用土地人爲原則，並規定其適當經營之面積。」；第146條：「國家應利用科學技術，以興修水利，增進地力，改善農業環境，規劃土地利用，開發農業資源，促農業之工業化。」[34]

憲法爲國家根本大法，亦爲其他各種法令之法源，凡與憲法牴觸者，勢必修正，憲法既採取自耕農制度，這些規定，雖然首先爲了維護地主階級的利益，但也體現了孫中山平均地權學說的精神，不過規定歸於規定，國民黨並沒有付諸實行。

（二）二五減租政策

爲解決農地分配不均的問題，改善農民生活，安定農村秩序，1945年8月抗戰勝利後，中央即通令豁免田賦一年，但受惠者限於有田地之人，爲使佃農亦得沾勝利實惠，同年10月23日行政院明令公布「二五減租辦法」五項，同月31日又核定「減租政策宣傳大綱」發交各省市大力宣導，擴大推行二五減租政策。

（1）凡本年已免田賦省份（按指浙、皖、贛、鄂、湘、粵、桂、豫、晉、綏、蘇、冀、魯、察、熱及東北九省），佃農應繳地租，一律照租約或本年約定之應繳額減四分之一」（第一條）。

（2）地主與佃農間，如遇佃租糾紛，得由任何一方報告當地鄉鎮長爲之調解，調解不決者，呈請縣政府處理。縣政府於必要時得會同有關機關團體，組織租佃委員會裁決，強制執行之。（第二條）

（3）實施減租縣份，得審查當地實際情形，依據中央命令，

---

[34] 鍾崇敏，<新頒土地法與綏靖區土地處理辦法之比較研究>，頁25；蕭錚，《土地改革五十年》，頁278-279。

擬訂「○○縣減租實施辦法」，呈請省政府布告施行（第三條）。

（4）省政府對於各縣辦理減租，應認真督察，務公平切實，並嚴密考核，隨時呈報行政院核（第四條）。

（5）經政府規定於本年度（1945 年）豁免田賦省份，指浙、皖、贛、鄂、湘、粵、桂、豫、晉、綏、蘇、魯、冀、察、熱、東北九省，及京、滬、平、津、青島、大連、哈爾濱各市。第五條所謂明年度（1946 年）豁免田賦一年之省份，指川，康，滇，黔，閩，陝，甘，寧，青新各省及重慶市（第五條）。[35]

為求減租政策之順利推行，行政院又於 1946 年 7 月 30 日公布「市縣佃租委員會組織規程」七條，令知各省市政府督促各縣市政府應依此規定，成立佃租委員會協助政策推行二五減租工作。[36]此減租辦法，係因田賦豁免一年而來，故其有效期間以一年為限，但到 1946 年底以後，各省並未曾切實施行減租辦法。

為配合新修訂土地法全面規定地價，平均地權，乃將地租規定為「不得超過地價的百分之八」，但事實上各地多未完成規定地價工作，執行反更困難，乃於 1947 年經國防最高委員會議決議：「各地耕地佃農應繳之地租，暫仍依正產物千分之三百七十五計算」，並由行政院於同年 3 月 20 日通令各省照辦。

1947 年 8 月通過的「經濟改革方案」，其中關於農業建設第一項規定：「改革農地分配關係，使能充分改良利用，租佃關係應依二五減租原則徹底推行，並盡量實施耕者有其田，使農民從事生產。」惟各地情形至為複雜，而包租、轉租、押租、預租等特殊習慣，政府亦須同時取締。如欲切實執行限制地租，真能保

---

[35] 張維一，前引書，頁 315。
[36] 張維一，前引書，頁 316-317。

障佃農，必須舉辦租約登記，方足據以調整租佃關係。

　　農林地政機構曾派員督導各省切實施行保障佃農辦法，限制租額，嚴禁非法撤租、換訂租約、根除包租、押租等惡習，「雖據報收效甚宏，顧仍難信其有實效」。各省對減免田賦，及二五減租辦法，亦曾一度積極推行，但田賦徵實依舊，不免效力爲之大減。業「佃雙方如何同沾實惠，至今仍猶待考慮。」[37]

　　1949 年，西南軍政長官公署，亦在川、康、滇、黔四省厲行「二五減租」，並同時辦理租約登記，規定租約一律辦理換訂，原無租約者亦須新訂，所訂租約一律以書面爲之，其租額並一律原租額減低 25% 。當時已軍事倥傯，大局逆轉，但各地方政府仍多認真推行。[38]

六、土地金融與扶植自耕農政策

　　依據地政部 1948 年 6 月向行政院報告「實施土地改革概況」，1942 至 1947 年五年以來，各省擇地舉辦扶植自耕農，已徵收土地 1,257,226 畝，分配與 45,528 戶農民承領自耕。其中以福建之龍巖、四川之北碚與甘肅之湟惠渠示範區的成效最顯著。[39]

　　中國農民銀行辦理土地金融業務，自 1941 年增設土地金融處兼辦，到戰後 1947 年之間，業務雖逐漸展開，服務範圍日趨擴大，尚能略盡其責，然而規模狹小，資金不足，業務復偏重於營利，不足以負荷協助土地行政之重任。爲加強土地金融業務密切配合土地政策，故於 1947 年「全國地政檢討會議」中，有另

---

[37] 石樺，前引文，頁 38。
[38] 內政部編，《土地行政概況》（內政叢書第 7 集，1957 年），頁 25-26。
　　張維一，前引書，頁 317。
[39] 張維一，前引書，頁 350。

設專業銀行之議。

　　中國農民銀行土地金融處辦理土地金融業務，最大困難在資金不足，因其自有資金僅二千萬元，為數確實太少，故於「經濟改革方案」中曾規定應由政府指定專款，並發行土地債券。但實際則政府限於財力，指定專款，猶僅口惠而不實。[40]

　　戰後土地債券法有兩種：一為中國農民銀行土地債券法，一為中國農民銀行發行綏靖區土地債券辦法。前者適用於全國，後者適用於曾被共產黨佔領統治之收復區，即所謂「綏靖區」。

（一）中國農民銀行土地土地金融業務

1. 土地金融放款數額與資金來源

　　戰後農民銀行土地金融處土地放款數額，年有增加，1945年度土地金融放款數字，為七億七千萬元；1946 年度為四十億元，1947 年度增至三百六十億元，惟因借款人往往中途變更實施計畫，及農行核放嚴格，致有時未能將全部核定貸額完全放出，復以農民銀行歷年業務方針，注重於扶植自耕農及土地改良放款，故此兩項放款數額，遠較其他各種放款為多，截至 1947 年 5月底止，各種土地金融放款餘額，共計一百七十六億六千五百餘萬元，其各項配額：（1）扶植自耕農金融放款：計二十一億餘元，佔全部放款 18% ；（2）鄉鎮造產放款：計億二千二百萬元，佔全部放款 1.6% ；（3）土地徵收放款：計九千五百餘萬元，佔全部放款 0.81% ；（4）照價收買放款：計二百六十餘萬元，佔全部放款 0.02% ；（5）土地改良放款：計九十二億餘元，佔全部放款 78% ；（6）地籍整理放款：計一億八千九百餘萬元，佔全部放款 1.6

---

[40] 鍾崇敏，＜全國地政檢討合議述評＞，頁 48-49。

％ ；（7）土地重劃放款：計三千餘萬元，佔全部放款 0.26％ 。[41]

　　自 1947 年起，土地金融放款得向中央銀行按九折轉抵押。中央銀行專事發行業務，以土地金融業務需款之鉅，即使在經濟安定期間，恐亦非中央銀行所能全部供應。1947 年通過之「經濟改革方案」，對於土地金融資金來源，雖有指撥專款與發行土地債券之規定，然仍以發行土地債券，創造資金為主。[42]

2.中國農民土地債券法

　　「經濟改革方案」有關土地金融之資金，應由政府指定專款，並發行土地債券，藉以推進土地金融業務。因為農民之財產以土地為最重要，土地金融的使命應使農民得以土地直接抵押，或透過合作社向銀行押款，以充生產資金，所以土地債券之發行，實為土地資金化最高度之表現。

　　1942 年中國農民銀行奉准發行土地債券一億元，嗣於該批債券已售罄，復於 1946 年繼續發行十億元，截至 1946 年底止，除已兌付者外，計實發餘額為 115,187,920 元。又發行土地債券以來，自 1942 年至 1947 年 3 月底止，實銷一億七千餘萬元，僅佔土地金融放款餘額 1.4％ 。[43]

　　土地債券之發行總額，依農民銀行土地債券法第三條規：「不得超過土地抵押放款，而不受資本金之限制。」因中國農民銀行兼辦土地金融業務，其基金原為一千萬元，嗣雖增至二千萬元，為數仍不鉅，若限額過小，則變得資金無多，不惟增加放款利息，且亦將無法適應放款業務之實際需要；若限額過大，又恐濫發

---

[41] 鍾崇敏，＜發行土地債券推進土地金融業務問題＞，頁 7。
[42] 鍾崇敏，＜發行土地債券推進土地金融業務問題＞，頁 8。
[43] 鍾崇敏，＜發行土地債券推進土地金融業務問題＞，頁 7、10。

行，有傷債信，故必須視放款之多寡而為自由之伸縮。

土地債券面額之大小，依土地債券法原規定。土地債券面額為五千元、一千元、五百元、一百元與五百元共五種。1947 年修正為五萬元、二萬元、一萬元共三種，實因通貨膨脹致貨幣流通量增加，國民之名義所得亦增加，因之提高券面價額，不惟可以節省券料，亦為適應戰時與戰後國民之實際需要。

新土地法施行法第八條規定，清償債券期限最長不得逾五年，綏靖區土地處理辦法及土地債券辦法規定，最長不得超過十五年。土地債券利率，依中國農民銀行土地債券法第六條規定，得較土地抵押放款利率低二釐，未作具體決定，嗣中國農民銀行土地抵押放款利率，奉准為八釐，故該行特定債券利率為年息六釐。自 1947 年接受中央銀行轉質押辦法後，其放款利率經規定不得超過月息三分六釐。放款利率由年利八釐提至月息三分六釐，雖算甚高，但與市場黑市利率高達三分以上比較，仍屬極低。

一般的土地債券推銷方法有三：一為直接與借款人，由其自行售出，二、公開普遍招募，售與儲蓄者或投資家，三、經由代理人或投資銀行之手售出。實際上，法幣債券和實物債券都採用第一法，而法幣債券未兼採用第二與第三法之原因，由於戰時及戰後商業利潤極大，有錢者不願將其多餘資金購買土地債券。以搭放方式推銷土地債券之方法，係借款人向土地金融機關借款時，而以搭放若干成做條件，其認購土地債券之標準，中國農民銀行規定市地改良放款，應為借款總額 20~30% 。

土地債券之償還方法，依中國農民銀行土地債券法第七條規定：「土地債券之付息，每年至少一次，其還本，在記名式債券，得定期一次，或數次為之，在無記名債券，得分期以抽籤行之，

但必要時，得自發行之日起滿五年後，開始還本，並得於滿二年後，隨時提前還本。」不論記名或無記名債券，均於發行滿一年後，依本息合計均等分還法，每年合併付還本息一次，持券人不得單兌本金或利息，分十五年還清，但得於發行滿兩年後，隨時提前償還。[44]

3.扶植自耕農計畫

扶植自耕農工作，在抗戰勝利以後，各省多已擇地舉行，並由中國農民銀行在各省增設土地金融機構，放款協助地方政府推行。各省試辦扶植自耕農之辦法，可大別為甲、乙兩種。除現行土地法外，尚無一套有效的法令和具體的計畫，以肆應當時情勢的需要。因之，各省市為實施耕者有其田，只好採取抗戰期間示範區的辦法，作小規模的推動。

截至 1947 年底止，由政府直接徵收放領土地之示範區，計在川、贛、桂、湘、甘等省有十三處，及福建龍巖一實驗縣。另由農行土地金融處配合，貸款農民購地者，計達十三省七十三縣市。兩者共創設自耕地 929,000 畝，扶植自耕農民 63,000 戶。以上成果，在當時已屬難能可貴；惟究係一點一滴工作，距全面土地改革之推行，仍甚遙遠。[45]

1948~1949 年間，廣西、雲南、陝西、甘肅諸省及青島市，對於私有土地經依法限定最高面積，超額土地，規定須於兩年內劃分出賣。廣西省並經規定地價為地租之七倍，地主須於限期屆滿前，將耕地移轉為農民所有，由農民分十四年償還地價。湖北省則於 1949 年初，限定私有農地之最高面積，規定超額土地應

---

[44] 鍾崇敏，＜發行土地債券推進土地金融業務問題＞，頁 11-12。

[45] 湯惠蓀，前引文。

由政府徵收，轉放農民承領。此外，行政院並依「綏靖區土地處理辦法」在江蘇、河北、山東、安徽、陝西、察哈爾等省，指定十四個實驗縣，實施扶植自耕農。惜以局勢轉變，地方政府事多力分，加上少數地主之強力抗拒，未及卒行。[46]

4.土地金融推動之限制

發行土地債券，原則方面本無問題，所成問題者，在通貨持續貶值情形下，恐無從推銷。由於戰時及戰後商業利潤太高，黑市利率超過債券利息更鉅，故向來土地債券推銷方法，係採取搭放方式。自 1942 年起至 1946 年止，共計發行土地債券十一億元，但截至 1947 年 3 月底止，實際銷售一億七千餘萬元，僅佔發行總額 15%，因此在幣值未穩定情形下，其銷路必成問題。[47]

由於 1947 年底開始全面內戰，地政業務的推行亦大受影響。1948 年行憲後，國共勢力消長，戰局惡化，到 1949 年則一切土地改革功虧一簣。

（二）綏靖地區土地金融政策

1.中國農民銀行綏靖區土地債券

依「中國農民銀行發行綏靖區土地債券辦法」第二條規定：「綏靖區土地債券之發行，依本辦法之規定，本辦法未規定事項，依中國農民銀行土地債券法之規定。」所以綏靖區土地債券辦法之於土地債券法，係屬補充性質之法規，但是關於實行債券之本位，土地債券法係以法幣為本位，綏靖區土地債券辦法則不然，該辦法第三條規定：「本債券以農產物之稻穀或小麥為本位，分別發行之。」可知其所發行之債券，係以實物為本位，使土地

46　內政部編，《土地行政概況》，頁 63；張維一，前引書，頁 349-351。。
47　鍾崇敏，＜發行土地債券推進土地金融業務問題＞，頁 12。

債券不受惡性通貨膨脹之影響，其價值最爲穩定。

根據綏靖區土地債券辦法所發行之實物債券，票面共分一石、五石、十石、五十石、一百石五種，其目的在以強制手段，將該項債券分別交付地主，補償地價，當無發行中小面額之必要。

綏靖區土地債券辦法第六條規定，債券利率爲年息 4%，雖算甚低，然依該辦法所發行之土地債券，係以實物計算本息，不能與法幣計值之債券等量齊觀。至實物債券償還方法，綏靖區土地債券辦法第七條規定：「本債券之償還，採本息合計，均等攤還法，於發行滿一年後，開始償還。每年還本付息一次，分十五年償清，但得提前償還全部或一部。」[48]

1947 年中國農民銀行爲了配合政府合理處理綏靖區土地問題，又根據「中國農民銀行發行綏靖區土地債券辦法」，發行綏靖區土地債券稻麥各一千萬石，擬先在淮陰、東臺、宿遷、興化等四縣試辦，再推及其他各縣。[49]

2.綏靖區扶植自耕農辦法

綏靖區土地處理辦法，對於自耕農之創設，更有積極性的規定，其土地之來源，除公地公荒外，則爲綏靖區經共產黨非法分配之農地而依法恢復原狀者（第七條），或可恢復原狀而原所有權人逃亡尚未回鄉者（第十條）其創設自耕農之方法，凡由政府所徵收之土地，依下列優先次序，分配於人民繳地價承領自耕：甲、變亂前原佃耕人；乙、現耕種人；丙、有耕種能力之退伍士兵及抗戰軍人家屬（第十一條）。[50]

---

[48] 鍾崇敏，<發行土地債券推進土地金融業務問題>，頁 10-11。

[49] 鍾崇敏，<發行土地債券推進土地金融業務問題>，頁 10。

[50] 鍾崇敏，<新頒土地法與綏靖區土地處理辦法之比較研究>，頁 26。

　　1946 年另訂「扶植自耕農解除高利債務辦法」，全面推動。同年 10 月為配合戡亂時期需要，於總處設「綏靖區業務推進委員會」，除小本貸款外，並訂「綏靖區土地債券辦法發行計劃」，分期進行。1947 年 2 月，國防最高委員會核准第二期土地債券由三億元，增為十億元，同年 5 月訂定「綏靖區扶植自耕農放款手續須知」。同年「綏靖區業務推進委員會」奉令結束，原辦理之綏靖區土地金融業務由土地金融處接辦。同年 11 月製發第三期土地債券五百億元。接著 1948 年 6 月訂定「農地改良放款折實收實辦法」。同年 9 月，財政部核准綏靖區土地債券得在非綏靖區使用。以上種種措施，足徵復員初期之土地金融，乃以配合戡亂需要為重心。[51]

七、戰士授田計畫

　　抗戰期間常有「戰士授田」之議，謀授田藉以鼓舞軍中士氣，並曾研擬「抗戰期間陣亡將士遺族授田條例草案」。1946 年華中區綏靖會議通過「戰士授田辦法草案」，政府於 1948 年 1 月 7 日制訂公布「榮譽軍人授田條例」，全文 24 條，規定凡作戰傷殘之軍人，經國防部核定而志願從事軍農墾者適用之。每一榮譽軍人授予一個單位面積之田地，以能維持五至八人之生活為準。此外並規定集體授田者，應給予被服、貸款及衛生等輔導。惟以大陸局勢逆轉，未及實施。[52]

　　1950 年撤退來臺的國民政府「為獎勵反共抗俄戰士，並維持其家屬生活」，乃經國防部會同內政、財政等部擬訂「反共抗

---

[51] 黃通，前引書，頁 230。
[52] 張維一，前引書，頁 422。

俄戰士授田條例」草案，提經行政院同年 12 月 27 日第 165 次院
會通過後，於 1951 年 2 月 20 日送請立法院審議，立法院於第八
會期第十四次院會三讀通過，同年 10 月 18 日公布施行。該條例
全文二十條。[53]

第二節　戰後土地改革草案大辯論

　　1947 年 10 月，中國共產黨發表「中國土地法大綱」，揭示土
地改革的決心和目標，並在「解放區」內進行土地改革，欲從根
本動搖國民黨的統治基礎，也使黨內長期從事地政工作的人員，
受到極大刺激和震撼，鑒於歷來制定的土地法規，均不足以解決
土地問題，政府又一貫採取延宕的態度對待土地問題，因此決定
採取由下而上的辦法，組織團體、制定方案，造成強大的社會輿
論，敦促政府認清迂緩解決土地問題的「非常可怖的後果」。[54]

一、中國土地改革協會

（一）從中國地政學會到中國土地改革協會

　　中國土地改革協會的成立，醞釀於抗戰後期，戰後國內局勢
逆轉直下，內戰方殷之際，其時國軍在豫、湘、桂戰役中大敗退，
後方政治問題又無解決辦法，如物價之狂漲、糧食不足、財稅匱
乏，即時掀起國民黨之「政治革新運動」。[55]在此環境下，急速促

---

[53] 張維一，前引書，頁 422-423。

[54] ＜土地改革方案＞，《土地改革》第 1 卷 1 期（1948 年 4 月），轉引
自成漢昌，前引書，頁 275。

[55] 徐穗，＜試論抗戰勝利後國統區土地改革大辯論＞，《民國檔案》1993
年 3 月號，頁 106。

促成了土地改革協會的成立。

　　1947 年 2 月 19 日，由中國地政學會一批理監事，發起成立「中國土地改革協會」，1947 年 4 月，在南京舉行成立大會暨第一次會員大會。大會通過宣言和章程[56]，選舉理事會，推舉國民黨中央執委、中國地政學會會長蕭錚為理事長。以地政學會的會員，及地政學院歷屆畢業生為骨幹，同時大力發展新會員，擴充其組織，規定「吸收會員：一、以知識分子為主，尤應注意中小學教師；二、以青年學生、優秀農民為主，尤應注意農村工作者；三、普遍吸收各階層之熱心土地改革者。」[57]成立後發展快速，數月內各省登記的會員達三千六百餘人，越年即增至一萬六千餘人，全國各省市設有 23 處分會，並在一些縣設立支會。[58]

　　中國土地改革協會的成員，並不像地政學會係由專家組成，主要從事研究的學術團體，而是組織成員較廣泛，以策進土地改革為主要活動的社會團體，為 1940 年代後期，國民黨內力主土地改革的一股激進力量。

（二）「三項基本要求」與「八項主張」

　　中國土地改革協會「第一次會員大會宣言」，強調在當前的形勢下，解決土地問題的迫切性和重要性：「我們深刻知道，目前的政治、經濟、社會三方面的現象，都極端令人憂慮，因為這其間有一個共同的癥結橫在面前，妨害著社會進步，壓迫著經濟

---

[56]　蕭錚，《土地改革之理論與實際》（臺北：帕米爾，1951 年）附錄：＜中國土地改革協會宣言＞。

[57]　＜中國土地改革協會第二次理監事聯席會議記錄摘要＞，《土地改革》第 1 卷第 1 期（1948 年 4 月），轉引自成漢昌，前引書，頁 277。

[58]　蕭錚，《土地改革五十年－蕭錚回憶錄》，頁 285。

發展，威脅著全體同胞的生活，而且歷來是政治腐敗的根本原因，這個癥結就是土地問題。不合理的土地制度是一切寄生階級、剝削階級、封建軍閥、貪污官吏、土豪劣紳等共同假借的工具，他們利用這個工具，不勞而獲，積累爲政治資本，形成完整一股勢力，阻礙國家的進步和建設。不合理的土地制度，束縛著土地的生產力，使其不能地盡其利，使大多數的農民呻吟痛苦於租佃制度之下；束縛著經濟的發展，使工商企業作了地租和地主的奴隸；使全體的工業勞動者輾轉於饑餓線上。它更間接而殘酷的窒息了文化的進步，使一切自由職業者變成了不自由的人。…」並且尖銳的指出：「中國今日的土地問題，比以前更嚴重，它已使我們國家走上一個前進或落後，興隆或頹敗的關頭上，如果我們不解決它，他便會解決我們，…」[59]號召全國各階層人士「不分職業、階級、黨派、性別，一致覺悟起來，認識這個共同的敵人－不合理的土地制度－組織起來，成爲廣泛而偉大的群眾運動，共求這個問題的徹底解決」[60]。所以宣言堅決的說：「在它一日存在的時候，決不允許我們期望任何政治經濟社會的真正改造。」

　　中國土地改革協會宣言中提出「農地農有」、「市地市有」、「富源國有」的「三項基本要求」，針對社會上存在的種種問題，從政治、經濟、社會三方面，進行全盤而徹底革新的「八項主張」。

1.三項基本要求：（1）天然富源如山林、川澤、水力、礦產及因社會進步而發生之土地利益，應一律收爲公有，歸全體人民

---

[59]　程準，前引文，頁 267。

[60]　＜中國土地改革協會成立宣言＞，《土地改革》第 1 卷第 1 期（1948 年 4 月 1 日），頁 2。

共同享受，不得爲任何私人或私人集團所壟斷侵占；（2）農地（包括耕地、園地、牧草地）除國營、地方公營者外，應一律農有，以實現耕者有其田，徹底消滅地主階級及租佃制度；（3）市地及重要經濟建設區內之土地，以公有爲原則，其新闢及衝要區域，應盡先收爲公有，並勵行都市計劃，根絕土地投機，使工商企業免受地租之壓迫，公共建設得合理之發展，並使一切市民有適於健康生活的住宅園地。

2.八項主張：民族自由、政治民主、經濟平等、土地改革、鄉村建設、城市建設、文化建設、戰士授田與邊疆墾殖。

以上三項基本要求和八項主張的具體內容所及，揭示了土地改革協會成立的目的：在要求實現土地改革的問題上，是明確和堅定的；實際上根本目的是將土地改革做爲「防止共黨擴張之重要武器」[61]，維持搖搖欲墜的政局，助其「逃出死亡的威脅」[62]，「此基本要求之提出與對當前實際之主張八項，均係針對當時共產黨之叛亂，及所謂民主人士之龐雜主張而發。」[63]

（三）創辦土地改革半月刊

1948 年 4 月 1 日，中國土地改革協會出版會刊《土地改革》，做爲機關刊物，考察調查土地問題實狀，舉行研究會、討論會，爲一專門討論土地問題的刊物。標榜「是超然於各黨派之上的，對當前時局問題，可以自由發表意見」的刊物。[64]實際上反共立場極爲明顯，＜創刊辭＞不留情的攻擊中共在解放區實行的土地

---

[61]　蕭錚，《土地改革五十年－蕭錚回憶錄》，頁 304。
[62]　蕭錚，《土地改革五十年－蕭錚回憶錄》，頁 295。
[63]　蕭錚，《土地改革五十年－蕭錚回憶錄》，頁 285。
[64]　《土地改革》第 1 卷第 1 期，＜編輯後記＞。

改革是「慘絕人寰」、「製造空前的禍亂」等；但也無可否認，頑固反對土地改革是那些「只為自己既得利益，為了更大更多的個人權力與財富」[65]的地主、官僚、軍閥以及他們的爪牙、豪紳和土劣。蕭錚也在創刊號也發表聲明：「真正中國的前途是要從推翻現存的土地制度，鏟去剝削階層，及其代表者官僚集團做起。」[66]因此一問世，吸引了全國關心時局和土地問題人士的目光。

　　1948 年 4 月初，中國土地改革協會召開「土地改革座談會」，參加座談會有政論家、金融家以及地政官員，重要內容為：「有的主張土地改革之先，國民黨應求改造，並與農工群眾結合，而且要政府下決心，空談政策是不行的。有的從學理去探求中國土地改革問題，認為土地政策應和其他政策相配合，依時注意新技術的運用。有的認為現在除了拿土地改革來對付共產黨和其他政策外，還要政治安定。」[67]由此可知議題包括：「要對付共產黨」、「要改革土地」、「要改造黨」、「要結合農工群眾」等，亦即土地之所以成為國民黨心目中的「問題」之要素；但同時又「要安定政治」，問題就更加複雜。[68]

二、「土地改革方案」

（一）方案的提出與內容

　　為了進一步策進土地改革運動，由一些長久以來參與地政的

---

[65]　＜發刊辭＞，《土地改革》第 1 卷第 1 期（1948 年 4 月），頁 1-2。

[66]　蕭錚，＜我們揭出社會革命的旗幟＞，《土地改革》第 1 卷第 1 期（1948 年 4 月），頁 5。

[67]　《大公報》（上海）（1948 年 4 月 9 日）。

[68]　王亞南，＜中國土地改革問題研究＞，《社會科學》4 卷 2 期（1948 年 6 月），頁 9-10。

專家，經過半年多的反覆討論，1948 年 2 月 19 日，土地改革協會的理事會通過「土地改革方案」，登載在《土地改革》半月刊的創刊號，3 月 20 日在南京舉行的中外記者招待會上公開發表，引起了強烈的反響。

　　「土地改革方案」內容只有七章，連序言在內，不過 939 個字，其基本內容如下：

　　1.全國農耕土地，應自即日起，一律轉歸現耕農民所有。

　　2.「現在佃耕他人土地之農民，分年清償地價，取得土地所有權，化佃農為自耕農」；「上項地價為現租額之七倍，分十四年交納，但現租額超過正產物千分之三百七十五者，應仍以千分之三百七十五計算之。」

　　3.「自交納地租、清償地價之第一年起，原土地所有人之土地所有權即行終止，而移轉於原耕佃農。」「取得土地之佃農，每年交納地價十四分之一，至第十四年，地價清償完竣後，取得其土地所有權。」

　　4.為「根絕土地兼併」，「凡非從事於自耕之任何人民，不得購買土地。」

　　5.不分新舊自耕農，應分別加入各地的農業合作社，實行農地重劃、調整，並擴大農場的面積。

　　6.為徹底實行土地改革，各地佃農應組織佃農協會，代為辦理土地登記及收繳地價。[69]

　　「土地改革方案」之直接目標在於「普遍而迅速的、徹底而和平的化佃農為自耕農，以實現我國多年來所渴望的耕者有其

---

[69] 熊伯蘅，前引文，頁 3；轉引自徐穗，前引文，頁 106-107。

田。」[70]鑒於國民政府過去所擬訂的「稅去地主」的辦法,「屬緩不濟急」;及發行債券以「買去地主」辦法,「亦實於緩而難有實效」。土地改革協會乃建議採用「最明快簡捷的方法,解決中國最嚴重的佃農要求土地的問題」。[71]因此第一章即提出:「全國農耕土地,應自即日起,一律歸現耕農民所有」,如經政府採納,「那法案頒行的一天,佃耕土地便即日移歸佃農所有了。」[72]

(一)土地改革方案問題的討論

本方案所定辦法的來源,主要是採取俄國的地租農場制及愛爾蘭的創設自耕農政策,一方面吸收東歐各國的優點,創設自耕農;同時又採取蘇聯集體農場制度的優點,解決土地利用及農業經營問題,用意原很積極,但是缺點也很多:

1.未明白規定政府專設機關負責:土地方案為全國一致的大改革,若國家沒有直接的擔當,強制執行的規定,恐難發生效用。除原案變成法律,還必須有正式負責的的機關,強制執行,才有效果,不致變成一紙具文。原辦法規定地主應向地政機關呈繳證狀,又規定佃農應經由佃農協會向地方政府登記,卻未有執行的專責機構。

2.過於保障地主,沒有規定適當解決糾紛的途逕:例如地主應把土地所有權證狀呈繳地政機關,換取十份地租券,憑此券收租。若地主不願呈繳土地狀,也不換取地租券,法案便無法進行。辦法規定農民每年交租一次,從地主取回一張地租券,可是糾紛不少,保障也未必可靠。

---

[70] <寫在農地改革法草案之前>,《土地改革》第 1 卷第 8、9 期(1948年 8 月),頁 8。

[71] 蕭錚,《土地改革五十年－蕭錚回憶錄》,頁 292-293。

[72] 蕭錚,《土地改革五十年－蕭錚回憶錄》,頁 289-293。

3.僅僅顧到土地稅方面，沒有顧到農民的負擔，改革的效果不易保證：原方案規定交租的第一年起，地主終止交納地稅，由農民負責交納，必要時還可增加地稅，超過土地每年生產額的10％，原則立意無可訾議。事實上由於田賦徵實，地主的負擔加重，加上一切派款及捐稅，都以土地為惟一對象，將來農民有了土地，也同樣是不堪其擾。

4.只有創設自耕農的辦法，沒有維持的辦法，對合作農場也沒有有效的進行方案：本辦法除規定以後非從事自耕之任何人民，不得購買耕地、抵押方面，略有規定，不甚完全外，對於農民是否可以買賣、轉租，乃至繼承制度等，都無規定。接著農民卻一律都要加入農業合作社，將一些很複雜的問題，籠統含混過去，沒有有效的進行方案規定。

此外，方案尚存在其他值得研究的問題：（1）地價的數額及十四年的交納時期。本方案規定地價為現地租的七倍，以及十四年的交納時期，原文未說明依據之標準；（2）原辦法只限於現耕的佃農才可以變成自耕農，佃農以外的僱農乃至一般沒有地耕的人民無法兼顧。又自耕農而有僱用人工者，即所謂「富農」，還有自耕農而土地不夠耕種，所謂的「貧農」等，複雜問題，都有待解決。[73]

（三）各界的反應

「土地改革方案」公開發表之後，引起了熱烈的討論和批評，有關土地問題的座談會連續不斷，國內外報章雜誌對於土地改革的意見，幾乎無日無之，有的同情與共鳴，各方面毀譽參半，「這種狂熱的輿情和呼聲，表示了現時代的社會，是如何的在急

---

[73] 熊伯蘅，前引文，頁 3-5。

切需要實行改革，雖然各個人的意見和主張不盡相同，然而認爲今日的土地制度之必需改革卻是一致的。」[74]其立意，多數是爲把農民從共產黨一方拉攏過來，以挽救國民黨統治的危機，「希望各方賢達能認識中國今日的嚴重，一致主張先由解決農民的問題，求得中國的安定，一切更進一步建設計劃，且待中國逃出死亡的威脅時再說。」[75]

另一方面，土地改革協會的分支會，也告紛紛成立。由於中國土地改革協會爲社會團體，所提出的「土地改革方案」儘管在社會上有很大影響，但不具備法律性質。爲了促進立法機關承認並推動政府實行，土地改革協會又在「土地改革方案」的基礎上，徵求各方意見，多次研究修改。

三、「農地改革法草案」

土地改革協會鑒於行憲國民大會閉幕後，行憲政府即將產生，乃以貫徹憲法有關土地改革條文爲由，同時考慮「土地改革方案」公布後，各方紛紛要求具體實行辦法的呼聲，故決定一面擴大社會影響，喚起各方的注意，共同參加土地改革理論和運動的發展；一面草擬具體法案，制定「農地改革法草案」，提交立法院，爭取立法委員支持，獲得通過予以實施。[76]

1948 年 3 月 20 日，土地改革協會發表「農地改革法草案」的具體方案，目的作爲進一步希望能在立法院提議，並通過類似的農地改革法。《土地改革》雜誌第一卷八、九兩期合刊爲「農

---

[74] 謝悅仙，<試論土地改革之道>，《土地改革》第 1 卷第 10 期（1948 年 9 月），頁 6。

[75] 蕭錚，前引文，頁 11。

[76] 徐穗，前引文，頁 107。

地改革法草案」專號。[77]戰後國共內戰方酣之際，1948 年國府提
出的改革幣制、整理財政與管制經濟，只以工商界為對象，至於
農民方面，有關繼續徵實、徵借和徵購的問題，並沒有明白的指
出，為了彌補此點不足，蕭錚等八十六位立委在立法院會議中提
出一個「內容與現行土地並無衝突」的「農地改革法草案」。

　　「農地改革法草案」共 19 條，「是依照土地改革方案的原則
擬定的，細節雖有補充，精神仍是一貫。其基本精神在於迅即終
止佃耕制度，普遍實現耕者有其田，而同時不使中小地主驟然失
去生活的保障，可以在比較和平安定的過程中完成這一改革。它
也附帶的兼顧到土地利用，要實行農地重劃，調整並擴大農場面
積與農業經營能力。」[78]內容要點可歸納為：

　　（一）全國農地自法案施行之日起，「一律歸為自耕作之農
民所有」，「現為自耕之農戶，其所有之農地面積，以不超過維持
一家八口生活必須之範圍為限」。歸為自耕農民的土地範圍為：
非自耕的私有農地，除法律別有規定的公有農地，公有或私有可
耕荒地，以及雖自耕而其所有農地面積，超過維持一家八口生活
限定三分之一以上的部分。這些農地依如下次序分配於承領自耕
之農民：一、現佃農；二、現雇農；三、現役軍人之家屬；四、
所有農地面積不及維持一家八口生活規定範圍之自耕農；五、其
他需要土地之農民。（第二、三、四、五、九條）

　　（二）「農地承受人應對原所有權人補償地價」。所補償的
地價不得超過約定地租額（不得高於正產物千分之 375）之七倍，

---

[77]　萬國鼎，＜農地改革法草案要旨說明＞，《土地改革》第 1 卷第 8、9
　　　期（1948 年 8 月），頁 5。

[78]　萬國鼎，前引文，頁 5。

總額以當地主要農產計算，分為十四年清償。第一年應補償之地價繳清後，農地所有權由原有所有權人轉移於農地承受人，由縣市政府發給農地所有權臨時證書存執。農地承受人自繳付第一年地價之日起，負繳納土地賦稅之義務。同時，該農地承受人每年繳付地價十四分之一向原所有權人換取地價券一聯，至第十四年全部地價繳清後，將各聯地價券連同農地所有權臨時證書匯呈縣市政政府，換取土地所有權狀。（第六條）

（三）「農地所有權人自收到第一年補償地價之日起，終止對土地所負之賦稅義務」。該所有權人所收地價得採用累退減補的辦法，如其每年所收地價，總額超過當地自耕農全年收益一倍者，就其超過部分減少 25% ；超過兩倍者，減少 50% ；超過三倍者減少 75% ；超過四倍以上者全部減去。對所減的地價由當地政府收管，其中之一半為地方公共建設基金，另一半為現役軍人直系親屬取得農地時，政府代繳地價之費用。（第十條）

（四）「各鄉鎮設置農地改革委員會，受政府之指導，辦理農地承受申請登記、收繳地價等事宜。」該委員會的成員由下列人員組成：佃農代表三人、雇農代表一人、自耕農代表一人、農地原所有權人代表一人、政府代表一人、農業技術專家一人、土地或農業社團代表一人。（第十二條）

（五）地權移轉前，農地上原供佃農雇農使用之房屋、耕畜、農具及其他農業設備，應歸農地承受人照公平估價承購自用，其必需之資金由國家金融機關酌量貸給。地權移轉後，政府及國家金融機關採取貸款、組織農業合作社及土地重劃等措施，調整並擴大農場面積和農業經營能力。（第十三至十七條）

（六）「自本法施行之日起，非自為耕作之農民，不得購置耕地；其以自耕農地位購置耕地而不自耕者，由當地農業改革委

員會依本法之規定，重新分配之。」（第十八條）[79]

四、立法院關於農地改革法草案之辯論

中國土地改革協會所提出的「方案」或「草案」，不能代表官方計畫，必須經由立法院通過而成為法案；而且即使可以成為正式的法律，也不能保證其必行，必須人民大眾的力量發展到足以抵抗豪強，強迫政府不得不依照人民大眾的利益去切實施行，才有成功的希望。1948 年 7 月 4 日，土地改革協會在南京香輔營召開座談會，邀請幾十位新任立法委員、許多土地問題專家學者和重要通訊社與報社記者參加。經過熱烈討論，最後蕭錚以立法委員的身份，正式向立法院提出「農地改革法案」，領銜連署的立委有張道藩等 84 人，支持的人不少，聲勢亦不小。

9 月 21 日，立法委員會議中，蕭錚提出此案的立法、主旨及理由的書面敘述，並作了四點解釋說明：（1）遵奉國父遺教；（2）實施憲法規定；（3）根本消弭共禍；（4）統一各地單行辦法。蕭錚曾說：「我這個農地改革法案還不是全部的土地法，這裡面還沒有都市的土地分配在內，那是更激烈更進步的土地改革，必須要待農地改革有了成效以後再來實行。」[80]

但法案一提到會上，立刻引起軒然大波，「會場上已充滿了緊張的情緒」，「遭遇到強烈的反攻」，反對者與提議及贊成者之

---

[79] ＜農地改革法草案＞，《土地改革》第 1 卷第 8、9 期（1948 年 8 月），頁 3-4；條文內容見蕭錚，《中國人地關係史》（臺北：商務印書館，1984 修訂版），頁 311-315。。

[80] 黎樹德，＜為著一與四得的農地改革法＞，《經濟周報》第 7 卷 14 期（1948 年 10 月 7 日），頁 269。

間，展開激烈的舌戰。辯論自下午 3 時半至 6 時許，毫無結果，尚有 25 人遞發言條而未能發言。9 月 28 日下午立法院繼續討論，到會委員 371 人，「本次會場情緒更為緊張」，以致因秩序紊亂而不得不中途一度休會，至會議結束時，要發言的還有 38 人。10 月 1 日上午，立法院第三次討論，五十餘人要求發言，「大有愈討論，意見愈分歧，態度愈激昂之演變」。有的要求停止討論，有的提議付諸表決，還有認為應繼續交換意見。又經數小時辯論，最後進行表決，結果到會 255 人中，以 151 人通過將「農地改革法案」與其他兩個有關土地問題的提案，「三案併付審查」，並決將此三案交由土地委員會委員會，會同財政、金融、資源、農村、糧政、法制、民法等七個委員會「共同審查」。[81]

自立委蕭錚向立法院提出「農地改革法案」後，引起立法院一場騷動。在立法院三次討論中，相當一部分的立法委員一見法案立即反彈，有人說「這是違反憲法對人民財產權的保護」；有人說「這是見樣學樣」，只是共產黨的尾巴；有人說「他在製造個人地位」；甚至違背孫中山的遺教。其中以立委陳紫楓在南京《和平日報》（10 月 26、28、29 日）發表＜我反對蕭錚委員所提農地改革法案理由和意見＞一文最為具體。他的理由分為五點：（1）此案違反憲法第 15 條、第 143 條，本案不能成立；（2）百分之八十以上的農民統計數字，並不可靠，農民並不怨恨租佃制度，而祇怨恨貪官污吏；（3）我國土地問題並不嚴重；（4）戡亂第一的旗幟下，我們絕對沒有跟著共產黨尾巴的道理；（5）戡亂戰爭未停，人民原氣未復，決不能輕言改革，割去並未發炎的

---

[81] 何超航，＜農地改革法草案立法院舌戰記＞，《土地改革》第 1 卷第 12、13 期（1948 年 10 月），轉引自成漢昌，前引書，頁 281。

盲腸，這醫生是庸醫。最後他說：「我自從十八歲追隨國父和各位同位同志之後，參加革命，到現在已經有四十二年歷史……站在黨立場，我不原諒原提案人對國父遺教的誤解…」，「孫中山先生雖說過要耕者有其田，但沒有說不耕者不准有其田」[82]接著劉士篤則說「提案可能製造混亂」；其他委員在大會討論時發言反對者更多，甚至有人赤裸裸地站在地主的立場上，說如果把田地交給農民，那他們的子女，哪來的錢去上大學？

　　除了正面反對此案者外，還有更高明的方法，如孔庚說「應將生產問題同時解決」；黃統則提議應實行土地國有；范苑聲提議「應先制定城市土地使用條例，先實行城市土地漲歸公」。要照他們的意見辦理，此案自然就得擱置。蕭錚在大會上「舌戰群儒」，會後又寫一篇長文＜論農地改革法案－兼答劉士篤、陳紫楓、甘家馨、孟廣厚諸君先生＞[83]，在立法院內外廣為散發，不斷的說理，但仍不能克服反對者，結果討論了半年之久，都沒有為國民黨當局所採納，到 10 月 1 日最後還是以「並付審查」了之。直到解放軍打入南京時，此案仍「尚未定議」。[84]

　　蕭錚是國民黨中常委，本案是根據孫中山的民生主義主張而來，而陳紫楓等立委是國民黨黨員，反對這個提案，也是根據國父遺教，這是矛也是盾，綜合而成矛盾。

五、農地改革法辯論的特點與評價
（一）優點

---

[82]　程準，前引文，頁 268；黎樹德，前引文，頁 269。。

[83]　全文見蕭錚，《中國人地關係史》，頁 315-325。

[84]　蕭錚，《土地改革五十年－蕭錚回憶錄》，頁 305-306。

（1）方案若實施以後，租佃制度自此廢止，把地主的土地移轉給現耕佃農或僱農，耕者沒有變，只是土地所有權的轉移，所以變動較少。

（2）對於地主給予相當補償，不致危害其生活。在土地改革中，地主全無損失是不可能的，本草案規定以不超過約定地租額之七倍總額，給地主補償地價，以當地主要農產物計算，分十四年清償，原地主仍可在今後十四年內，每年收得原租額的一半。

（3）對於農民，使其可以取得土地所有權，而未加重負擔，且設法給以經營上必需的配備。農民取得土地必須付出之代價，在今後十四年中，每年只須付出等原租額的一半以作為地價，雖須納稅，但限定田賦及其他負擔之總額，不得超過農地正產物的10%。每年所須付出的地價和地稅兩項合計，不過農地正產物的千分之 287.5，比法定租額限度的千分之 375 還少。

（4）地價歸農民分年償付，地稅也由新自耕農負擔，國家只須予以金融上的保證與融通，並無多大財政負擔，因此隨時可以實施。

（5）中國農業向為小農經營，圻畝細碎，不合於經濟使用原則，方案規定實施農地重劃，藉以調整並擴充農場面積，使畸零分碎土地，連結為便於經營的整片農場。

（6）所慮的只是政府有無執行此種改革的決心與權力，必須靠民眾運動做發動力。[85]

（二）缺點

（1）農地改革法草案主要為了撥亂返治，終止租佃制度乃

---

[85]　〈農地改革法草案座談會紀錄〉，《土地改革》第 1 卷第 8、9 期（1948年 8 月），頁 16；萬國鼎，前引文，頁 7-8。

是草案可能的「果」而非「因」。

（2）封建、半封建的剝削關係，變爲資本主義剝削的債務關係。

（3）對於農村雇傭勞動者（雇農）的生產關係，並無任何改善。

（4）對於地主給予相當補償，但收入不減。「原地主仍可在今後十四年內每年收得原租額的一半，地主原須繳納賦稅，像目前田賦及攤派等，所納往往不止租額一半，所以地主每年所得實際上並不減少」，其實是爲地主打算。

（5）農民徒有土地所有之名，而負擔未有減少，土地的賦稅落到他們身上，所謂限制土地賦稅不得超過農業正產物百分之十，乃是空話，「試問戡亂第一的政策下，龐大賦稅向誰去抽取，徵實徵糧，難道會落到豪門地主的頭上？」[86]

此外，細節上的缺陷和矛盾也很多，例如農戶土地單位面積難於規定，土地禁止自由買賣後，對於農業資本主義化的阻礙性等等。

（三）農地改革方案的本質

依據事實而言，中國土地改革協會是國民政府「戡亂建國」下的產物。從「農地改革法草案」到「土地改革方案」，都是針對中共的土地改革和「中國土地法大綱」的「叛亂性」，作爲文字或心理上的戡亂藍本。「土地改革方案」到「農地改革法草案」是服膺「戡亂」政策的發展和演變的草案，因此戡亂經濟成份的加強和表面化，也就是一種必然了。在條文中第四條、第五條、第九條都明白顯現出來，諸如現役軍人家屬，不論其佃耕與否，

---

[86] 程準，前引文，頁 268。

得以領受配田;其不超過限額者,雖非自耕,亦准其保留,其家屬承受農地,地價由政府代為分年清償等等,無非想藉此安定前方士氣。

農地改革法草案在部分條文上,比土地改革法方案較進步,例如第三條的限田、第四條的兼顧雇農、第十條的限租、第十一條的規定土地賦稅的最高額等等,但是彼此精神是一貫的,都是一種消極防範性的戡亂方案。有評者論:此一草案要「一舉廓清地主制度」,廢除租佃制度,給「佃農生活有改善之望」,讓他們獲得精神上的安慰,總算是夠稱激烈。不過它又能以免除大戶抗糧之勞來「合理顧全地主生活」,「以田間賦」之便來「增加政府收入」;以容許軍人或其家屬保留地主制度或租田制度,來鼓勵士氣,從而解決若干現實問題,對於財政當局與既得階層,亦不無補益。[87]

(四)農地改革法草案結果

當反對派意見公諸報端,全國各大報刊出一連串的質詢、答辯和社評,全體立委和關心土地改革的人士,莫不人手一張。中國土地改革協會特別出版「農地改革法案論戰專號」。[88]一時間國民黨內部、社會各界人士要求政府實行「耕者有其田」的呼聲達到高潮,土地改革成為普遍的社會要求。同時,時局則已萬分緊急,前方敗訊頻傳,後方物價飛漲,人心浮動。土地改革協會的方案在序言中已明白指出:「如不急求徹底而普遍的改革,實有非常可怖的後果」,敲響警鐘;雖然方案或方案即使通過,也為時已晚,但通過總比不通過好,至少表示政府心中還是有農民。

---

87 黎樹德,前引文,頁 269。
88 何超航,前引文,轉引自成漢昌,前引書,頁 281-282。

然而直至國民黨撤離大陸前夕,「農地改革法案」仍未議定,連主張和平土地改革的方案都通不過,更不用說真正實踐土地改革。

另一方面,1946 年 5 月 4 日中共中央提出「關於土地問題的指示」(五四指示),指明日本投降以後,農民迫切要求土地,黨決定改變黨在抗戰時期的土地政策,即將抗戰時期「減租減息」的政策,轉變爲沒收地主土地,分配給農民,實現耕者有其田的政策。新政策一頒布,各個解放區(國民黨稱爲綏靖區)的土地改革運動,就如火如荼展開。

至 1947 年春耕前,各解放區都有約三分之二地方解決了土地問題,隨後,又經過復查,鞏固和擴大了土地改革的成果。1947 年 10 月中共中央公布「中國土地法大綱」,公開宣布「廢除封建半封建剝削的土地制度,實行耕者有其田的土地制度」,各解放區掀起了大規模、轟轟烈烈的土地改革運動。[89]無數「翻身」的農民子弟投入紅軍,可嘆的是直到 1948 年,這些立法委員還在咬文嚼字,引經據典反對通過這個和平法案。

(五)辯論的特點及評價

1. 因迫於形勢與共產黨爭奪人心:這場辯論聲勢雖大,效果實小。到了 1948 年,共產黨領導解放區的土地改革運動,蓬勃發展,民心向共產黨,而國統區的土地改革卻推行不力,農民心有背向。在此情況下,堅持反共立場的中國土地改革協會,先後制訂出「土地改革方案」、「農地改革法草案」,以求救亡圖存,而部分立法委員也臨時抱佛腳,提交立法院審查,卻終未遂願。

2. 與國共戰局息息相關:這場有關土地改革的大辯論,僅是

---

[89]　成漢昌,前引書,頁 275。

口舌文筆的爭論，到 1948 年大辯論最高潮時，正值國共決戰時刻，兩黨軍事力量發生根本變化，國統區的農村問題已積重難返，社會經濟走向崩潰，軍事上處處敗退。國民黨一些有識之士不禁疾呼，企圖換取民心。但是從「土地改革方案」到「農地改革法草案」的提出，費盡苦心，卻直至人民解放軍直搗南京，該草案還未定議。而國民黨最高當局，對於民情鼎沸，朝野如此議論紛紛的農村土地改革問題，竟然採取敷衍搪塞了事。

3. 方案的妥協性：從這場大辯論的方案和草案的內容觀察，確有把地主階級的土地所有權轉移到佃農手中的措施，雖比國民黨以前主張的「二五減租」有所進步，但採用有償沒收土地，使農民得點好處，地主損失又不大的辦法，實用心良苦，然而也由於這場辯論最後不了了之，表明了這一方案的妥協性。

第三節、兵農合一土地改革方案

一、閻錫山的兵農合一制

（一）戰時實行兵農合一的目的

早在抗戰前夕的 1936 年，閻錫山為抵制共產黨土地革命的影響，曾在山西大肆鼓吹「土地村公有」制。[90]其動機以解決土地問題，作為防範共產黨勢力的擴張，「防共的根本辦法是廢除土地私有權，樹立土地村公有制」，「解決土地問題，為防共釜底抽薪的根本辦法。山西有一百二十萬壯丁（十八歲至三十五歲），

---

[90] 陳淑銖，＜閻錫山「土地村公有制」政策始末，1935-1936 年＞，《國史館館刊》復刊第 8 期（1990 年 6 月），頁 359-424。

三十億元價值的土地。把這些土地作爲村公有，分給一百二十萬
壯丁耕種，就在農村中釘下一百二十萬個穩固的釘子，共產黨就
無能爲力了。」[91]

戰時閻錫山自 1938 年退守晉西後，1943 年開始實行土地改
革與戰士授田，因爲正當抗戰艱苦時期，其管區日漸縮小，同時
爲了遏止中共根據地不斷的擴大，企圖鞏固和發展其管區，而提
出的對策；其次，因感到種地的人少，且農業產量下跌。實行徵
兵制以來，應徵入營的士兵顧慮家人的生活，屢發生潛逃，潛逃
之後又不敢回村種地，幾乎造成「營無兵，村無農」的不良現象。
[92]晉西「地方疾苦，民少儲蓄，抽籤入營，…十人入營，能留存
於軍中者不過一、二人，其餘八、九雖逃之仍不敢回家，馴至田
畝荒蕪幾及其半」的局面。[93]爲解決兵源和糧源問題，1943 年 8
月中旬，閻錫山在吉縣召集其管區的縣、區長，開三天會議，提
出「兵農合一」，實行土地改革、戰士授田。

（二）兵農合一制主要內容

1.編組兵農互助：凡 18~47 歲的役齡壯丁，除去免役、緩役、
禁役、停役者以外，不管在村不在村，一律以居村爲單位，每三
人編爲一兵農互助小組，其中一人服常備兵役，入營當兵，其餘
二人服國民兵役，在家種地。步兵每屆三年（騎、炮、工兵四年
退伍），役齡壯丁輪流服常備兵役，服常備兵役者退伍後，即回

---

[91] 山西省政協文史資料研究委員會編，《閻錫山統治山西史實》（山西：人民出版社，1985 年），頁 323。

[92] 劉杰，<農地改革法草案座談會紀錄（二）－兵農合一的簡要介紹>，《土地改革》第 1 卷第 10 期（1948 年 9 月），頁 8。

[93] <閻錫山呈蔣介石關於兵農合一的報告>，轉引自金德群，前引書，頁 338。

鄉服國民役。逾齡者除役，及齡者編組。同組服國民兵役者，每年須優待服常備兵役者家屬小麥小米五石、棉花十斤，並酌予柴、水及其它費力不費錢之幫助，以示優待。逃役、逃亡不在村之役齡壯丁，令其家屬召回，再行抽籤，如逾期不歸者，先國民兵役，令其家屬出本身應負擔之優待糧棉。此外，爲著配合編組，還制定了「常備兵潛逃懲處辦法」，方法極爲嚴酷。

2.劃分份地：將各縣現有耕地，以居村爲單位，以年產量除地租田賦、隨賦負擔、舖墊開支外，能純餘小麥或小米二十石，及適於兩人耕作之地劃分。劃入份地之土地，其所有權仍屬原主。領種份地之國民兵，應給予地主同糧銀正額之地租，鑿有水井者，另給井租。份地之田賦及隨賦負擔，由領種份地之國民兵繳納。劃分份地，必須確定村界，有糾紛的村，由區派員強迫主持劃界，不服從的懲處。

3.平均糧銀：以前有糧無地，有地無糧，地好糧輕、地壞糧重的，均須重新平均。各縣原有糧銀，以不增不減爲原則。無主或推於村中之土地，其糧銀累計入份地中，由村負擔。[94]

4.救濟救護：村中原有孤兒寡婦，老弱殘疾，靠少數土地收租維持生活的人，劃分份地後，爲數很少，生活發生問題，因而無勞作能力的人，用糧食「救濟」。有勞作能力的人，按其能力安置一輕鬆工作，維持其生活，稱爲「救護」。救濟專糧，由地租內用累進的辦法抽收，由村保存，專作救濟之用。此外，還有積穀備荒的設施，編了些積穀組，將優待糧積存起來作爲備荒之用。[95]

---

[94] 《閻錫山統治山西史實》，頁 324-325。
[95] 劉杰，前引文，頁 10。

關於上述三者的關係，閻錫山認爲是：「連環運用，缺一不可。不編組則兵源路塞而潛逃，相尋漫無歸責之人。不互助則常備兵無優待而顧慮家庭，情緒難安。編組互助而不劃分份地，則國民兵優待無所出，生活無保障，且常備兵入營後所遺耕地，乏人耕種，恐有荒。」雖是理想極高，然而有論者指出：兵農合一制與「土地村公有」制辦法相同，是用家庭和村治、政治的、軍事的、經濟的鎖鏈，將農民組織在以居村爲單位的「份地」上。原來的自耕農則以壯丁的身份，編入小組去承耕份地，交納佃租，「不僅不是耕者有其田的方法，相反的卻是消滅自耕農，普及租佃制度的方法。」[96]

（三）實施狀況

從 1943 年 11 月起，閻錫山在晉西鄉寧、吉縣、大寧、石樓等縣推行「兵農合一」。次年又擴展到新絳等十多個縣。總計兩年多時間，共劃分份地 156,385 單位，編兵農小組 151,685 組，抽常備兵 70,190 人，把 176,520 名國民兵和編入耕作小組的六十五萬多男女老少，緊緊的捆綁在份地上。

實行兵農合一地區的農民，在閻錫山「要命、要糧、要義務勞役」三者的夾攻之下，過著慘痛的日子。「兵農合一實行了，茅廁滿了沒人掏；十畝地裡九畝草，留下一畝長黃蒿，百姓受死叫不飽。」反映實行地區農民的悲慘生活。該區的農民曾以明分暗不分、怠工、潛逃等方式來抵制兵農合一。

抗戰勝利後，1945 年冬，閻錫山曾到重慶推展其「兵農合一」政策，並得到蔣介石的支持，推行全省。其主要事項爲編組、

---

[96] 鄭震宇，〈閻錫山的兵農合一〉，《地政通訊》第 15 期（1947 年 4 月 1 日），頁 6。

份地、均糧、救濟、國民教育等，都有新措施。[97]

　　1946 年 1 月，閻錫山組織二十五個「解救團」，分頭到太原、徐溝、晉源、榆次、五臺等二十五個市縣大力推行「兵農合一」，並對「兵農合一」辦法作了些變更和補充。其主要有：(1) 編組：兵農互助小組由三人改為六人，一人當常備兵，五人領種份地當國民兵；兵農互助小組外，又有兵礦、兵工、兵商、兵藝、兵運、兵牧、兵林等互助小組。常備兵由十八歲至二十二歲壯丁中抽撥；(2) 均糧：國民兵每人每年出優待糧三石、棉花五斤，每小組共出糧十五石、棉二十五斤；(3) 份地：每份地由原純收益二十石，改為按能養活八口人為計算標準。糧食份地之外，又增加果樹份地、蘆葦份地、柳條份地；(4) 國民教育：年滿七歲至十八歲的男女，一律接受閻錫山指定的「國民必修教育」等等。[98]

　　這些補充和主張，表明閻錫山要從經濟、思想教育等方面進一步控制其統治區人民。到 1946 年 6 月，晉中、晉南各縣推行「兵農合一」，共抽出常備兵二萬多人，編組國民兵十萬人以上。當地人民群眾以隱瞞年齡、假報籍貫、少報壯丁人數等方法，抗拒閻錫山的政策。1947 年夏季之後，中共解放軍山西佔領區不斷擴大，兵農合一政策並無法挽救閻錫山在山西崩潰的命運。[99]

（四）評價和意義

　　山西的兵農合一的特徵，即是欲將土地問題與兵役問題合併解決。因為閻錫山認為中國的病症，「有如一個人五癆七傷百病叢生，對症下藥投一味藥是治不了的，…因此兵農合一是多種藥

---

[97] 劉杰，前引文，頁 8。

[98] 《閻錫山統治山西史實》，頁 326-329、375-377。

[99] 《閻錫山統治山西史實》，頁 375-377。

味一個藥方,一方面是解決土地問題,他方面是解決兵役問題,同時也附帶的解決社會問題與國防問題」,不僅如此,山西政治上實行「自清、自衛、自治」三自政策,也是在兵農合一基礎上推行的。[100] 亦即山西人民自己清理共產黨、自己武裝自衛、自己執行政令,都是以領份地的國民兵為骨幹。

　　有評者認為閻錫山援用從前俄國沙皇束縛農民的「份地」制度,「把農民變小,把生產變小」,不但不能使農民從土地上解放出來,而且更使農只好依附於一定和固定的土地上;不但地主的土地所有權還保留,而且人民的人身、營業、財產、生活也進一步地因受嚴格的軍事的、政治的控制,而完全失掉了自由。因此,「所謂兵農合一,顯然是個新式的農奴制度」。[101]

　　徵糧做法非常橫暴,每到夏秋收割時期,便派兵隊到村威脅監收,美其名為「掩護」,打發幹部進戶要糧,為「說服」;還有所謂「六快」,逼農民「快收、快割、快運、快打、快曬、快交」。後來更實行「在地估產,在場徵收」,甚至把農民的種子都搜索得一乾二淨。在兵農合一實行期間,山西用吃空額方式又得到不少「好處」,當時他實際只有二十萬人,而報蔣政府的領糧人數,則按省級二十四萬一千人,縣級 22,400 人,村級脫離生產的 18,600 人,共 28 萬多人計算,每年他多領八萬多人的糧價,合計四十多萬石,需要款折黃金四萬餘兩,兩年總計十萬兩,也變成閻錫山的私人財產。[102]

---

[100]　<農地改革法草案座談會紀錄>,《土地改革》第 1 卷第 8、9 期(1948 年 8 月),頁 11-12。

[101]　《閻錫山統治山西史實》,頁 326-327。

[102]　《閻錫山統治山西史實》,頁 328、330。

二、戰後閻錫山兵農合一制

抗戰勝利後，1945 年 12 月，閻錫山對「兵農」兩字再作新解釋，「兵農合一的農包括社會上的農、工、商、礦而言，兵字是指包括常備兵、國民兵和國防工業方面的工人而言」，「其內容，以兵農合一為綱，而以編兵農互助小組、劃分份地及平均糧石（即糧銀）為目，連環運用，缺一不可。不編組，則兵源路塞，而潛逃相生，浸無歸責之人。不互助，則常備兵無優待，而顧慮家庭，情緒難安。編組互助，而不劃分份地，則國民兵優待無所出，生活無保障。且常備兵入營後，所遺耕種，恐有荒蕪之慮；劃分份地而不平均糧石，則劃分無標準，負擔難公道，而國民兵所得，偏枯不平，國家徵實，亦感困難。是三者，連續實施，相生相成，故用彌彰。」[103]

（一）兵農合一制辦法

兵農合一的實施辦法，亦較抗戰時期有所變化：

1.編組：兵農互助小組由三人改為六人，一人當常備兵，五人領種份地當國民兵。除兵農合互助小組外，又有兵礦、兵工、兵商、兵藝、兵運、兵磨、兵林、兵牧等互助小組。常備兵從十八歲到二十二歲壯丁中抽撥。國民兵每人出優待糧三石、棉花五斤、共糧十五石，棉花二十五斤。以糧六石六斗、棉花十五斤給常備兵；以糧八石四斗、棉花十斤，優待常備兵家屬。在營士兵不發餉，在廠工人不發工資。平時常備兵在營服役一年，轉入工廠工作二年，戰時仍為在營服役三年。國民兵一律按年齡、地區分別編隊，加以軍事訓練和管理。

---

[103] 閻錫山，《兵農合一》（上），轉引自李茂盛，《閻錫山晚年》（合肥市：安徽人民出版社，1995 年 12 月），頁 54。

2.份地： 每份地按各地肥瘠不同情形，以足夠兩個人耕種為標準。此項土地是公家出租金，向地主租回，分配給國民兵。其租金是以地主向來對國家納賦額為標準，土地所有權不變，使用權歸國家。每份地純收益二十石，改為能養八口人為計算標準。糧食份地以外，又增加果樹份地、蘆葦份地、柳條份地，都按夠兩個農工養植為標準。國民兵領得的份地，私自轉租或調換，都要奪田。

3.均糧： 按土地正產量評定土地等級，並參照「土地法」地租不得超過正產量 37.5% 的規定，作為領份地人一切負擔之標準，擬定各等地糧石累進標準表，作為均糧尺度，以定各等級地糧額。[104]

（二）實施經過

由於兵農合一政策，既無成規，又無成法可循，對於政權基礎問題，經過詳密的考慮，並研究實行中的障礙如何克服，經會議研究後，先派人到各村與人民商量，「結果百分之八十以上一致贊同，而且人民還認為實行的有點遲。」[105]經過人民同意，在實行之初，關於地籍整理，地理、產量、糧銀的登記，戶口的調查等工作極為繁重，最後因村中事村中人知之最詳，決定採取教民自做的辦法，很快就完成。

同時為防止地主鄉紳的把持，由役齡壯丁選舉村中公正人士組成評議會，辦理土地的調查登記與劃分，並經結果經役齡壯丁大會通過決定。劃分土地後，並建立「國民兵三政制度」，實行國民兵村參政、縣議政、省詢政，即按村建立國民兵全體參加村

---

104 李茂盛，前引書，頁 54-55。
105 ＜農地改革法草案座談會紀錄＞，頁 11。

政會議，按鄉鎮建立國民兵代表參加村政會議，參與村中政事；在縣建立國民兵全體參加縣政會議，討論議縣政的設施；省每年召集各縣國民兵代表，舉行國民兵代表省詢政會議，由省當局詢問地方政治措施得失。[106]

　　兵農合一的目的，只不過是爲了解決當時的兵源缺乏和糧食困難問題；然而後來經過閻錫山的鼓吹，變成學說成果和用來統治人民的一種主要制度，加以強力推行。抗戰勝利後，閻錫山爲了推行「兵農合一」制度，發表一系列文章，下達指示和進行演說，鼓吹兵農合一理論，實行有「七好處四沒有」。[107]日本投降後，閻錫山重新控制同蒲路中段及正太路沿線地區，在這些地區加緊推行兵農合一制度，用以擴充軍隊和收集糧食。組成「解救團」到各縣成立「示範村」，然後普遍開展。閻錫山在「解救工作要領」中規定推行的目標爲「村村解救，家安生，建立兵農基礎的人心政權」。途徑是「軍事掃蕩，軍事掩護，建立區據點，進行村活動，河塌式的一村一村的，施行兵農合一政治」，「區組政軍一元化的武裝解救隊是推行兵農合一的工具。」

　　首先派兵農會議辦公室主任薄毓相和民政廳長嚴延颺帶領新派縣長二十餘人和幹部多人，到汾河西岸的三給、攝東、圪繚溝等村進行「試驗」。隨後即抽調大批人馬，組織了二十五個「解放團」，到太原、徐溝、晉源、榆次、太谷、祁縣、平遙、介休、靈石、清源、交城、文水、汾陽、孝義、平定、壽陽、盂縣、陽曲、忻縣、崞縣、代縣、繁峙、定襄、五臺、寧武等縣市行兵農

---

[106]　劉杰，前引文，頁 8

[107]　閻錫山，《兵農合一》（上），轉引自李茂盛，前引書，頁 56。

合一。同時，閻錫山還電令大同、臨汾、運城分頭進行。[108]

（三）兵農合一的實質

實際上，兵農合一在維護既有地主土地所有制，在實行份地後，土地所有權仍歸地主所有，而且按照規定仍需向地主交納地租。「兵農合一並不是實行土地村公有，地是誰的還是誰的，由國民兵出租種地，公家擔保租子必須照繳。」[109]由此可見實行兵農合一，農民實際負擔進一步加重。農民所交田賦及村攤糧等，約佔耕作小組產量的 30% ；地租按糧銀正額向地主交納約佔 5% ；種子肥料等一切舖墊開支約佔 10% ；互助小組交常備兵每年小麥二石五斗及棉花五斤，約佔 10% 。總計支付佔約 60% 以上，農民所餘不到 40% 。[110]

又閻錫山自認是一種新思想，其實只不過是周代「井田制」，以及唐代「府兵制」而成的一種軍事制度的改版，閻錫山尤其推崇井田制度「是兵農合一，勞享合一、收負合一多方面的公道完整制度」，「是歷史上的原始的公道制度，在現在則又成為更新的革命制度，今天兵農合一即歷史上公道制度的發揚，同時也是現代革命制度的創造，是歷史向前進的產物。」[111]由此可知兵農合一的思想不是新創，而是根植於中國古代社會。

閻錫山認為實行兵農合一，「對內消除階級鬥爭於無形」，但仍保障私有土地所有制，其根本目的為消除中共發動的「人民革命」的口號，與共產黨提出的「耕者有其田」政策相抗衡，以爭

---

[108] 閻錫山，《兵農合一》（上），轉引自李茂盛，前引書，頁 60。
[109] 閻錫山，《兵農合一》（上），轉引自李茂盛，前引書，頁 57。
[110] 李茂盛，前引書，頁 57-58。
[111] 閻錫山，《兵農合一》（上），轉引自李茂盛，前引書，頁 59。

取群眾。中共在抗戰勝利後，土地政策由「減租減息」轉變到「耕者有其田」政策，如此會動搖農村統治基礎，因此閻錫山以兵農合一政策抵制中共的土地政策。

三、戰後國府兵農合一制議案

　　1948 年 9 月至 1949 年 1 月，國民黨在軍事上一敗塗地，政治上失去民心，經濟上全面崩潰，其統治的失敗，已成定局。1949 年 4 月 23 日南京淪陷，國民政府各機關南遷至廣州，中國地政學會及土地改革協會的一些負責人也隨之南下，另謀土地政策。

（一）兵農合一制提案

　　遷往廣州的中國地政學會及土地改革協會的人員，與出任行政院長的閻錫山建立聯繫，1949 年 5 月 14 日聘請閻錫山為該會作「兵農合一」制的講演，並擬在廣東施行，得到閻錫山的支持。

　　到 1949 年 5 月，地政學會等為了最後關頭挽救國民黨的命運，仍念念不忘通過解決土地問題以挽回敗局，5 月 20 日蕭錚領銜，連署 31 人，向立法院提出「實行『兵農合一制』，以裕兵源糧源，並實施土地改革案」，鼓吹「抗共戰事業已進行至最緊張之階段，政府極需採取迅速有效之措施，以裕兵源糧源，並實施土地改革，庶能挽回危局，鞏固國基。前山西省政府實行兵農合一辦法，法良意美，頗收動員全民，共起戡亂之宏效。茲擬師法其意，斟酌各地情形，規定兵農合一法案一件，能挽回危局，鞏固國基。由本院通過，送請行政院即速實行」。6 月 27 日，立法院立即三讀通過「實行兵農合一，以裕兵源糧源，並實施土地改革方案」。[112]似乎抓到最後一根救命的稻草，也到了急病亂投醫

---

[112]　蕭錚，《土地改革五十年》，頁 326-329。

的地步。

（二）方案內容

「兵農合一土地改革方案」吸收晉西「兵農合一制」，內容大同小異。此法案共九條，規定重點爲：（1）適齡壯丁每六人編成一個兵農小組，其中現役兵一人、備役兵一人、國民兵四人，同組六人實行互保互助，即互保不潛逃、不通匪，備役兵和國民兵役助現役者耕作。（2）各鄉鎮依照人口及土地情勢，以能供給六戶平均三十人之最低生活費用爲標準，劃出份地若干，分別授予各兵農小組，並由各組農戶登記共有權。（3）每一兵農小組聯合承領的份地，再分爲六份，現役兵、備役兵及國民兵各領一份，或合伙耕作，或指地分耕。任現役兵之農戶，其家屬可不耕作，每年按照份地收穫總量取六分之一。其餘五戶除代爲現役兵戶耕作外，還須承擔本土之警戒及其他軍事勞役。（4）現役兵服役期滿後，退役歸田，依照抽籤次序，由兵農小組第二人換替。無適齡壯丁的農戶，仍可編組照領份地，或減少其份地標準。（5）每一兵農小組份地之收穫總量，依中等地通常正產物產額匡計，以其十分之一繳田賦，以其十分之二爲地價補償金，優先歸還非該組之原土地所有人，後按年依抽籤次序，歸還該組內原土地所有人。[113]

第四節、美援貸款實施土地改革

---

[113] 蕭錚，《土地改革五十年》，頁 326-327；成漢昌，前引書，頁 282-283。

一、運用美援貸款實施土地改革計畫

抗戰勝利後，政府爲實施保佃、減輕佃農負擔，復制定二五減租辦法，規定各省分別於實施豁免田賦之當年，減去耕地約定租金四分之一，通飭各省遵行。接著，國共戰事漫延全國，國民黨在退出大陸的最後階段，還曾想借助美國援華資金，[114]在西南省份實行二五減租。

美國制定實施對華援助法案，1948 年 1 月 28 日，行政院院長以美國政府聲明，將於國會中提出對華援助辦法。美國執行援助計畫時，特別制定實施運用美援之原則，中國方面必須有相對的自助計畫，經行政院公布十項主要財政經濟改革方案，其第九項爲「發展農業生產，改善農村經濟，並實施土地改革。中美農業技術合作團之建議，其可提前實施者即予採行。」其中列有實施土地改革一款，以扶植自耕農爲主要途徑，而整理地籍尤爲規劃實施的基本工作。財政經濟改革方案自應準備實施土地改革政策，其初步計畫爲：

（一）計劃辦理扶植自耕農地區

各省辦理扶植自耕農，第一期先就各省佃耕地集中地區，或綏靖區省份經非法分配土地的地區辦理。經調查擬於河北、山東、河南、江蘇、安徽、江西、浙江、福建、廣東、廣西、陝西、甘肅、臺灣等十三省，每省擇一、二縣爲試辦區域，暫定徵收土地一千萬畝，放給農民承領自耕，如有成效，再推行於其他地區。

（二）實施辦法

扶植自耕農之實施，由各省地政機關，授權並指導縣政府，

---

[114] 侯坤宏編，《土地改革史料：民國十六年至四十九年》（國史館，1988 年），頁 162、178。

設置土地整理處，依下列程序之規定辦理：（1）調查地權，（2）登記租佃，（3）規定地價，（4）徵收土地，（5）清償地價，（6）頒發產權憑證，（7）舉辦土地重劃，（8）組織合作農場。[115]

（三）完成期限

關於調查地權、登記租佃、規定地價、徵收土地與補償地價等工作，擬於一年內完成。各該項工作完成後，所設土地整理處應即撤銷，至於逐年清償土地債券，收取耕地，承領人應繳地價，以及實施土地重劃，輔導組織合作農場等工作，則由縣政府地政科繼續辦理。

（四）經費概算

行政及業務經費，包括調查地權、登記租佃、徵收土地、實施重劃等費用在內，平均每畝約需十萬元，一千萬畝共需一萬億元。補償地價，以每畝地價一千五百萬元計，發給現金一成，即每畝需一百五十萬元，徵收土地一千萬畝，共需十五萬億元。以上兩項共需十六萬億元，擬請由美國援華貸款內撥付。[116]

1948 年美國曾以戰時剩餘物資處理後的一部分資金，用於「中國農村復興」，於是乃有「中國農村復興委員會」之產生，以蔣夢麟為主任委員。當時有人認為農村復興必先實行耕者有其田政策，但蔣夢麟以為實現耕者有其田其困難甚多，決定在廣西、貴州、四川各省辦理二五減租。[117]

二、農復會與西南的土地改革

---

[115] 侯坤宏編，前引書，頁 13-164。

[116] 侯坤宏編，前引書，頁 164。

[117] 蕭錚，《土地改革五十年－蕭錚回憶錄》，頁 330。

　　1949 年初夏，農復會決定在國統區內實行一二種巨大之計畫。以土地改革爲一切農村建設之基礎，凡農復會在一省協助推行建設之先，必須有一種適合於該省而能徹底實行之土地改革，爲其前提。

　　關於農地減租，國民政府於 1947、1948 兩年中兩次通令各省實施二五減租，並實行免賦；但實際上地方政府並未實行。經由農復會之倡議，西南軍政長官公署於 1949 年 5 月起籌議轄區川、康、滇、黔四省減租之推行，西南軍政長官張群決定一農地減租計劃，並召集土地問題會議，俾實施此項計劃。農復會於 1949 年 7 月 25 日通過此項減租計畫，內容包括：（1）自 1949 年起西南軍政長官公署轄區內川、滇、黔、康四省農地，地租一律按照原訂租額減去 25％ ；（2）四川省減租按五指定區，及非十指定區分別辦理。指定區內減租與換訂租約應同時舉行；非指定區內換訂租約由省政府斟酌辦理。[118]農復會協助實施之土地改革計劃中，從受惠人口及面積而言，其中最大者在四川。

（一）四川省土地改革

1.減租前四川之租佃狀況

　　四川省第一區內，每一佃農平均耕地面積約爲 15~20 市畝，該區佃農所繳地租高者達年收穫量 80％ ，甚至 90％ 以上，普遍爲 50％ 。在甚多情形下，田租幾與收穫量相等，僅灌縣一地，地多丘陵，土地較貧瘠，只能種植玉蜀黍，故佃租僅佔正產物 45~50％ 。土地愈肥沃地區，則佃農愈多、佃租愈重，佃農亦愈貧困，而且必須繳付押租，每市畝常達銀元 7~28 元不等。

　　佃農預付的押租金，常以高利借得，據一耕作 44 市畝的佃

---

[118] 《中國農村復興聯合委員會工作報告》第一期，頁 48-49。

農稱：有耕牛一頭，每年春耕翻土，需工 44 工，其他下種等需工尚多，而彼每年收穫稻穀約 85 擔，繳租後僅餘 6 擔，為維持一家十口之生活，每年尚須籌借稻穀 17~18 擔。此類佃農之生活，除以春季作物如小麥、蔬菜、菸葉、綠肥、家畜等收入抵補外，尚需從事其他農業以外之工作，才可彌補。[119]

2.倡議與方案

　　農復會之倡議減租之時，四川省參議會亦開會主張減租，農復會趁機決定協助四川省實施。當時四川人民早已注意農復會之工作，尤其鑒於該會在他處對於農業、水利、衛生等項所協助種種建設工作之利益，故可得人民之歡迎。

　　農復會在四川的減租方案內容，計有三種：（1）三一減租，即將租額減至正產物三分之一，（2）三七五減租，即將租額減至正產物 37.5% ，（3）二五減租，即按照約定減去四分之一。農民方面，主張減租實行計畫應同時保障佃權，大多數農民認為將租額稍稍減低，已甚滿意。農復會方面則力主立即實施減租，俾於收穫季前兩個月全部實施，但困難在究應採取何種減租原則。6月，農復會各委員到重慶，經由西南軍政長官張群，邀集當地有關人士，及蔣夢麟、湯惠蓀商談減租辦法。經農復會縝密討論及實業家盧作孚之建議，認為三一減租與三七五減租均不易實行，決定推行二五減租。蓋川省區域遼闊，年收穫量各地不一，查定困難，為使業佃雙方易於了解，推行便利，乃採此一方法。[120]

　　四川省政府同時頒布關於租約之登記與換訂辦法，規定辦理

---

[119]　《中國農村復興聯合委員會工作報告》第一期，頁 51。

[120]　《中國農村復興聯合委員會工作報告》第一期，頁 48；湯惠蓀，前引文。

登記及換訂租約之各縣市，地主應會同佃農將農地租約，不論是否書面或定期不定期，及其他有關文件，向鄉鎮公所申請登記。由鄉鎮公所審核租約內容，修正其租額，然後換訂新租約，地主、佃農各給一份；以後租約如有修改、重訂或租期屆滿等情事，應由業佃雙方向當地鄉鎮申請登記並重訂新約。

　　關於申請登記租約一項，辦法中第六條特為規定，如地主不申請登記時，佃農得單獨請求當地政府，規定地主申請登記有效期限。佃農為此項申請時，得以保甲長之證明，將租約呈送鄉鎮公所，為單方之登記，鄉鎮公所不准收取任何費用。

　　辦法中規定十五專員區之督導員十五人，以及 138 縣之督導員，由省政府於 9 月初發表並到達指定區域。惟因交通困難，若干地區之督導人員到達較遲。9 月底整，個減租計畫即在各處發動，迨若干地區督導員到達任地時，各縣長早已開始執行計畫之一部分。如鄉鎮督導員及租約登記員早已選定及訓練完畢，七人組成之縣減租推行委員會早已組織成立。繼之各縣召開減租會議，討論如何執行減租計畫，舉行宣傳大會，分發各類宣傳品如布告、標語及文告等。各鄉長即會同登記員，前赴各鄉村召集保甲長會議，分發宣傳品，並組織鄉鎮減租推行委員會，調解業佃糾紛。在保長協助下，每一甲長指導每一甲內之租約登記、換訂租約，並將其督導情形報告當地政府。[121]

3.實施情況

　　減租計畫之實施地區，四川省計分十六個行政督察區，除一草原區之外，一律推行減租。但係擇定五個行政督察專區實行，即西部之第一區、北部之十三區、中部之七區、東部之三區及西

---

[121] 《中國農村復興聯合委員會工作報告》第一期，頁 50。

北部之十五區，面積共計 431,300 方公里，人民五千二百萬，為四川之精華地區。[122]

　　為積極實施此項計畫起見，農復會通過美金 201,893 元，作為四川省推行減租經費，並決定先撥銀八萬元，由香港航運成都，為開始辦理減租工作之用。同時由農復會每區派一輔導委員監督，並向農復會報告。[123]由於計畫實施區域廣達十五個行政督察區，計 138 縣，4,283 鄉，53,857 保，故全省動員之工作人員自省級至保級估計共達十四萬四千人，惟接受農復會補助津貼之工作人員僅 2,249 人，包括省減租推行委員會十七人、區督導員 17 人、縣督導員 138 人、鄉督導員 401 人及五個指定區內 49 縣之登記員 1,678 人，受益之佃農總數估計約為 17,500,000 人，據督導員 120 人之初步工作報告，「減租之工作之進行甚為順利，社會一般反應良好，反對減租之情形尚不多見，佃農甚為興奮喜躍，省政府並派遣保安隊協助執行，地方人士均以身作則，將自有之田產先行減租。」[124]

　　是年 7 月 30 日，長官公署公布轄區各省農地減租綱要，規定 9 月份起實施，年內完成，川省參議會立表擁護，省主席王陵基不遺餘力的推動。開始實施時，在選擇負責此項計劃之執行機關主管人員上發生困難，乃由農復會建議請王陵基自任減租推行委員會之主任委員，其餘委員由省府有關單位主管擔任。經費之給付，除省級以外，一律由農復會根據各區輔導委員之報告，直接匯交各區專員收受運用。各項建議均經王陵基接受，乃指定合

[122]　《中國農村復興聯合委員會工作報告》第一期，頁 48。
[123]　《中國農村復興聯合委員會工作報告》第一期，頁 49。
[124]　《中國農村復興聯合委員會工作報告》第一期，頁 50。

作管理處處長為委員會之總幹事，推行日程規定減租部分工作應於 1949 年 9 月 1 日至 12 月底完成，換訂租約工作應於 9 月 1 日至 12 月底完成，農復會之補助經費分五期撥付。[125]

　　工作進行極為順利，湯惠蓀與美籍土地專家雷正琪曾往成都及重慶附近農村實地考察，「所見農民，莫不笑逐顏開，一般父老認為此係平生所僅見的一件可喜可賀之事。以川省人口之多，地域之大，在短短三個月內竟完成此一鉅大工作，實為吾人始料所不及。」[126]

4.執行上之困難

　　（1）計畫之開始執行在 9 月，而 8 月間已有田場進行收割，若干縣內在減租開始執行前，地主早已按照原有租額收取地租。但依減租法規之規定，地主如不依照減租而起收地租者，應將超收之租額退還佃農，並處以與超收部分數額相等之罰金。此項規定，省推行委員會均經嚴格依法執行。

　　（2）地主因收入減少而發生退佃問題：若干小地主幾全賴地租收入以維持生活，乃以收回自耕為理由聲請退佃，但依土地法之規定收回自耕，須於一年前通知承租者，並僅限於五種情況：一、承租人死亡而無繼承人時，二、承租人放棄其耕作權時，三、承租人轉租其土地於他人時，四、承租人欠繳地租達二年租額之總和時，五、出租人收回自耕時等。因此彼等撤佃之要求，未能成功。[127]

　　地主不易退佃的另一原因，由於多數地區佃農例須繳付押租

---

[125] 《中國農村復興聯合委員會工作報告》第一期，頁 49。

[126] 湯惠蓀，前引文。

[127] 《中國農村復興聯合委員會工作報告》第一期，頁 50。

金，地主退佃須退還佃農，因法律上及經濟上雙重困難，地主幾不可能退佃。同時省推行委員會復訓令各縣嚴禁地主非法撤佃，並規定訂立新租約時，其租期不得短於三年。[128]

對於減租工作表示最反對之地區為榮縣、銅梁、容雅三縣，地主階級及縣參議會，竟請求省政府停止減租工作，但省政府反訓令各該縣長應不顧一切困難努力執行，如有反對應依法懲處。省參議會之反應亦並不良好，該會曾通過關於減租之若干補充條文，提送省政府。經農復會土地專家列席省政府會議參與討論後，決定省參議會所提之五項補充條文，有四條與土地法或省政府頒布減租辦法抵觸，應予駁斥；僅採納一條，即農地設有典權者，其田賦正糧及附加皆應由典權人負擔。在成都附近之郫縣70％之地主均為不在地主，而且有特殊勢力者，最初均拒絕換訂租約，旋經省主席王陵基分別致函相勸，終於遵令換訂。[129]

5.成果

四川減租計畫執行之成功，美國農業部土地專家賴特琴斯基曾稱之為「小型之奇蹟」。自開始執行後四個月，迄 1949 年 12 月共軍進入為止，「所得成果之廣大深刻，實為始料所不及者。就計畫之地區時間與人口論，甚少計畫能在此極少之經費，完成如許之工作。」蓋平均計算農復會所出之代價，「補助之經費其分攤於每一受益之農民僅美金一角而已。而事實上所獲之成果，乃為一和平之革命。」實施結果，不特農民之糧食得豐裕之供給，因而有權參加決定其切身之經濟問題，進而為未來之民主政治奠立確實之基礎。誠如農復會人員下鄉實地視察者所稱：「一夜之

128　《中國農村復興聯合委員會工作報告》第一期，頁 50-51。
129　《中國農村復興聯合委員會工作報告》第一期，頁 51。

間，禁伏於桎梏深淵中之四川農民階級，其精神與活力如雨後春筍，蓬勃而出。」可惜為時已晚，「蓋如早三年實施，則農民對政府所予之廣大支持，必能為抵制共軍興起之有效武器也。」[130]

（二）廣西省土地改革

廣西省之土地革方案，係於 1949 年 8 月草就，內容包括推行減租與限田兩項工作。減租部分係以省頒法規為根據，採用臺灣之三七五之原則，佃農繳付地主之一切農地地租不得超過正產物的 37.5%。1947 年廣西省政府頒布「廣西耕地租用條例」即如此規定，正產物以一季或兩季計算，依地方習慣而定，減租後三年內地主不得以任何理由收回土地自耕。[131]

限田部分規定，地主所有土地之面積，如超過 1947 年「廣西省限制耕地面積實施辦法」所規定之數量，應申請登記並出售給實際自為耕作之農民，且優先出售予原佃耕農。由承售人以七倍租額之代價作為地價，於十四年內分期向地主償清。該辦法規定每一農戶所有土地，上等地不得超過五十市畝，中等地不得超過七十五市畝，下等地不得超過一百市畝。旱地亦分三級，其最高面積為水田之二倍。

該計畫實施區域，係由省政府指定交通便利，租佃問題較嚴重，土地分配比較不均勻之三十縣，人口約為 6,750,257 人，佔全省人口之半數。此三十縣又分為桂林、柳州、賀縣、南寧、梧州五區，以便省方選派督導員二十人分駐五區，執行督導工作，省主席黃旭初曾親自召見，面諭應不顧一切可能遭遇之反對力量與困難，徹底執行此項改革工作。華中司令長官白崇禧先將自己

---

[130] 《中國農村復興聯合委員會工作報告》第一期，頁 51。
[131] 《中國農村復興聯合委員會工作報告》第一期，頁 51-52。

之田產 66 畝，售與桂林區內新安縣之佃農，以身作則。

　　減租工作自 1949 年 9 月至 11 月，在三個月內，提出此項計畫之廣西省民政廳已完成一部分可觀成果，使其他地區之農民家喻戶曉。在南寧區附近之二十五縣，初因交通及治安關係，未經列入改革區內，但嗣後推派代表，籲請省政府及農復會廣西辦事處，立即在各該縣內實同樣之土地改革。農復會亦決定多以經費之補助，但因該項計畫提出未久，共軍即進入桂省，農復會廣西辦事處奉令停閉，終於作罷。[132]

　　各省縣鄉共派出工作人員約九百餘人，分在一萬二千村街，執行宣傳與臨田檢查工作，其結果，佃農所減租額達 268,000 市擔，又地主多收經查出退還者，計 863,004 市擔。至實施耕者有其田，規定地主每戶得保留上田五十畝，或中田七十五畝，或下田一百畝，旱地倍之。超額土地，於是年內出賣於佃雇者，達十五萬畝。地價爲地租七倍，由承買農民分十年還清。荔浦、遂安兩縣農民，曾集資爲此一改革建立紀念碑，並以萬民傘贈送農復會，傘上由每一佃農簽名以表示對農復會之謝忱。蓋廣西省政府對於土地改革雖於 1947 年即頒布辦法，但直至農復會參與其事，向該省地主及佃農說明省政府此一改革，並非紙上談兵，然後方告實行。農復會對上一計畫所補助之經費，已付者約爲美金36,550元。[133]

（三）貴州、廣東兩省土地改革

　　貴州之農地減租計畫，早經該省政府開始實行，旋經農復會

---

[132] 《中國農村復興聯合委員會工作報告》第一期，頁 52。
[133] 《中國農村復興聯合委員會工作報告》第一期，頁 52；湯惠蓀，前引文。

土地組派員視察工作執行狀況後，農復會乃於 1949 年 10 月通過
補助案。黔省之執行此項減租計畫甚爲有力，高級官吏紛紛先將
自有土地之租額減少，以身作則。該計畫推行區域達八十縣，由
省政府派出大批督導人員監督執行。「由於一般地主及佃農均紛
紛依法減租，故計畫之成功已成必然之趨勢」，佃農對於減租方
法更爲熟習。

　　農復會曾通過補助美金四萬元，在 11 月共軍進入之前，已
付出 18,750 元，工作乃告停頓。11 月 23 日農復會接獲省政府來
電稱，業將已付之補助費全部匯還該會成都辦事處，但該辦事處
因川省緊張，撤離成都。此後關於貴州省減租計畫之實際情形，
以及該省退還農復會之經費下落，則無報告。[134]

　　農復會廣東省之租佃改革，僅作一初步嘗試而止，因該省實
施改革之一切條件，均付闕如。1949 年 3 月，農復會所訂補助美
金二百萬元之水利計畫合約中，規定在水利工程實施區內之受益
農田，應減納地租 25%，此款應予執行。但因收穫季節即將屆臨，
而水利計畫之審核工作，尚未完成，故水利計畫無法實施。不幸
因內部各種困難情形，無法按照規定執行。故農復會對廣東省之
土地改革，亦即告中止。

小結

　　抗戰勝利，接著爆發國共內戰，共產黨在戰後，爲徹底改變
舊有的生產關係，制定出一系列土地改革理論、土地政策和總路
線，1946 年 5 月 4 日中共中央提出「關於土地問題的指示」，指

---

[134]　《中國農村復興聯合委員會工作報告》第一期，頁 52-53。

明決定將抗戰時期「減租減息」的政策，轉變為沒收地主土地，分配給農民，實現耕者有其田的政策。新政策一頒布，各個解放區（國民黨稱為綏靖區）的土地改革運動，就如火如荼展開。1947年10月中共中央公布了「中國土地法大綱」，公開宣布「廢除封建半封建剝削的土地制度，實行耕者有其田的土地制度」，各解放區掀起了大規模、轟轟烈烈的土地改革運動。[135]

到1948年立法院大辯論時，中共的土地改革已全面展開。國民黨也只在國統區個別進行土地改革試驗，而且純屬點綴作用，和主張徹底分田的共產黨比較，可見國民黨土地改革和這場大辯論的妥協性，基本在於盡量避免減少對傳統土地關係的衝擊。

面對共產黨土地改革的挑戰，「居於高級領導階層的部分同志失去革命精神」，他們「在首都及其他大城市已買進大批土地，建築大廈，甚至經營房地產生意，因之更牽涉到本身利害關係」，因此國民政府建立後不久，最高當局在討論收購土地，建設南京市的方案時，結果竟沒有通過。[136]地政專家湯惠蓀更指出：在1946、1947年間，「全國人心振奮，共匪力量尚微，吾人如下最大決心，全面推行土地改革，並非難事。但是可惜得很，吾人顧忌太多，努力不夠，輕輕的將機會錯過。」[137]

依據事實而言，中國土地改革協會是國民政府「戡亂建國」下的產物。「農地改革法草案」如「土地改革方案」，都是針對中共的土地改革和「中國土地法大綱」的「叛亂性」，作為文字或

---

[135] 成漢昌，前引書，頁275。
[136] 蕭錚，《土地改革五十年》，頁285。
[137] 湯惠蓀，前引文。

心理上的戡亂藍本。「農地改革法草案」要求實行耕者有其田，不是為了租佃制度的的不公平不合理，而是為了「撥亂返治」，不得不針對由立法院的態度，以及最後不了了之來看，「農地改革法草案」的命運，國民黨以維護傳統土地制度為其統治的社會基礎，必然為地主階級利益著想，根本不會運用權力觸及地主的利益，不可能真正解決農民土地問題，也預示土地改革必然失敗的命運。1948 年在立法院關於土問題的質詢會上，一位立法委員尖銳的指出：「平均地權的口號至少有四十多年的歷史，政府無論說的如何響亮，目前人民是不會相信的。三十四年國民黨第六次全國代表大會曾決議，都市土地一律收歸公有，農地除公營者外，應以最迅速、有效之方法實行耕者有其田，凡非自耕之土地概由國家發行土地債券，逐步徵購並分配之。三年以來，證明這是一種口號，用以敷衍一時，根本沒有實行的誠意，所以農民和貧苦大眾對過去政府非常失望。」[138]

內戰後期，國民政府撤退到廣州，地政專家最後還提出所謂「兵農合一」的土地改革方案，是在閻錫山統治山西時期所推行的兵農合一辦法的基礎上，經土地改革協會蕭錚等人的修改而擬定的。其內容是維繫兵源、糧食取得的土地制度。1943 年以後閻錫山曾在山西的一些地方，強制推行此一辦法。其結果，農民束縛在土地上，生產力受到嚴重破壞，進一步加劇農村社會的危機，仍不能挽救山西統治的失敗。國民黨在大陸敗退前夕，又重拾起此一失敗的土地方案，足見已到急不擇醫的地步。隨著國民黨政權在大陸的覆滅，此政策在地政史上，只留下一小段插曲。

---

[138] ＜立法院關於土問題的質詢和翁文灝內閣的答覆＞（1948 年 7 月 3 日）轉引自成漢昌，前引書，頁 285。

　　國府自大陸撤退前夕，農復會在西南各省一年半的土地改革和復興農村計畫，得到經驗是任何農村復興工作，欲期其推行有效與成果永久，必須同時舉辦土地改革，或先以土地改革為前導。此在土地分配不均的中國尤為顯著，欲使一般農村生活獲得普遍改善，亦惟有使農民獲得土地，或至少佃權獲得切實之保障，以及將佃租負擔減輕，然後對於新的農事技術、衛生、教育及人權民主政治之思潮，方能踴躍接受。[139]

---

[139] 《中國農村復興聯合委員會工作報告》第一期，頁 53。

第八章　中國農村復興委員與閩西的土地改革（1947-1948 年）

前言

戰後臺灣經濟傲人的發展，世稱「臺灣經驗」或「臺灣經濟奇蹟」，1950 年代，土地改革的完成，尤爲關鍵性條件，不但是歷史上難得的成功事例，且爲世界上極少數能順利完成土地改革的國家，而中國農村復興委員會則是推動的幕後大功臣。抗戰勝利以後，農村經濟衰竭，中共宣傳土地改革，深爲國際同情。農復會 1948 年成立於南京，以溫和的土地改革爲首要計畫，目的在支持國民政府，復興農村，增加農業生產、提高農民生活和利益爲宗旨。

戰時土地改革運動，以福建龍巖的扶植自耕農最成功。1948~1949 年間，閩西專員公署擬將龍巖的經驗，推行到其他六縣，並取得農復會經費支援，熱烈展開土地改革工作，雖極受農民歡迎；但因時局逆轉，以致功虧一簣。閩西地政人員陸續撤退到臺灣，再投入土地改革以及各縣地政工作。所以論及農復會和臺灣土地改革的關係，絕不可忽略閩西的經驗；然而過去不論研究中國土地改革史，或農復會歷史的論著，都未詳細討論。本章利用當事人回憶等資料，對農復會和閩西土地改革的關係，以及日後對臺灣土地改革的影響和意義，作一探討。

第一節　閩西土地改革的背景

一、閩西概況

　　閩西包括福建第六、第七行政督察區的龍巖、上杭、長汀、永定、連城、武平、漳平等七縣。地處福建西陲，鄰接贛、粵邊境各縣，其中長汀縣與江西瑞金蘇區相鄰。境內叢山峻嶺，峰巒起伏，梯田高者似在白雲深處，荒山荒地未加利用者約佔 72% 左右。本區土地曾經共產黨及十九路軍兩次分田，雖在 1934 年經國軍收復，地權又回歸原地主，但除自耕地之外，佃耕土地承租人多欠租不納。同時，土地雖有圖冊，但僅供課徵田糧之用，並未經確實之測量登記。

　　閩西七縣土地總面積共 27,817,823 市畝，耕地面積 2,541,357 市畝，僅佔總面積 9% 強。人口共 229,767 戶，1,032,435 人，每戶平均四、五人，戶數如亦以佔總人口戶數 70% 計，共 160,026 戶，大分部人民均以耕稼為生，農民約佔總人口 70% 左右，每戶平均耕地為 15 畝。龍巖山多地少，租佃制度盛行，佃耕土地佔耕地 73% ；佃農戶口佔全縣農戶 89% ，共產黨即利用土地分配不均的現象，作為培養勢力的溫床。1929 年佔據龍巖，強制實施分田辦法，1935 年國民政府收復該縣，未曾處理土地，致業佃糾紛，懸而不決，福建省政府因於 1943 年制頒扶植自耕農暫行辦法，以謀土地問題之徹底解決。[1]

---

[1] 沈宗瀚，《農業發展與政策》，（台北：商務印書館，1975 年 12 月），頁 76；林詩旦，＜從福建省閩西土地改革到台灣耕者有其田＞（上），《中華文化與藝術》，第 1 卷第 4 期，（1991 年 5 月），頁 27-28。

　　龍巖爲閩西的行政中心，對外交通不便，龍巖與各縣間雖有公路連絡，但尚無汽車行駛，民間往還，主要靠徒步，間亦有以自行車載客以代舟車者。各縣既無工廠就業機會，又無商貿市場，是典型的落後山區，對外資訊隔閡，民風閉塞，見聞不廣。爲政者又剛愎自用，往往捨國家貨幣不用，擅自印發米票，以代替法定貨幣、市場交易、軍公教薪資，均以米票計價，而米票兌現又不限地區，以致城區糧倉存米，兌付一空；鄉區存糧因運輸困難，又因共產黨出沒無常，無人冒險搬運，故城區近萬人面臨無糧斷炊威脅，惶惶不可終日。另一方面，地方武力猖盛，稍有變亂，趁火打劫之風尤甚，因而閩粵邊區共軍，多爲地方鄉民迫於生活而附共投共者。[2]

二、龍巖扶植自耕農經驗

　　戰時土地改革成效最顯者，首推 1942~1947 年間，龍巖縣的扶植自耕農政策，不但鼓舞了農復會對中國農村復興工作的信心，以及對閩西六縣土地改革的支援；且爲日後台灣實施耕者有其田的前驅。[3]龍巖縣之土地改革，淵源已早，第一次在 1929 年，共軍進據閩西。其次，1932 年 9 月，十九路軍入閩西，又實行「計口授田」土地政策。[4]迨十九路軍平定，國軍復進駐，恢復地權舊觀。然以地權破壞已久，農民積習甚深，同時以法律與事實之不

---

[2] 陳慎昌，＜我的土地改革經驗＞，（手稿本，1993 年 4 月），頁 3-4。

[3] 蕭錚，前引書，頁 221。

[4] 詳見拙著，＜閩變前後福建的計口授田政策，1932 年 5 月~1934 年元月＞，《中國歷史學會史學集刊》24 期（1992 年 7 月），頁 215-246。

相容，致業佃雙方之土地糾紛頻起。[5]

　　至 1942 年，劉建緒任閩省主席，經省府委員會通過辦理扶植自耕農計畫，於 1943~1947 年間實施完成。徵收分配之土地達262,458 畝，創設之自耕農達 32,3242 戶。每一農戶分得之土地，最高面積爲 20 畝，最小爲 10 畝，除若干公地（計 5,813 畝）由地方政府出租耕種外，龍巖境內已無佃農存在。[6]

　　龍巖土地改革有具特別意義，因接近前線，漳、泉、廈等地，戰雲密佈，隨時準備應變，扶植自耕農的推動，可提高農民向心力，鼓舞力量，加強抗日力量；而其他六縣則有待繼續規劃辦理。

第二節　農復會對土地改革的主張

一、農復會初期對土地問題主張

　　1948 年秋，美國將戰時剩餘物資處理後所得資金，成立中美基金會，一部分用於中國農村的復興，1948 年 10 月 1 日，據「援華法案」在南京成立「中國農村復興委員會」（以下簡稱農復會），爲中、美兩國聯合設置的機構，蔣夢麟任主任委員。

　　從成立到 1949 年 6 月日止，爲農復會的試驗階段。本期發展基本方針：1.美援經費之運用，以協助地方原有事業機關團體之充實發展爲優先；2.支援之計畫以解決農民最感迫切之問題爲

---

[5]　關於龍巖土改，詳見趙鉅恩，《龍巖縣扶植自耕農紀實》（福州，福建省政府印務局，1947 年 9 月；林詩旦、屠劍臣，《龍巖之土地問題》（龍巖，龍巖縣政府，1943 年 12 月），頁 60-65。

[6]　林詩旦，＜從福建省閩西土地改革到台灣耕者有其田＞（上），頁27-28。

優先；3.凡多數農民受益之計畫，應優先辦理。

　　根據上述原則決定工作之目標爲：1.改善農民生活，包括土地租佃關係、農民教育、農民借貸等；2.增加糧食及其他重要農產品之生產，包括水利；3.改進鄉村衛生；4.加強原有中央、省、縣級政府農業機構及農民組織之工作效能。[7]兩國的協議中，農復會是一中美聯合的臨時機構，中美雙方都予以相當的自主權。[8]一切無前例可循，而又有充分的經費可運用，希望在短時間內能得工作效果，所以此期特色爲「實用主義」，不尚空談，強調理論與實際結合。

　　1948 冬，農復會委員在南京除商討試驗階段的工作外，並決定大規模改革租佃制度，加強人民的支持，然而此事關係重大，於是推請主任委員蔣夢麟，謁見蔣介石總統，面陳當前土地改革之必要性，並建議在南京附近選擇一區或一縣，作爲地改革實驗區；又以土地改革並非易事，實行之時，可能遭遇強烈反抗，甚或需要武力制止。總統當即同意，此爲農復會推行土地改革計劃之最初種子。[9]

　　農復會本「實用主義」的理念，以逐步漸進爲原則，從部分到全部，全體的改善，建立在部分改善的基礎上。[10]先建立以縣

7　《中國農村復興聯合委員會工作報告》一（1948 年 10 月 1 日起至 1950年 2 月 5 日），頁 86-90。

8　朱旭華，《中國農村復興聯合委員會與台灣土地改革（1948-1965）》，政治大學碩士論文，（1991 年 7 月），頁 26-27。

9　《中國農村復興聯合委員會工作報告》一，附錄二，頁 89。沈宗瀚，＜晚年自述＞，見《沈宗瀚自述》，（台北：正中書局，1975 年），頁30。

10　黃俊傑，《農復會與台灣經驗》，（台北：三民書局，1991 年初版），

為發展基礎的綜合計劃示範中心，擴展至全省，並激起鄰省之推行。補助之示範中心計有：四川第三區之社會教育運動中心、杭州區之農業推廣與家庭指導中心、福建龍巖之土地改革中心等，其中龍巖工作之推進，依國民政府之土地改革方案辦理。三處工作目標，均在發展一綜合性方案，以解決中國農村重要問題；其他中心因情勢變動，缺乏適當機構執行，故未能發展。[11]

　　1949 年農復會協助四川實施土地改革時，中國委員有兩種意見：一部分人主張非實施土地改革，不能振興中國農村，另一部分人卻不贊成。至於美國委員方面，雖未公開表示贊成與否，但在談論之間，還是傾向贊成土地改革，然而少數人的言論和舉動畢竟感動了全體委員，於是農復會支持四川和臺灣的土地改革。美國指派農業部專家雷正琪（Wolf　Ladjinsky）到四川農村視察，此舉激勵推行土地改革的決心。而臺灣實施土地改革當時，雷氏亦曾來台灣視察，提供政策方面的意見。[12]

　　另一方面，此時期農復會是站在一技術指導者、建議者及經費提供者的立場；然而其行動多屬被動的，如龍巖縣的計畫，為福建省政府自行提出，農復會只是將內容加以修改和綜合。由於龍巖的經驗，帶給農復會極大的衝擊，由此體會到：一切農事技術與農業增產之努力，本身並不能代表農民之利益，除非此種利

頁 55-56。

[11] 張憲秋，＜政府播遷台灣前中國農業改進之重要階段＞，收於張憲秋，《農復會回憶》，（台北：行政院農業委員會編印，1990 年 2 月），頁 124-125。《中國農村復興聯合委員會工作報告》一，頁 84-86。

[12] 蔣夢麟，《新潮》，（台北：傳記文學出版社，1967 年），頁 18-21；黃俊傑訪問，《中國農村復興聯合委員會口述歷史訪問紀錄》，（台北：中央研究院近代史研究所，1992 年 3 月），頁 60。

益能以分配土地之形式，平均施於農民，然後方能協助技術與增產之發展。因此其他計畫項目，遂成為土地改革的輔助性計畫。[13]此為土地改革在農復會委員心中地位提升的重要關鍵。

　　租佃制度之改革，為農復會成立初期各計畫中最重要、又最難推行的工作。此種計畫所需經費雖較少，但較任何其他計畫，更有賴於政府推行的信心與意志。同時，農復會也注意到，此種計畫一經實施，其所獲成果與所具社會公道之價值，亦無可限量，因此蔣夢麟強調農復會工作基本原則：(1)要公平解決社會分配的問題，追求社會公道的問題；(2)採用近代的科學技術，來解決各種生產問題，創造農民物質福利，增加生產。「農復會的工作方針是兩方面的，好像一把兩面快的劍，一面用之於社會，以推行公平的分配；一面則運用近代的科學方法來增產」，而且「公平分配最要緊的是土地改革，那便是耕者有其田」。在此理念之下，農復會強調土地改革為講社會公道最要緊的工作。[14]

二、第二期土地改革的主張

　　第二期土地改革工作，自1948年12月1日至1949年6月5日。最初兩個月，並未積極主張土地改革，國共和談破裂以後，1949年4月21日，政策有一重大轉變，認為局勢雖然逆轉，但藉社會改革與政治改革，仍能有助於反共戰爭，可由農村復興工作中培養民氣，並在西南、西北各省，築成一道社會防線。

---

[13] 《中國農村復興聯合委員會工作報告》一，頁41。
[14] 蔣夢麟，《孟鄰文存》，(台北：正中書局，1954年5月)，頁94-96；蔣夢麟，《新潮》，頁14-15。

此時工作僅限於西南、西北各省較安定地區，福建、廣東、廣西、貴州、雲南、四川、陝西、甘肅、臺灣等九省。[15]會內委員於 1948 年 5 月 10 日商定一項新計畫，決定在不受戰事或受戰事威脅甚小地區，將集中全力辦理；易受戰事影響地區，將不再推行新計畫；其已辦理者，則仍繼續辦理；可能受戰事影響，如湖南、江西南部等地方，補助僅給予地方自發性計畫，則將來縱使農復會補助停止，仍能因地力量繼續存在。

1949 年 2 月，農復會總部遷移到廣州之後，來自各地要求農復會補助的申請案，絡繹不絕。1949 年 1 月，福建省第七行政區向農復會提出土地改革計畫。[16]農復會鑒於龍巖的土地改革經驗，受人民熱烈擁護，以及廣東租佃狀況之惡劣，因此決定土地改革應為第二期重要工作之一。又見已推行之衛生、農業、水利等工作，其成果大半為地主所得，除非現存之租佃狀況，能有基本改變，則各種不公平之情形，仍無由變更。因此應早實施減租，以改善佃農生活，並保障佃農最低權益。當台灣省於 1949 年 6 月實行土地改革之際，農復會亦曾多方從旁協助，以鼓勵此種改革之進行。

第二期計畫的第二項工作，為改善農民組織，俾能保障土地改革，及其他工作之推行。對於這兩項工作之推行，農復會以為均是地方政府之責任，地方政府準備，並有決心推行上述工作者，則予各該政府以協助。[17]

---

[15] 《中國農村復興聯合委員會工作報告》冊一，頁 39。

[16] 《中國農村復興聯合委員會工作報告》冊一，頁 39-44。

[17] 《中國農村復興聯合委員會工作報告》冊一，頁 85-86。

第三節　閩西六縣土地改革之經過

一、龍巖經驗和閩西農村復興計畫

南京座談會不久，1949 年 1 月間，開始籌備閩西六縣土地改革的進行事宜，2 月間，農復會接獲第七專員公署請求協助之土地改革方案，即派土地組組長湯惠蓀、技正陳人龍並與林詩旦（其後林被農復會聘為福建全省代表）等人，親至龍巖，作兩星期之農村實況考察、訪問，並參考當地政府所訂的計畫，深悉龍巖農民渴望發展灌溉水利，購買更多肥料、殺蟲藥劑、改良種子、農具及役畜，因缺乏資金不能如願實施，如向富者借貸，則利率過高，恐得不償失。又隸屬第七區之上杭、永定、武定、連城、漳平等六縣人士，羨慕龍巖縣農民之安居樂業與經濟繁榮，渴望亦能實施扶植自耕農計畫，使佃農能以兩年半之租金而購得其所耕之土地。[18]

龍巖土地改革的成功，也引起共產黨的警戒，1949 年 3 月初，農復會委員在鼓浪嶼開會後，蔣夢麟、沈宗瀚、穆懿爾、藍英士（J. P. Grant）、陶遜（O. L. Dawson）、湯惠蓀、陳人龍等中外人士會與廈門，擬同赴龍巖視察。共產黨得知消息，深恐政府扶助農民，足以遏阻其土地革命目的，乃先一日搶劫行駛廈門、龍巖間之公共汽車，迫使龍巖之行作罷，同時遍貼「推行偽土地改革者，殺，殺，殺！」的反對標語，「藉此為破壞之陰謀，共匪如何嫉視吾人之推行土地改革，於此可見一端。」因而改在廈門。

---

[18] 沈宗瀚，《中國農業資源》（台北：中華文化出版事業委員會，1951年），頁 142-143。

　　農復會與福建省建設廳長、地政局長、第七區專員及龍巖縣參議會議長、地政科長等商討，最後與第七專員公署簽訂合約，針對福建省的特色，實施三項耕者有其田計畫後，接著進行農村生產建設計畫，成為一區域性的農村復興方案，擬協助該縣改善土地利用，以鞏固土地改革之成果，總資金共美金 95,926 元，工作計畫均定一年內全部完成。[19]會議通過「龍巖農村建設計畫」及「閩西長汀、永定、上杭、漳平、連城、武平六縣土地改革計畫方案」，所有資金均由農復會美金補助，遂決定在該區實施一區域性農村復興方案，三項主要計劃包含：(1) 在永定、上杭、武平、連城、漳平、長汀等六縣，先為扶植自耕農計畫；(2) 對於已完成土地改革前驅工作之龍巖縣，支援其進行水利工程計劃、農業貸款計畫，為有關農村建設之協助，兩項計畫經農復會核准補助後，乃加強實施；(3) 為保證新計畫之順利執行起見，農復會又請福建省政府保證該區專員及六縣縣長之任期，以便徹底實施此項計畫。[20]

　　當上述的商討決定後，農復會的委員竟被邀參加一意味深長的聚會，由龍巖的原地主在廈門商人，有捷克、南大成、永康成等大公司巨商五十餘人發起，對農復會大員來廈開會建設閩西，表示熱烈歡迎，並為第七專員區獲得援助慶祝，亦為他們自己慶祝，若無龍巖進行土地改革，他們還是守在家鄉，坐吃租息，過著寄生的生活；又提供資料，密切配合，博得農復會對龍巖人的

---

[19] 沈宗瀚，《農復會與我國農業建設》，頁七七；林詩旦，＜巖邑回憶＞，頁 119；林詩旦，＜從福建省閩西土地改革到台灣耕者有其田＞（上），頁 32。

[20] 《中國農村復興聯合委員會工作報告》冊一，頁 43。

良好印象。[21]

二、扶植自耕農的土地革方案

　　農復會擁有龐大自主的預算，及農業、工程等各方面有關的專業人才，更以超然於行政體制之外的立場，協助當地政府推行土地改革，當然普受歡迎。1949 年 2 月，農復會與福建省第七行政督察區專員公署簽約，補助土地改革款項美金 95,926 元，灌溉工程貸款美金 36,926 元，並協助建立分為耕牛、肥料及解除高利貸款計畫，完成第一期肥料貸款 40,412 市斤，受益農民 4,743 戶，工作計畫均定一年內全部完成。[22]

(一)工作依據

　　地政人員初到龍巖時，公署主辦土地改革業務的主管只是簡略說明，既無研討，更無工作實習，僅有龍巖之成例可窺，工作重點為土地徵收與土地分配兩項。首先進行耕地徵收計畫，依據「土地法」有關規定，擬訂徵收計畫書、徵收土地圖說等文件，經由縣政府報陳公署，轉請福建省政府核准；容俟獲准，再依土地法有關條文規定公告三十日，提供土地所有權人閱覽知曉。然而為爭取時間，於徵收計畫書送出後，立即相繼展開耕地複查，將工作人員分組，攜帶調查表冊、簡圖等資料，逐垃查明實際耕作人，係自耕農或佃農、雇農身分，以及土地所有權人、使用情形等，備供分依據。調查人員皆是當地人士，又有村里長會同在場，以及農民事先聆悉此次土地改革宣導，因此複查極為順利，

---

[21] 沈宗瀚，《農復會與我國農業建設》，頁 77；沈宗瀚，《農業發展與政策》，頁 77；林詩旦，＜巖邑回憶＞，頁 119。

[22] 《中國農村復興聯合委員會工作報告》冊一，頁 42-44。

清查成效不錯。[23]

1949 年 3 月初，各縣均先設立「地政處」，置主任一人，並增編工作員額，以專責成。各鄉、各保設鄉保成立土地改革委員會，作為執行業務機構，以展開工作。而以公署所訂頒「扶植自耕農實施辦法」為工作依據，亦是決策單位唯一工作昭示。[24]

(二)扶植自耕農實施辦法內容

閩西土地改革方案，與龍巖實施的內容很相似，都是由政府徵收私有耕地，分配予無地之農民，再給付土地債券作為地價之補償；領地農民在長期低利條件下，再分期將地價償還政府，以取得地權全部，其實施辦法要點如下：

1.由政府徵收全部私有耕地，分配予佃農、僱農及缺乏耕地之自耕農耕種。

2.以年產稻穀二市擔之土地為一「標準畝」，算出全縣標準畝總數，以全縣十分之九的人口，除標準畝所得之商，作為每人平均之土地面積；再以每人平均之土地，乘以每戶之平均人口，是為每一自耕農戶可領耕地之單位面積，照此分配予全縣之自耕農戶耕種。

3.地價補償全部以實物土地債券給付：徵收土地之地價，以三年平均實物租額之二倍半為準，分一次或分數年償還，業佃自行買賣移轉者，其償還地價辦法與此同。

此補償地價較台灣土地改革之補償，至少輕一、二倍，甚至

---

[23] 蔡聲侃，前引文，頁 4-5。

[24] 張維一，《中華民國地政史》（內政部編印，1993 年 1 月），頁 205；蔡聲侃，＜淺談我從事土地改革工作＞，（南投：手稿本，1992 年 5 月），頁 4。

十倍以上。當時因各縣實地情形不同，及時局緊張，地主對於土地不甚重視，急求售脫，故各地地價多較辦法所定為輕，武平縣規定以 1946、1947、1948 年三年地租總和之一半一次償付；如分四年平均償還者，則應加年息 20%。上杭縣則按原約定地租之一年租額，減去二次之二五減租後，由領地農民一次償清。例如每年地租稻穀 10 斗，其地價為 5 斗 6 升 2 合 5 勺，其公式為：

地價＝原約定一年地租額× 0.5625

4.徵收土地之分配，以自然村落為單位，其領地先後如下：(1)出征軍人家屬及陣亡軍人遺族，其出租土地優先領回自耕；(2)原自耕農及原佃（包括前項被領回自耕之佃農）；(3)願自任耕作之原所有權人；(4)缺乏土地之僱農、佃農及自耕農。

5.經政府徵收之土地，其地價由政府發行土地實物債券補償；業佃自行交換買賣者，其地價由佃農自備。

農村經濟因戰爭日益惡化，法幣不斷貶值，農復會補助經費，不得不用特別從墨西哥訂鑄的銀幣或美金、港幣來支付。[25]

6.扶植後之自耕農，其土地經營方式、權利移轉、設定負擔等，須受政府之管理，非經准許，不得變更。

7.實施步驟：計分為土地徵收、土地分配、推行業佃自行買賣、發領補償地價、頒發土地執照等五項。[26]

上項辦法 1.中「政府徵收全部私有耕地」，沒有任何地主保留地，全部徵收，放領現耕佃和雇農。因限於自耕，故地主領回自耕數目極微，不會發生共有土地及在不在鄉的地主土地問題。至於辦法 2.中訂「每一自耕農戶可領耕地之單位面積」，補償地

---

[25] 《中國農村復興聯合委員會口述歷史訪問紀錄》，頁 61。
[26] ＜從福建省閩西土地改革到台灣耕者有其田＞（上），頁 32-33。

主，原則上要如此做，才能與中共強制沒收有所區別。擬以鼓勵業佃雙方自行協議、溝通爲主；協議不成，始由政府發行土地債券補償，另由承領農繳付地價抵償，時間大致三年。在補償方面具體規定、執行技術、債券信用、發行等問題，則還沒有深入研討。當時局勢日趨不穩，最緊要是短期內完成分田工作，必須速戰速決，快刀斬亂麻去做，無暇顧及補償一事。[27]

此外，土地改革實施辦法，還有諸多缺失，如分配田地係按人口，而不計其有無耕作能力；對於地主或自耕農之土地，一律無補償的重分配；以面積而不以土地肥瘠區別生產力等辦法，都因縣長堅持實施，加上時機急迫，雖有瑕疵，亦屬無奈。

三、土地改革工作的展開

（一）推展經過

1949 年 3 月，廈門座談會後，林詩旦返龍巖，負責引用美援發展農村，先與縣政府、縣議會及地方人士商量組織「龍巖農村復興委員會」，聘陳松庵總其責，邱文甫爲執行。美援款項已陸續匯來，首期辦理農田水利、建築灌溉渠道、發放化學肥料，及實驗地質適應性等工作，均積極展開。另一方面，閩西專員公署專設「閩西七區土地改革委員會」，負責全區業務的策動，以及督辦其他六縣推行土地改革事宜。[28]

工作進行初始，閩西六縣即有地方政府的倡導，閩西人李漢沖任公署專員，原爲少將軍人，上任不久，以中共不斷坐大，佃農受其挾持誘惑，藉土地分配佃農、雇農爲號召，因此他認爲唯

---

[27] 蔡聲侃，前引文，頁 22-23。

[28] 林詩旦，＜巖邑回憶＞，頁 119-120。

有提出土地改革，進行分田，先安定農村，才是抵制中共以爭取農民的不二法寶。乃毅然及時辦理閩西六縣土地改革，亦不問中央、省方態度如何；同時，又獲得農復會經費上支助，以及龍巖土地改革前例，而有了各種配合的客觀條件。[29]

執行人才方面，公署羅致中央政治學校地政學系 1947 年夏天應屆畢業生，於 1948 年 2 月下旬，受時任中國農民銀行龍巖分行業務員劉維屏的推薦到龍巖，向第七行政專員公署報到後，先參觀土地改革工作，聆聽負責人屠劍臣簡報扶植自耕農工作步驟及成果，顯示龍巖的實例，足以作為六縣的範例，然後分發各縣擔任地政科長及督導。各人工作地點，自行抽籤決定，陳慎昌到永定、蔡聲侃到連城、陳遠緒到上杭、張世光到漳平、金端峰和屈雲錦到長汀，後來又有張維一前來參加，工作於專員公署，襄助策劃土地改革工作。[30]

當時在業務推行前後，對宣傳工作極為重視，曾利用各縣中學生放假還鄉，擴大宣傳，共編成 85 隊，參加宣傳會之農民達九萬六千餘人。專員及各縣縣長，為使全體農民及地主熱烈響應起見，以身作則，將自己在家鄉的全部田地都拿出來，首先分配予農民耕種，以為倡導，因之各地開明地主及公務人員亦紛紛相率實行，此種力量，增加推行上之無限便利。[31]

（二）成功因素

閩西六縣土地改革工作的推展，可說是一帆風順，毫無顧忌，其主要因素為：

[29] 蔡聲侃，前引文，頁 3。
[30] 蔡聲侃，前引文，頁 2、4-8。
[31] 林詩旦，＜從福建省閩西土地改革到台灣耕者有其田＞（上），頁 14。

　　1.地方反對者少，地主接受的多：自始就未曾有反對或阻礙
言論或動作等，且多數地主表態接受，甚而期望早日完成。據蔡
聲侃回憶：「連城縣眾多地方各界人士，從未見聞異議或埋怨言
詞；退而說之，縱有反對者，亦絕對是少數，不敢行動。因為地
方政府主全力推行，宣導已廣泛深入，可謂家喻戶曉；且有龍巖
土地改革事實可資引證，佃農、雇農更是欣喜萬分。此點除由地
方權勢子弟的管道，獲得地方良好反映，以及地政人員撤退時，
地方武裝自衛隊特別禮遇厚待，稱讚土改，並提及竭誠歡迎留下
來，可見土地改革的宣導有成。至於地主方面，因為 1929 年中
共入占分田時，曾經激烈清算鬥爭，餘悸尚在，所以在中共逼進
之際，各鄉地主亟欲預留餘地，紛紛請求儘速提前辦理，徵收土
地，以脫去地主頭銜。如上杭、武平等縣召開扶植自耕農業佃大
會時，沒有人願充當地主代表，他們認為中共即將至閩西，地主
頭銜甚比麻瘋病還可怕，深恐稍緩一步，共產黨對地主的清算鬥
爭，隨之而來。故部分地主不僅不反對分田，連地價補償多寡，
甚至有無，亦不異議或計較。」[32]

　　2.局勢惡劣期能扭轉，推行決心盼早日完成：1948 年秋冬，
徐蚌會戰失利後，局勢混亂，國情非常不穩定，中央政府施政，
軍事優先，其他國計民生，難以兼顧。當然對歷時久遠土地租佃
制度之不合理，以及地主仍頑固不化等問題，更無力無暇解決。
此時，地方政府能站出來，排除萬難，倡行土地改革，期求爭取
農民，安定農村，以對抗中共坐大，扭轉惡劣局勢，如四川推行
二五減租、閩西實施扶植自耕農等個案。[33]

---

[32] 蔡聲侃，前引文，頁 5-6。
[33] 蔡聲侃，前引文，頁 6-7。

　　3.爭取外圍助力：爭取助力主要對象為農民、新聞界、教育界，及地方熱心人士，使他們對土地改革有切實的瞭解而起助力作用，一面配合黨團發起擴大宣傳。「有一次龍巖一部分地方士紳，半秘密的開了一個帶有反對扶植自耕農意味的討論會，有一個出名的老士紳對扶農予以嚴厲無情的攻擊，結果反對他的人乃對他最尊敬的族人某中學校長。又龍巖第一期業務在白土鎮開始實行時，全賴該鎮幾個有力士紳領導，此對該縣扶農的成功，有決定性作用，關係甚為重大，因開始辦理時外間空氣甚為惡劣，若白土鎮受到打擊，其他各鄉鎮人民的信心均將瓦解。」[34]

四、閩西地政人員的撤退

　　土地改革工作進行之初，共產黨徒咸以國民黨政府絕無可能於此時實施土地改革，因此均以看笑話的態度，袖手旁觀；及至分田工作生效，軍心動搖，則又群起阻撓，以生命安危恫嚇工作人員。據陳慎昌回憶：「永定土地改革之時，對於投共附共之鄉民，一律仍依規定授予土地，並保障其安全。此項措施旨在瓦解其軍心，果然消息發布，立即獲得反應，不旬日山中土共有潛家鄉探詢，經當地鄉公所保證之後，風聲傳播，不數日陸續下山受田者，不下數十人，由是而引起山區共軍人心大動，不得不全面阻撓土改之進行。」[35]

　　各縣扶植自耕農工作，進行原本極為順利，只可惜政局不安，1949 年 5 月間，共軍進犯，東南各省紛紛陷落，農村風聲鶴

---

[34] 林詩旦，〈從閩西的土地改革看台灣扶植自耕農〉，《土地改革》，第 2 卷第 20 期，（1952 年 8 月 21 日），頁 16。

[35] 陳慎昌，前引文，頁 5-6。

唳。5 月 22 日新任李姓公署專員，竟在土地清查順利進行之時，突然率領龍巖及附近上杭、漳平、永定、武平等四縣，宣告叛變投共。這一出乎意料變化，以致工作大受影響。[36] 9 月，福州、同安、漳州相繼陷共，土地改革工作乃告功虧一簣。各縣負責地政人員相繼各自覓路逃生，撤出閩西，先後輾轉到台灣者共有二十多人。來臺之後，彼等散佈全台各地，有的加入各項建設工作，有的負責全省舉辦土地等則調整，或負責實際執行三七五減租未了業務者，並有多人任職於省縣和中央地政機構，一本土地改革工作者一貫具有的團體榮譽之作風，都有傑出表現及成就，例如前內政部地政司長、考試委員張維一。[37]

時已轉到農復會任職的林詩旦，駐龍巖辦公室已交龍巖縣農村復興委員會，林氏只好離開龍巖，經香港來到臺灣。在龍巖陷落之時，人員星散，檔案薄冊皆佚失，尚有一筆美援鉅款猶未及動用，林氏臨財毋苟，交還農復會；至於已交縣農委會而未支用者，在抵達香港後，則由陳松庵送交還在港之龍巖全鄉代表單位，存於香港匯豐銀行，至今龍巖同鄉人咸樂道之。

林詩旦來臺灣之後，農復會尚想挽救殘破的貴州省農村經濟，復被派赴貴陽，擬以美援推行全省的三七五減租工作。當時貴州省主席谷正倫坐鎮貴陽，派省府秘書長及民政廳長配合；但大廈將傾，獨木無力回天，林詩旦再度撤回臺灣，嗣後擔任農復會土地組技正，與湯惠蓀、陳人龍等專家，全力投入臺灣的土地

---

[36] 蔡聲侃，前引文，頁 5、8-9。

[37] 此段根據 1993 年 1 月間林詩旦先生口述，目前留台曾任閩西土地改革行政人員，尚有十五人。

改革，直到 1962 年土地組解爲止。[38]

第四節　閩西土地改革的效果

一、土地改革的成果

(一)完成土地改革之鄉鎮

　　閩西的農村復興方案，因時局急變，僅行之半年，短期間六縣土地徵收、定地價、補償等工作，完成者只有十二鄉，計長汀縣之三平、涂坊，連城縣之林田，漳平縣之黨泰，永定縣之金勝、大院，上杭縣之稔田、藍溪，武平縣之象洞、嚴前、下塅、萬成。徵收和分配的土地約二百萬畝，補償地價共二千餘萬。其中有扶植農戶詳細報告者，如上杭縣稔田、藍溪、大溪三鄉，扶植農戶 6,020 戶，26,951 人，耕地面積 53,786 畝，每戶平均領地面額計 9 畝弱。武平縣完成象洞一鄉，扶植自耕農戶數 1,861 戶，凡 8,134 人，耕地面積 23,656 市畝，平均每戶領地面積爲 12.07 市畝；其他各縣辦理成果，因時局突變，則未獲到詳細報告。[39]

(二)土地改革成果之維護

　　灌溉工程的展開，爲維護土地改革的成果，農復會在閩西協辦農田水利灌溉工程，其意義與在四川、廣東等省，僅以增產與防災爲目的者有別。[40]龍巖縣雖已經實行土地改革，然而農村待解決的問題尚多，蓋土地改革政策旨在平均地權，土地經分劃

---

[38] 林詩旦，<從福建省閩西土地改革到台灣耕者有其田>（上），頁 33。

[39] 林詩旦，<從福建省閩西土地改革到台灣耕者有其田>（上），頁 32-33；林詩旦，<巖邑回憶>，頁 120。

[40] 《中國農村復興聯合委員會工作報告》冊一，頁 35-36。

後，為防止主佃關係之復演，地權之轉移，須經政府許可。如此則農民在主權方面，雖受保障，然在經濟方面則遭遇凍結之困難，如何改善農民經濟，成為當務之急。

　　由於龍巖地處山區，可耕地原本甚少，短期內又不容易擴張，何況灌溉工程又時遭洪水之損害，年年修復，耗費農民的金錢與體力，益陷農民於窘困之境。因而土地改革雖保障農民土地的主權，卻不足以解決其經濟危機，一遇意外開支，仍無法支付，最後往往抵押土地給富農或富商。為了維護土地改革的成果，龍巖縣政府向農復會提出農村建設計畫。[41]所以辦理灌溉工程，旨在以實物信用貸款方案，會同解決上述之困難。

二、閩西土地改革的意義

(一)農復會在閩西的經驗

　　1.**農復會有足夠的自主，避免政治壓力**：農復會為中美聯合的委員會，可避免外在的政治壓力，完全站在技術、經濟及農民利益立場。國府極尊重農復會的自主權，使該會既是技術指導機關，也有執行權力。美國經濟合作總署亦授美國委員全權處理會務，美國國會核定援助經費的款額，委員會有動用款項的全權；而福建省政府更儘量設法多得該會技術與經費協助，無權責之爭。同時，中美兩國的委員及各技術組組長，在學術界均負聲望，在會中無一般政府機構之行政拘束，得因地因時之宜，自由發展，工作效率甚高，使該會逐漸形成農學界領導地位。[42]

　　2.**美援支助與其他機關合作的經驗**：農復會由於經費來自美

---

[41]　《中國農村復興聯合委員會工作報告》冊一，頁 37。

[42]　沈宗瀚，《農復會與我國農業建設》，頁 54-56。

援，土地改革推動之時，美國助力甚大，能化阻力為助力，解決各種人事和經費上的困難，使改革工作推行更得心應手，且奠定日後中、美合作規劃推行臺灣農村復興工作的重要經驗。

　　3.**對日後土地改革的影響**：農復會實施的土地改革，雖只有一年多的時間，卻影響日後的農業和土地政策。以第一期的工作而言，農復會從龍巖的土地改革及水利工程，了解到土地改革的重要性，因此在第二期工作，反而以土地改革做為一切計畫的重心。臺灣的土地改革，時間和閩西相近，閩西前例具有鼓舞作用，亦由農復會支援人力物力，經驗互相借鏡，人員互相傳承。

(二)閩西經驗在近代土地改革的意義

　　1.**閩西各縣有推行決心**：為期早日完成的決心，原本徵收耕地，分配現耕農民，因涉及人民權益至大，必須報請省府准後，辦理徵收，方有法律依據。然而在工作進行中，地政人員沒有顧慮到這點，眼見中央、省府施政趨於停頓，縣以下全賴地方自決，地方政府具有推行無比決心，以硬幹精神，全力衝刺。而且有了農復會支援，地方政府不期求中央和省方允助支援，並遠道邀請中央政治學校地政系畢業的專業人才，足見其倡行決心。[43]

　　2.**成功運用土地債券扶植自耕農**：政府向農民銀行借部分現金及大部分的土地債券，補償原有地主的地價，資金主要為農復會所支援，政府無須負擔龐大財力，亦受地主和農民的歡迎。

　　3.**解救地主免於被清算**：扶植自耕農政策，使閩西地主交地改行，或成為自耕農，解救過去的地主，使免於共產黨鬥爭之禍。據報導：「中共進入閩西之後，因農村以自耕農為主，減少了原

---

[43] 蔡聲侃，前引文，頁7。

地主被清算鬥爭。」[44]

三、與臺灣扶農條例草案之比較

閩西的土地改革政策，以實現耕者有其田爲目的，此與「臺灣省扶植自耕農條例草案」所規定的宗旨相同，惟辦法的內容則有甚大差異，茲將其重點說明如下：

（一）地主保留地的比較：閩西各縣都不准地主保留土地，雖龍巖第五期扶植自耕農區域，以地權未經破壞，准少數地主領回一部以自耕，但以確係成爲自耕農戶者爲限，因限於自耕，故領回數目極微，總共不過七百餘畝（50餘甲）。[45]

依照「臺灣省扶植自耕農條例草案」規定，在鄉地主之土地，非共有者，均得保留水田二甲、旱田四甲的耕地面積（條例草案第 8、10 條）。此因顧全一部分地主暫時沒有轉業的機會與能力而設的，但此種辦法的規定，將發生下列不良的影響：

1.影響扶植自耕農的面積：臺灣省在鄉地主共六萬千餘甲，被保留者即佔四萬一千餘甲，約合六十萬市畝，等於龍巖二縣以上的耕地面積，數目不小，被摒於門外不得扶植之自作農，一戶以一甲計，即有四萬餘戶。

2.增加辦理業務的困難：共有土地及不在鄉地主的土地，不予分別輕重及研究實際情形，而概括的規定，不加保留，有失公平與合理的原則，將來此等地主可能提出正當的理由，請求補救，加重政府應付的困難。

---

[44] 1993 年 3 月間，台灣龍巖同鄉會陳光成總幹事口述，近年同鄉返閩西探親，得知 1949 年後極少見地主遭清算鬥爭者。

[45] 《中國農村復興聯合委員會工作報告》冊一，頁 15。

（二）**地價的補償的比較**：閩西各縣地價的補償，除自行買賣外，龍巖規定一部分發給現金，一部分搭配土地債券。其他六縣則規定全部以實物土地債券給付。當時龍巖縣每畝地價的數目，高為 540 市斤，最低只有十餘斤，普通為 100~200 市斤；武平為三年地租總和之一半，上杭地價則尚不及一年地租。

「臺灣省扶植自耕農條例草案」第 12 條規定，徵收地價為各等則耕地全年正產物收穫量之二倍半，較之閩西各縣的補償地價，最少亦重一、二倍，多者幾達十倍以上，平心而論「臺灣的地價標準較閩西為合理」。惟當時閩西地價降低，係因共產黨分田後，多數地主無法收租，或租額甚低，依照田租額還原之地價，自亦較低。其次，因為 1949 年軍事失利，時局危急，地主為保全生命，急欲將土地脫出。臺灣「除了規定甚高的地價外，尚替地主想出種種的方法，使其轉業，發給公營事業股票，使其逐漸變為工商業的領導份子」。

（三）**在鄉地主土地問題**：閩西因土地全部徵收，不准地主保留土地，故不發生共有土地及在鄉、不在鄉地主的土地問題。「臺灣省扶植自耕農條例草案」第 8、10 條規定：地主出租之共有土地全部徵收，但在鄉之單有土地則可保留水田二甲、旱田四甲，此條規定顧及地主暫時求職不易，以及小地主生活困難而設，但既有此規定，必須使有此種困難的地主都有補救的機會，方算公平而合理。[46]

「臺灣省扶植自耕農條例草案」第 8 條規定：不在鄉地主的土地全部徵收，若農民所有土地在兩鄉交界附近，與其住家相距咫尺之地，依照規必須全部徵收；而另有農民住家與土地分別在

---

[46]　《中國農村復興聯合委員會工作報告》冊一，頁 15。

鄉之東西方，相距大數十里，依規定應予保留，此種例子各縣並
非少見。

（四）地主分戶流弊：閩西因不准地主保留土地，故亦無地
主故意分戶之流弊。「臺灣省扶植自耕農條例草案」第5條規定
「本條例徵收耕地對象以戶爲單位，並以地籍冊上之戶爲準」，
以地籍冊上之戶爲準，則地主一家之父子兄弟夫婦雖未分家，但
土地可分爲數戶而保留數份之水田二甲、旱田四甲保留地。各地
土地移轉分戶之熱烈爲前所罕見，即初生的小孩亦有分爲一戶，
予以一份土地者。又「臺灣省扶植自耕農條例草案」第20條規
定：「本省私有耕地所有權應自本條例公布之日起，一年內一律
停止移轉」，目的不外限制地主將土地分戶移轉，但條例未正公
佈，地主已熱烈的分戶。[47]

小結

農復會成立宗旨，爲協助戰後中國復興農村工作，所循途徑
爲發展以民主爲基礎的農村復興方案，實行所得的大部利益，歸
農民享有，而不爲地主所剝奪，因此主張任何農業建設的實施，
必須以土地改革爲基本條件。閩西的土地改革，係專員公署鑒於
龍巖扶植自耕農計畫，實施成功，決定推行到其他六縣，遂提出
一區域性的農村復興綜合方案，在六縣先作土地改革計劃，並在
龍巖作農村建設。

閩西推行土地改革之時，時局已逆轉，中央和省方都已自顧
不暇，地方政府全力衝刺，自行推動，期早日完成，而且地方政

---

[47] 《中國農村復興聯合委員會工作報告》冊一，頁15-16。

府洽請農復會支援，並邀請專業人才執行，可見地方推行的決心。地方士紳方面，有鑒於以往中共在閩西強行分田、清算鬥爭地主，因而普遍恐懼中共重來，舊事重演，因此未曾遭遇地方反對或阻礙，進行順利，證實歷史事實的教訓，比政府宣導更有效。

　　最後因中共攻入閩西，繼之地方發生政變，進行中的土地改革，終告停頓，所有成果均因人員流散而付諸流水；倘若局勢能再穩定半年，必能完成見效。國家長期忽視土地改革之重要，平日因循苟且，得過且過，對於農村問題，未能遠謀；地主平日坐享佃農辛苦的成果，一向對土地改革又消極抵抗，一旦大局遽變，臨渴掘井，爲時已晚。

　　臺灣耕者有其田工作經驗、規章、制度以及發行土地債券等多參照龍巖辦法，林詩旦後來久任中國農村復興委員會工作，參與其事，故知之甚詳。此外龍巖地政人員如林詩旦、鄭雲漢、朱慶濤、鄭行亮等人，來臺灣之後，繼續參加台灣三七五減租、耕者有其田等土地改革業務，駕輕就熟，有歷任省縣地政重要主管，成績可觀。[48]農復會主委沈宗瀚曾以龍巖土地改革及臺灣三七五減租之實例並舉，向美國人說明國民黨是以民主和平手段實施土改，而共黨造成階級鬥爭，清算屠殺地主。[49]可見龍巖的土地改革在沈氏心中的地位，且龍巖經驗增加台灣農政人員對土改的信心。

　　由於龍巖推行土地改革，和平有償，地主並無保留土地，據近年返龍巖探親的人士口述，龍巖自陷共之後，未聞有人以地主

---

[48] 林詩旦，〈悼念鄭雲漢兄〉，頁 8。

[49] 沈宗瀚，〈晚年自述〉，收入《沈宗瀚自述》，（台北；正中書局印行，1975 年），頁 46-47

名義被清算鬥爭，較之 1929 年第一次中共進入閩西，龍巖地主
鬥爭死亡者高達十幾萬人，直爲天淵之別。故土地改革也成爲地
主的救星，農村解危脫困的保護神。[50]

---

[50] 林詩旦，〈中華文化與土地改革〉（中）《中華文化與藝術》，第 1
卷第 5 期，（1991 年 6 月），頁 9。

第九章、結論

　　1930 年代以來，已瀕破產邊緣的狀態的中國農村經濟，自 1937 年抗戰爆發，到 1949 年國民政府撤離中國大陸的 22 年期間，因爲長期的抗戰和國共內戰的破壞，面臨空前的衰退和危機，如土地生產力的衰退、農村勞動力的激減，以及地方金融的枯竭，而根本解決農村破產之道，則在土地分配和利用的問題，以及救濟農村金融，更重要的是靠政府推動土地政策。

一、土地政策議而不決、決而不行

　　回顧國民黨土地政策的歷史，自建黨時期，就強調其係依據孫中山「平均地權」、「耕者有其田」的學說作爲理論基礎。1927 年國民黨在南京執政開始，曾提出的土地政策，不少是有關土地問題的法規，重要者爲 1930 年頒布的「土地法」，以及二五減租運動。抗戰爆發，國民黨決定加強戰時土地政策的推行，1938 年臨全大會通過「戰時土地政策大綱」，以及 1941 年 12 月九中全會通過的「土地政策戰時實施綱要」，內容實包括中國地政學會專家多年來的研究成果，重申「平均地權爲總理民生主義實行之要道」，並視之爲「適應戰時需要」的「當務之急」。1941 年中國農民銀行兼辦土地金融業務，1942 年中央成立地政署，接著舉行首次全國地政會議，籌備推行二五減租和扶植自耕農政策，此外，與這些地政法規相關的，從中央到地方，有關土地問題的法令規章，不下數百種。抗戰到勝利後，國民黨在諸多困難的情況下，提出有關的土地政策大綱和實施綱要，理論上，黨內多年來對於土地政策的猶豫與疑慮，應可以廓清，而且土地改革的提出

亦早於臺灣，於抗戰時即可順利推行。國民政府如果堅持不懈往
「平均地權」方向努力，中國的土地問題在二十世紀或許可望得
到解決。

　　抗戰勝利，國民黨原本可開始落實戰時所擬諸多土地改革政
策，然而接著國共發生內戰，1946 年 5 月 4 日中共中央提出「關
於土地問題的指示」，決定將抗戰時期「減租減息」，轉變為沒收
地主土地，分配給農民，實現耕者有其田的政策。新的土地政策
一頒布，各個解放區掀起了大規模、轟轟烈烈的土地改革運動。
同時，國民政府方面的土地政策，1946 年修正公布土地法與施行
細則，國防最高委員會通過之「綏靖區土地處理辦法」。1947 年
3 月六屆三中全會通過「經濟改革方案」，繼而審議「農地改革法
草案」，最後又通過「兵農合一制」方案，不論這些法規政策是
否合乎孫中山的革命思想，實質上絕大多數只是一具空文，極少
有貫徹實施者，即使有些規定得到實行者，也是限於較短時期和
一些局部地區。

　　然而國民黨提出解決土地問題的政策、制定有關法規，常常
是在各界輿論的壓力，和社會環境的逼迫下進行的，在制定土地
法令之前，中國國民黨大會，對於土地政策往往是「議而不決」，
例如地政署曾擬訂扶植自耕農實施辦法草案，但呈經行政院會議
決議「暫從緩議」，又如地政部重行修訂耕地租約登記辦法，又
呈經行政院會議決議「緩議」。此項耕地租約登記，實為保農之
必要手續，曾經江西、廣東、福建等省先後推行，頗著成效，惜
中央迄未制頒統一辦法。這種陽奉陰違的態度，不僅再三失去解
決土地問題的良機，而且普遍失去民心。相關法案一旦通過，又
「決而不行」，採取消極的延宕辦法，而最終政府殊少執行。長
期從事地政研究工作的土地問題專家萬國鼎在 1948 年曾指出：

「十年前,我們確曾希望政府實行土地改革,曾經努力為土地法的合理修正,做過不少要求與爭辯。後來越來越失望了,早已失去了擬訂法律的興趣。近來,我更一再說過要希望目前政府切實施行土地改革,很少可能。」[1]至於一般民眾,更是如此。

　　直到1949年國民黨離開中國大陸為止,「平均地權」非但未能實現,土地問題反而較過去更為嚴重,甚至發展成為共產黨建立政權一項重要社會因素。國民黨仍沒有解決土地問題,最後土地問題卻解決了國民黨,促促臺灣的國民黨反思到「惜當時坐誤時機,而舉國憒憒然,忽其為根本之圖」[2],從而銘記大陸的慘痛經驗,銳意改革土地制度。

二、戰時扶植自耕農先例與教訓

　　「土地政策戰時實施綱要」規定農地以歸農民自耕為原則,顯示國民黨在戰時推動扶植自耕農政策的決心,以確保兵糧和財賦來源,並安撫農村秩序,為此中國農民銀行設立土地金融處,兼辦土地金融業務,1942年地政署成立後,再擬訂「戰時扶植自耕農實施辦法草案」。扶植自耕農事業辦理之成功,固須行政力量之推動,他方面則有賴於金融及技術之協助。運用土地金融實現土地政策,照價收買為平均地權的方法之一,收買必需資金。又戰時土地金融處放款條例中,即首列照價收買土地與土地徵收兩種放款,可證明政府於土地金融與解決土地問題之關係。並且又決定在一些條件適宜的省區,設立實驗區,先試行扶植自耕農

---

[1] 《土地改革》第1卷第5期(1948年7月),頁8,轉引自成漢昌,前引書,頁284。

[2] 蕭錚,《中國人地關係史》,頁329。

的辦法，其中以在福建的龍巖最顯著，另外在重慶北郊的北碚和甘肅省湟惠渠灌溉區試辦這種扶植自耕農，都有不同程度的成績。

戰時有兩個較特殊、具個人色彩的土地改革實驗區，為陳誠「建設新湖北」的計畫和蔣經國「建設新贛南」的計畫，都有二五減租和扶植自耕農的方案，雖獲得相當的成果，最後都因陳、蔣兩人另調中央的要職，土地改革也政息人亡。

此外，由於龍巖扶植自耕農成功的經驗，國共內戰後期，1947~1949 年農復會運用美援資金，在閩西六縣推動的土地改革和各種農村復興方案，對於土地改革所發生之功效，以及農村綜合建設方針，深具意義。由於此項成就，社會秩序趨於安定，並在國際間引起廣泛之注意。可惜因時局急變，雖僅行之半年，在極短期內初步推行成果仍甚顯著。

但是，以上這些關於土地改革具體的措施，有的僅限於局部地區先實驗，又如二五減租政策則全國適用，其中有的取得了局部的成功，有的則失敗流產，總之，扶植自耕農的土地改革，最終不能擴大到全國範圍實行。雖然每一次改革失敗後，也都進行過檢討，也試圖找出失敗的原因，可是，在大陸失守之前始終沒有能夠解決那些問題。主要是經濟上缺乏資金，政治上擺脫不了地主階級的反對，以及國民黨政府以土地改革作為反共目的，則得不到廣大農民的支持。

三、戰後土地改革困難重重

國民黨土地改革的推動不力，政治上的原因也很重要，國民政府自 1920 年代以來，所有土地政策，多少會影響到地主階級的既得利益，所以這些政策總是遭到地主階級的反對。而國民黨

政府爲了反對中國共產黨又要依靠地主階級,如此國民政府要取得地主階級的支持,就必須向地主階級讓步,而終不免侵害農民的利益,失去農民的支持。

共產黨在戰後,爲改變舊的生產關係,制定出一系列土地改革理論、政策和總路線,到 1948 年立法院進行土地改革方案大辯論時,中共的土地革命已然全面展開。國民黨也只在國統區個別進行土地改革試驗,而且純屬點綴作用,和主張徹底分田的共產黨比較,可見國民黨土地改革和這場大辯論的妥協性,基本在於盡量避免減少對傳統土地關係的衝擊。

內戰後期,國民政府撤退到廣州,地政專家最後還提出所謂「兵農合一」的土地改革方案,是在閻錫山統治山西時期所推行的兵農合一辦法的基礎上,經土地改革協會蕭錚等人的修改而擬定的。其內容是維繫兵源、糧食取得的土地制度。1943 年以後閻錫山曾在山西的一些地方,強制推行此一辦法。其結果,農民束縛在土地上,生產力受到嚴重破壞,進一步加劇農村社會的危機,仍不能挽救山西統治的失敗。國民黨在大陸敗退前夕,又重拾起此一失敗的土地方案,足見已到急不擇醫的地步。隨著國民黨政權在大陸的覆滅,此政策在地政史上,只留下一小段插曲。

再說,國民政府從中央到地方的各級政權,大部分官員都與地主階級有密切的關係,他們對於國民政府的各項土地政策,總是持以消極態度,有的地主甚至走上公開的武力對抗。[3]國民政府解決土地問題,採取的辦法,不是由下而上,發動農民進行改革,對於廣大農民總是以一種「恩賜」的觀點,以致面對地主階級的

---

[3] 孫曉村:<現代中國的農業經營問題>,《中山文化教育館季刊》3 卷 2 期,(1936 年 1 月),頁 462。

反對，以及共產黨發動農民從事土地革命運動時，表現得軟弱無力。

（一）各級政府缺乏推行之決心：政府之官僚積習，所採之延擱戰術，逐漸使問題由延緩而趨於冷漠。當時之行政、立法機關，便對有關土地政策綱要並不欲採取步驟，既不依之限期實施，亦不依之擬定法律，故仍徒爲具文，無具體可行法令和專責貫徹改革意志的機關。各級政府認識不清，不願意得罪地主，且大部份政府主管人員，本身即係地主，益乏進行之決心。正如敗退臺灣後的蔣介石，1952 年 4 月 21 日在陽明山莊關於「土地國有的要義」的演講中指陳：「所可惜的是我們有完善的主義、政策、計劃和方案，卻缺乏具體精密的方法和篤實踐履的的行動。…過去我們的失敗，就失敗在雖有計畫，而沒有行動，雖有行動而缺少方法，即使有了行動，而又是與現實不合的。…這教訓大家要切實記住，否則離開事實，就不能發生影響，沒有方法，亦就不能獲致效果。」[4]

（二）政府以外患內憂爲藉口，而延緩土地改革的實施：這是倒因爲果自欺欺人的說法，乃完全爲了保全地主階級權益，即以政府本身而論，已無容諱言，潛藏著濃厚地主意識。財經當局之消極反對，如對 1948 年的土地改革方案，當時兼財政部長孔祥熙、經濟部長翁文灝，對此案仍私下反對甚烈，認爲乃係採取書生之見，故此案仍爲國民黨之又一決而不行之案例。

（三）政府不能兼顧中小地主之生活：國民黨土地政策既係

---

[4] 蔣介石，＜土地國有的要義＞，收於革命實踐研究院編校，《總裁言論選輯》（三）政治（臺北：中央改造委員會出版，1952 年 9 月初版），頁 254-255。

和平政策，又不主張階級鬥爭，則對於靠地租以維持生活中小地主，應妥謀其投資之正當出路。戰後政府以徵收地主土地，實施扶植自耕農，倘給地主以土地補償金，而短期內法幣慘跌，地主得此補償金，不能為生產之用，故不旋踵生活頓失憑藉，因此地主反對扶植自耕農，馴至為推行土地政策之一大困難。

（四）各級民意機關之漠視與阻撓：縣參議會、省參議會、國民大會等各級民意機關，其分子多半係由來自農村之地主階級所操縱，此輩之地主與勢力即由於平日剝削農民而造成，如與之規劃扶植自耕農及保障佃農，是不啻與虎謀皮。故民意機關，非特不擁護扶植自耕農及保障佃農政策，且藉其職權，多方阻撓。

（五）工業不發展，農村人口過剩：抗戰雖已勝利，但因忙於戡亂，未遑建設，工業無以發展，而農村人口過剩，又無新興工業為之吸收，即使推行扶植自耕農政策，然其所扶植者既屬少數，而每一自耕農所得土地，又復有限，仍不足以維持其一家生活，兼受社會經濟重重壓迫，不多久必出賣其所得之自耕土地，仍回復其佃農與雇農之貧農身份，此亦推行上困難之一端也。

（六）土地金融機關扶植自耕農貸款過少：中國農民銀行土地金融處，對於政府為直接創設自耕農徵購土地之放款，及農民購買或贖回土地自耕或依法呈准徵收土地之放款，為數均甚為有限，以有限貸款，欲普遍實施扶植自耕農，勢所不可能，即就乙種扶植自耕農貸款而言，尤屬杯水車薪，無濟於事。

四、與臺灣土地改革的關係

國民黨在大陸時期所提出的土地政策，不是以培植國計民生為重，而是以增加政府收入為重，因此，除了為糧食增產和解決農村社會問題之目的外，並含有財政上之意圖與作用。結果「減

租無由」,「增稅有著」,扶植自耕農等措施收效甚微,同時田賦徵實徵購卻是殺雞取卵政策,導致民怨沸騰,土地關係更加惡化,農業生產明顯衰退。

國民政府撤退到臺灣,決心推行實行土地改革,同時採取直接、間接創設兩種辦法,一方面以逐步的實施耕地減租、放領公地與徵收地主超額租耕地放領予現耕農民;另一方面,又以長期低利的貸款,幫助佃農自行購買地主保留之出租耕地等辦法,都有利於農民獲得自有土地,舒解土地所有權的集中。除此之外,因為國民黨從大陸敗退到臺灣後,與臺灣地主勢力、本地經濟活動,都沒有太多的關係,因而憑藉自己在臺灣的權力,以和平的方式能直接推行「耕者有其田」方案,並取得相當的成效。

於 1952 年 7 月臺灣省政府公布「扶植自耕農條例草案」,實施耕者有其田的工作,係分為六個步驟進行:一為訓練幹部,二為複查耕地,三為公告清冊,四為徵收放領耕地,五為徵收補償地價,六為整理圖冊與統計成果。

土地金融機構以金錢作為被徵收土地地價的補償,有助於土地改革,使地政人員信心大增,此項運用有價債券扶植自耕農的經驗,且在進行土地改革之前,先作農村調查,建立「人地卡片」,基本上與 1940 年代,在閩西龍巖、四川北碚、甘肅湟惠渠灌概區,以及鄂西和贛南等一些土地改革成功的特例,實施方法和步驟相似,而且 1947~1949 年農復會在西南貴州、四川,以及閩西其它六縣進行扶植自耕農,在國府遷臺後,其部分的地政人員或協助農復會在臺灣的土地改革,或服務各級地政機關,實際參與土地改革工作,因此龍巖等地區的扶植自耕農實驗,可謂是日後臺灣實行「耕者有其田」土地改革的前驅。

然而大陸和臺灣的土地改革環境背景不同,相異點比較:

（一）實施結果不盡相同：1940 年代國民黨在大陸實施耕者有其田，其結果也僅限於在幾個省區的示範區內，極少部分的農民得到好處；而少數的地主仍占有多數的土地。臺灣實施土地改革的結果，使大量的無地農民成為自耕農，土地所有權有很大程度的分散，使得租佃制度在農村趨於消滅。同時，地主階級在社會中的領導勢力逐漸沒落，或朝向經濟領域發展，部分中大地主紛紛轉而投資於工商業，從而推動了臺灣工商業向前發展，或成為地方派系的領袖。[5]顯然其成效超過大陸時仍任何示範省區。

（二）實施基礎條件互異：臺灣的戶口和地籍資料完整，法治觀念深入人民日常生活，教育文化水準亦較高。農復會 1947 年以後在四川、廣西等西南各省實行三七五減租，較之臺灣的實施減租工作，將牽涉到若干技術困難。因為三七五減租辦法，係根據土地等則及每一等則所規定之正產物收穫量。臺灣地籍正確，規定完整，故實行三七五原則，並無困難。四川則地籍基礎不善，即欲實行三七五減租，亦無法辦理。乃決定推行簡明式的二五減租，即不問原來約定租額多少，一律照減 25% 。

（三）戰爭局勢影響與否：軍事成敗與經濟狀況不無聯繫，尤其是反映在農村經濟關係的核心－土地問題上，國共內戰期間，共產黨邊戰爭，一邊在其解區普遍實行土地改革，廢除傳統租佃關係的土地所有制，實行耕者有其田。分得土地的廣大農民堅決擁護共產黨；同時獲得翻身的農民又踴躍參軍、參戰，使得共產黨的軍事力量日益壯大。1945 年以後國共展開內戰，國民黨在內戰開始時，實力強大，處於進攻地位，而解放軍在 1946 年

---

[5]　龔宜君，《「外來政權」與本土社會－改造後國民黨政權社會基礎的形成（1950~1969）》（臺北：稻鄉出版社，1998 年），頁 176。

全國內戰爆發初期，戰略處於防禦階段，1947 年轉爲進攻階段，到了 1948 年秋，已處於決戰階段，在 1948 年 9 月到 1949 年 1 月的「三大戰役」中，國民黨主要軍事力量基本歸於消滅。到 1948 年立法院的農地改革方案大辯論進行最高潮時，正值國共交戰方酣，而且國共兩黨軍事力量發生根本變化。

　　然而即使到最後關鍵時刻，國民黨政府，根本無心於地政，只是臨渴掘井的急就章，「我們從土地看目前的戰事，顯然是共黨主動，政府被動；共黨以土地改革爲一切活動的中心，政府則專管軍事戡亂，戰略處於不利地位。」[6]抗戰勝利後頭兩年的國統區如此，到 1948 年已積重難返，農村土地關係惡化，社會經濟走向崩潰，軍事上處處敗退。國民黨一些有識之士不禁急呼，企圖在土地措施上加以改進，換取民心。

　　農村民心的向背，決定革命的成敗，國民黨沒能解決農民的土地問題，沒有獲得農民的擁護和支持，軍事潰敗也就無疑了。共產黨土地改革總路線爲「依靠貧農，團結中農，有步驟地、有分別地消滅封建剝削制度，發展農業生產。」[7]

---

[6] 《大公報》（上海）（1948 年 7 月 21 日）
[7] 《大公報》（上海）（1947 年 3 月 17 日）

附錄

抗戰時期國民黨土地改革實施省區一覽表

時期	省區	主辦者	政策事項	實施情形	實施成果
1941 — 1943	鄂西各縣	陳誠、董中生	實行二五減租	1. 首先以第七行政區恩施全縣爲主，次辦理利川、宣恩等七縣各擇一鄉的二五減租。 2. 再擴及鄂北第八區鄖西、均縣等六縣的減租。	1. 已減租農戶計232,323戶。 2. 已減租地主共計202,702戶 3. 陳誠離鄂後二五減租工作即廢。
1943	湖北恩施咸豐	陳誠	扶植自耕農	凡各級合作社社員，有耕作能力而缺乏田地自耕，或原有田地典當與人，無力贖回者，均得申請購買土地，貸款限制，水田15至30畝，旱田倍之。	自1942年10月至1943年5月，共放款160萬元，扶植自耕農五百餘家。
1943	贛南	蔣經國	扶植自耕農	1. 設立扶植自耕農示範區，實施土地徵收，混合整理，重劃爲單位農場，分配放領。 2. 以減租爲手段，迫地主放棄土地。 3. 組織土地信用合作機構，實施農地購贖辦法。 4. 設立合作農場。	贛南十一縣，每縣至少有一個示範農村，因財政困難，未全面實施。扶植自耕農示範區，1942年實施計畫，至1944年蔣經國離開後，即終止。

1942 至 1947	福建 龍巖	劉建緒 林詩旦	耕者 有其 田	1. 以土地債券搭配現款償還地主，向中國農民銀行洽借十億二千餘萬，三成現金，七成土地債券，作支付補償地主土地地價。 2. 農民分期攤還承領耕地地價。 3. 貸款期限為十年或七年，月息 9 釐、15 釐、2 分及 3 分不等。 4. 1943 年 2 月至 1947 冬，五年共辦理五期徵收土地。 5. 為維持扶農之成果，對於地權之變更，轉租、轉賣之限制。	1. 徵收放領耕地面積 278,244.64 畝。 2. 徵收補償地價 10.1 億元。 3. 扶植自耕農戶共 27,189 戶。 4. 農民銀行協助各鄉鎮組織土地信用合作社共 274 處，以獲得農業經營貸款，免於高利貸剝削。
1944	四川 北碚	盧作孚 馮小彭	耕者 有其 田	1. 選擇朝陽鎮十九保為實驗區，共有土地 1,428.41 畝。 2. 由管理局向農民銀行貸款 190 餘萬元，期限 15 年，年息 9.6 釐，用以徵購土地。	1. 創設農場面 15 至 20 畝之自耕農 80 戶。 2. 生產技術改良農產增加。 3. 農民有計劃經營副業，增進社會福利，並鼓勵合作經營。 4. 設立學校，從事計劃教育。

1943至1945	甘肅湟惠渠	谷正倫鄭震宇周之佐	耕者有其田	1. 灌溉面積達三萬市畝，均改放予無地農民承領。 2. 政府向農民銀行洽借現金及土地債券，用以補償原有地主地價。 3. 承領土地農民，分期償還貸款。	依估計全區扶植自耕農約 1,350 戶，方可將土地全部利用。
1944至1948	閩西六省	農復會	扶植自耕農、農村建設	1. 在永定、上杭、武平、連城、漳平、長汀等六縣，先為扶植自耕農計畫。徵收土地應補償之地價，除給予部分現金外，其餘一律搭發土地債券。 2. 支援龍巖進行水利工程計劃、農業貸款計畫，為有關農村建設之協助。	灌溉工程的展開，為維護土地改革的成果，經農復會核准補助後，加強實施農村復興方案。

徵引書目

一、檔案、史料彙編、年鑑

中研院近史所藏經濟檔＜農林司＞20.22/78-、20.22/79-、
　　　20.22/80-、20.22/81-

＜中國扶植自耕農概況＞第二檔案館 103-148

中國國民黨中委會第五組編印，《中國國民黨土地政策與臺灣實
　　　施耕者有其田》，臺北：1954 年 7 月。

《中華民國檔案史料彙編》第 2 輯，江蘇人民出版社，1981 年。

孔永松編，《閩浙贛革命根據地財政經濟史料選編》，廈門：廈門
　　　大學出版，1988 年。

《民國三十七年中華年鑑》，南京：中華年鑑社發行，1948 年 9
　　　月初版。

行政院編，《國民政府年鑑》，南京：1943 年 7 月初版。

行政院編輯發行，《國民政府年鑑》（第二回），南京：1944 年
　　　10 月初版。

林泉編，《中國國民黨臨時全國代表大會史料專輯》（上），臺北：
　　　中國國民黨中央黨史會，1991 年 6 月。

武漢日報年鑑編輯委員會編，《武漢日報年鑑》，武漢：武漢日報
　　　社 1947。

侯坤宏編，《土地改革史料：民國十六年至四十九年》，臺北：國
　　　史館，1988 年。

章有義編，《中國近代農業史資料》第 3 輯，北京：三聯書店，
　　　1957 年 10 月。

章有義編,《中國近代農業史資料》第 2 輯,北京:三聯書店,1957 年。

＜為全國地政會議呈國民政府主席＞(1947 年 9 月 18 日),國民政府檔案 0560/8060.01 總統府(國史館藏)。

國民政府檔案 20-00-2/21-12(國史館藏)

蕭錚主編,《民國 20-30 年代中國經濟農業土地水利問題資料篇目分類索引》,臺北市:成文出版社,1980 年。

蕭錚主編,《民國二十年代中國大陸土地問題資料》,臺北市:成文出版社,1977 年。

薛謀成、鄭全備選編,《「福建事變」資料選編》,南昌市:江西人民出版社,1984 年 3 月。

嚴中平,《中國近代經濟史統計資料選輯》,北京:科學出版社,1955 年。

二、專著

Jay Taylor 著,林添貴譯,《蔣經國傳－臺灣現代化的推手》,臺北:時報出版社,2000 年。

山西省政協文史資料研究委員會編,《閻錫山統治山西史實》,太原:山西人民出版社,1985 年。

王成斌等:《民國高級將領列傳》,北京:解放出版社,1988 年。

中國農村復興聯合委員會編《中國農村復興聯合委員會工作報告》第一期,臺北:1949 年 12 月。

中國農村經濟研究會編,《中國土地問題和商業高利貸》,上海市:中國農村經濟研究會,1937 年。

內政部編,《土地行政概況》,臺北:內政叢書第 7 集,1957 年。

王順生、楊大緯,《福建事變－－一九三三年福建人民政府始末》,

福州：福建人民出版社，1983年。

方知今，《抗戰名將－陳誠》，臺灣版《陳誠大傳》，臺北，金楓出版社，1993年。

方顯廷編，《中國經濟研究》，長沙：商務印書館，1938年。

史全生主編，《中華民國經濟史》，上海：江蘇人民出版社，1989年。

朱子爽，《中國國民黨土地政策》，重慶：國民圖書出版社，1943年。

朱玉湘，《中國近代農民問題與農村社會》，濟南：山東大學出版社，1997年）

朱嗣德，《土地政策》，臺北市：中興大學地政學系，1989年。

成漢昌，《中國土地制度與土地改革－20世紀前半期》，北京：中國檔案出版社，1994年7月。

江觀繪，《中國土地改革導論》，臺北：華國，1956年。

行政院新聞局編，《綏靖區土地問題之處理》，南京：行政院新聞局，1947年。

江南，《蔣經國傳》，香港：利源書報發行，1989年9月初版。

丘國珍，《十九路軍興亡史》，臺北：文海出版社，近代中國史料叢刊續編第49輯，影印香港1969年版本。

李守經主編，《中國農村社會學》，新鄭：中原農民出版社，1989年。

李茂盛，《閻錫山晚年》，合肥市：安徽人民出版社，1995年。

李敖編著，《論定蔣經國》，臺北：李敖出版社，1989年10月。

沈宗瀚，《農復會與我國農業建設》，臺北：商務印書館，1972年。

沈宗瀚，《農業發展與政策》，臺北：商務印書館，1975年12月。

沈宗瀚，《中國農業資源》，臺北：中華文化出版事業委員會，1951

年。

沈宗瀚，《沈宗瀚自述》，臺北：正中書局，1975 年。

伍復初編，《土地經濟學問題精集》，臺北市：文笙書局，1978 年。

吳文暉，《農業經濟論》，重慶：中國經濟書刊生產合作社，1947
　　　年 10 月。

吳文暉，《中國土地問題及其對策》，上海：商務印書館，1947 年。

吳振漢，《國民政府時期的地方派系意識》，臺北：文史哲出版社，
　　　1992 年 12 月初版。

孟光宇編，《地政法規》，南京：大東書局，1947 年。

金德群，《中國國民黨土地政策研究（1905-1949）》，北京：海洋
　　　出版社，1991 年 8 月。

金德群，《民國時期農村土地問題》，北京：紅旗出版社，1994 年。

依利（Richard Theodore Ely）、魏爾萬（George S. Wehrewein）著，
　　　李樹青譯，《土地經濟學》，臺北：商務，1968 年臺一版。

來元業著，《北碚一帶房租地租之研究》，臺北市：成文出版社，
　　　1977 年，民國二十年代中國大陸土地問題資料 64。

林英彥撰，《土地經濟學通論》，臺北市：文笙書局，1976 年。

林詩旦、屠劍臣，《龍巖之土地問題》，龍巖：龍巖縣政府，1943
　　　年 12 月。

林詩旦編，《中華文化與土地改革論集》，臺北：中華文與藝術雜
　　　誌社，1992 年 6 月。

革命實踐研究院編校，《總裁言論選輯》（三）政治，臺北：中
　　　央改造委員會出版，1952 年 9 月初版。

易宜曲主編，《江西省經濟地理》，北京：新華出版社，1990 年。

南康縣政府，《新南康縣的建設》，南康：1944 年。

政協江西省委員會、政協贛州市委員會文史資料研究委員會合

編，《蔣經國在贛南》《江西文史資料選輯》總第 35 輯，南昌：1989 年 8 月。

胡辛，《蔣經國與章亞若之戀》，臺北：新潮社文化事業，1993 年 4 月初版。

胡寄窗，《中國近代經濟思想史大綱》，北京：中國社會科學院出版社，1984 年。

孫文等著，《中國土地改革問題》，上海：國訊書局，1948 年 6 月。

孫宅巍，《蔣介石的寵將陳誠》，鄭州：河南人民出版社，1990 年。

馬寅初，《中國經濟改造》，上海：商務，1935 年。

徐浩然，《蔣經國在贛南》，臺北：新潮社文化事業，1993.4 初版。

徐浩然、章修維、羅林祿，《章亞若傳》，北京：團結出版社，1996 年 12 月。

徐濟德，《陳誠的軍政生涯》，長春：吉林文史出版社，1989 年 3 月 1 版。

烏廷玉，《中國租佃關係通史》，長春市：吉林文史出版社，1992 年 2 月。

殷章甫，《中國之土地改革》，臺北：黎明出版社，1984 年。

國民政府主計處統計局編，《中國土地問題之統計分析》，上海：正中書局，1946 年。

《陳主席教育言論選集》，恩施：湖北省政府教育廳，1940 年 11 月。

陳誠，《臺灣土地改革紀要》，臺北：中華書局，1961 年。

陳振鷺、陳邦政，《中國農村經濟問題》，上海：上學書局，1935 年。

陳慎昌，《中國現代土地政策》，臺北：自印，1977 年 7 月。

張丕介，《土地經濟學導論》，上海：中華書局，1947 年。

張永泉、趙泉鈞，《中國土地改革史》，武漢大學出版社，1985 年。

張秀含，《中國土地問題》，臺北：拔提，1953 年。

張治中，《張治中回憶錄》，北京：文史資料出版社，1985 年。

張維一，《中華民國地政史》，臺北：內政部編印，1993 年 1 月。

張靜如等，《國民政府統治時期中國社會之變遷》，北京：中國人民大學出版社，1993 年。

張憲秋，《農復會回憶》，臺北：行政院農業委員會，1990 年 2 月。

陸仰淵、方慶秋主編，《民國社會經濟史》，北京：中國經濟出版社，1991 年 11 月。

曹雲霞，《贛南憶舊錄》，臺北：自由時代出版社，1977 年。

曹聚仁，《蔣經國論》，臺北：一橋出版社，1997 年 8 月。

教育部編，《中華民國建國史》，第三篇，（臺北：國立編譯館，1989 年）

章貢學會輯錄，《蔣經國先生建設新贛南重要文獻輯錄》，臺北：章貢學會出版，1997 年元旦。

章植，《土地經濟學》，上海：黎明書局，1931 年。

許性初，《抗戰與農村經濟》，長沙：商務印書館，1938 年 3 月 4 版。

許紀霖、陳達凱主編，《中國現代化史》第一卷，上海：三聯書店，1995 年。

彭哲愚、嚴農，《蔣經國在莫斯科》，香港：中原出版社，1986 年 11 月初版。

湖北省政府編印，《湖北省經濟建設計劃實施綱要》，恩施：1943 年 1 月。

湖北省政府編印，《新湖北建設計劃大綱》，恩施：湖北省政府祕書處印行，1942 年 8 月。

湖北省政府編印，《湖北省實施民生主義經濟政策法令彙編》，恩施：1942年。

湖北省政府編印，《湖北省政府三十三年度施政計劃草案》，第二冊，恩施：1943年12月。

湖北省政府編印，《湖北省抗戰期中民生主義土地政策之實施》恩施：1941年。

湖北省政府秘書處編印，《湖北省政府委員會議陳主席指示備忘錄彙編》，恩施：湖北省政府祕書處印行，1942年。

寒山碧，《蔣經國評傳》，臺北：天元出版社，1988年10月初版。

梁漱溟，《鄉村建設理論講演錄》，重慶：鄉村書局，1939年5月。

陽春，《蔣經國外傳－從溪口到贛南》冊一，臺北：新潮社文化事業，1993年6月初版。

黃通，《土地政策原論》，臺北：中國地政研究所，1961年12月。

黃通、羅醒魂同編譯，《土地金融不動產金融之理論與實務》，臺北市：正中書局，1951年。

黃通，《土地問題》（上海：中華，1941）

黃俊傑，《農復會與臺灣經驗》，臺北：三民書局，1991年初版。

黃俊傑訪問、紀錄，《中國農村復興聯合委員會口述歷史訪問紀錄》，臺北：中央研究院近代史研究所，1992年3月。

萬國鼎，《中國田制史》，上海：正中，1934年。

董中生，《土地行政》上海：大東書局，1948年。

董志凱，《土地改革史話》，北京：社會科學文獻出版社，2000年。

董志凱著，《解放戰爭時期的土地改革》，北京：北京大學，1987。

雷納（Roland Roger Renne）著，洪瑞堅譯，《土地經濟學》，臺北：中國地政研究所，1961年。

虞寶棠，《國民政府與民國經濟》，上海：華東師範大學出版社，

1998 年。

經濟部工礦計劃聯繫組非洲及拉丁美洲資料小組編輯,《臺灣土
　　地改革論叢》,臺北:1967 年 8 月。

經濟部編印,《經濟問題資料彙編》續集,臺北:1954 年 7 月。

趙子循、徐浩然,《章亞若新傳》,臺北:國際村文化事業,1994
　　年初版。

趙鉅恩,《龍巖縣扶植自耕農紀實》,福州:福建省政府印務局,
　　1947 年 9 月)

漆高儒,《蔣經國的一生》,臺北:傳記文學出版社,1991 年 3 月
　　初版。

漆高儒,《蔣經國新傳－我是臺灣人》,臺北:正中,1998 年。

潘廉方,《臺灣土地改革之回顧與展望》,臺北:自印,1965 年 5
　　月。

蔣中正,《中國經濟學說》,南京:國民政府軍事委員會委員長侍
　　從室,1943 年。

蔣總統經國先生哀思錄編纂小組,《蔣總統經國先生哀思錄》第
　　三編,臺北:蔣總統經國先生哀思錄編纂小組出版,1988
　　年 7 月 7 日。

蔣經國先生全集編輯委員會,《蔣經國先生全集》,臺北:行政院
　　新聞局出版,1991 年 5 月。

《蔣總統經國先生言論著彙編》第一集,臺北:黎明文化事業,
　　1981 年。

蔣夢麟,《孟鄰文存》,臺北:正中書局,1954 年 5 月。

蔣夢麟,《新潮》,臺北:傳記文學出版社,1967 年。

蔡廷鍇,《蔡廷鍇自傳》,臺北:龍文出版社,1989 年。

蔡省三、曹雲霞,《蔣經國系史話》,香港:七十年代雜誌社,1979

年。

課題組編著，《抗日戰爭時期國民政府財政經濟戰略措施研究》，
　　成都：西南財經大學出版社，1988 年。

鄭行亮，《福建租佃制度》，南京：中國地政學院，1936 年，臺北：
　　成文出版公司影印，1977 年。

鄭震宇，《土地行政及土地問題》出版地不詳：中央訓練團地政
　　人員訓練班，1947。

劉千俊，《鄂政紀要》，恩施：軍政部印刷所，1945 年 10 月。

劉永年編，《陳副總統紀念集》，臺北：大江出版社，1965 年 7 月。

劉紅，《歷史漩渦中的蔣經國》，北京：中國言實出版社，1996 年
　　12 月初版。

劉紅，《蔣介石和他的助手們》，北京：河北人民出版社，1993 年
　　7 月初版。

劉紅，《蔣經國全傳》，北京：華文出版社，1993 年 9 月初版。

謝森中口述，卓遵宏訪問，《謝森中先生半世紀專業經驗：謝森
　　中先生訪談記錄，臺北：國史館，2001 年 12 月初版。

謝無量，《中國古田制考》，上海：商務，1933 年。

蕭明新：《土地政策述要》，開封：自印，1937 年。

蕭錚，《中國人地關係史》，臺北：商務印書館，1984 修訂版。

蕭錚，《土地改革之理論與實際》，臺北：帕米爾，1951 年。

蕭錚，《土地與經濟論文集》，臺北：中國地政研究所，1974 年。

蕭錚，《土地改革五十年－蕭錚回憶錄》，臺北：中國地政研究所，
　　1980 年。

薛謀成、鄭全備編。《福建事變資料選編》，（南昌：江西人民出
　　版社，1983。

薛暮橋，《薛暮橋學術論著自選集》，北京師範學院出版，1992 年。

鍾祥財，《中國土地土地思想史稿》，上海社會科學院出版社，1995
　　年。

《龍巖縣志》卷十七，廈門：風行印刷社，1945 年。

羅旋，《蔣經國江西傳奇》，香港，南粵出版社，1988 年；臺北市，
　　曉園出版社，1989 年。

羅醒魂，《各國土地債券概論》，上海：正中書局，1947 年

譚慧生，《民國偉人傳記》，高雄：百成書店，1976 年。

蘇志超，《土地政策比較研究》，臺北市：自印，1968 年。

龔宜君，《「外來政權」與本土社會－改造後國民黨政權社會基礎
　　的形成（1950~1969）》，臺北：稻鄉出版社，1998 年。

贛州地區志編纂委員會，《贛南概況》，北京：人民出版社，1989
　　年 1 月出版。

三、論文

＜一年來地權之調整＞，《地政通訊》，第 1 期，1947 年 1 月 1 日。

王乃式，＜陝西省扶植自耕農問題＞，《人與地》，第 3 卷 9 期，
　　1943 年 9 月。

王亞南，＜中國土地改革問題研究＞，《社會科學》，第 4 卷 2 期，
　　1948 年 6 月。

王慰祖，＜近年來推行扶植自耕農保障佃農工作之檢討＞，《中
　　農月刊》，第 8 卷 9 期合刊，1947 年 8 月 31 日。

中國第二歷史檔案館輯：＜陳誠私人回憶資料（1935-1944）＞，
　　《民國檔案》，1987 年 2 月號。

中國農民銀行，＜龍巖扶植自耕農放款業務報告，1947 年 3 月＞，
　　《地政通訊》，第 17 期，1947 年 6 月 1 日。

方家瑜，＜與蔣經國之間及其它＞，《江西文史資料》總 20 輯，

1986 年 6 月。

方家瑜，＜三青團的青年報一文補遺＞，《江西文史資料》總 25
　　輯，1987 年 9 月。

方慶延，＜胡軌與中國人民反共救國大同盟＞，《江西文史資料》
　　總 25 輯，1987 年 9 月。

方噭，＜回憶與蔣經國相處二三事＞，《武漢文史資料》總 18 輯，
　　1984 年 12 月。

石華，＜地政署要政彙誌＞，《人與地》，第 2 卷 7 期，1942 年 7
　　月。

石華，＜勝利以來我國農村經濟概況＞，《中農月刊》，第 9 卷 4
　　期，1948 年 4 月 30 日。

田耕犁，＜蔣經國在上饒的活動片斷＞，《江西文史資料》，總 25
　　輯，1987 年 9 月。

＜北碚扶植自耕農示範區視察報告＞，《地政通訊》，第 16 期，
　　1947 年 5 月 1 日。

＜北碚扶植自耕農示範區紀實＞（三），《地政通訊》，第 24 期，
　　1948 年 1 月 1 日。

白元龍、吳國順，＜鄭老談陳誠＞，《鄂西文史資料》，第 1 輯，
　　1985 年。

匡侯，＜我所認識的嚴立三＞，《武漢文史資料》，第 10 輯，1982
　　年 11 月。

江西省省志編輯室，《江西地方志風俗志文輯錄》，1987 年 6 月。

光軍，＜自耕者必須扶植＞，《人與地》，第 3 卷 7、8 期，1943
　　年 8 月。

＜全國地政檢討會議專輯＞（下），《地政通訊》，第 23 期，1947
　　年 12 月 1 日。

＜各省保障佃農實施概況＞（報告），《地政通訊》，第 3 期，1947
　　年 9 月 1 日。

朱生鈴，＜回憶正氣中學時期的蔣經國校長＞，《傳記文學》，第
　　72 卷 2 期，1998 年 2 月。

朱茂凡，＜陳誠的「新湖北建設計劃」實施之我見＞，《鄂西文
　　史資料》，第 2 輯，1985 年 10 月。

朱茂凡，＜陳誠的「新湖北建設計劃」實施之我見＞，《鄂西文
　　史資料》，第 2 輯，1985 年 10 月。

朱旭華，《中國農村復興聯合委員會與臺灣土地改革，
　　1948-1965》，政治大學歷史研究所碩士論文，1991 年 7 月。

＜抗日戰爭時期國民黨湖北省政府西遷恩施後大事記略＞，《鄂
　　西文史資料》，第 1 輯，1985 年。

＜扶植自耕農概況＞，《地政通訊》，第 3 期，1947 年 9 月 1 日。

李敬齋，＜全國地政檢討會議開幕詞＞，《地政通訊》，第 22 期，
　　1947 年 11 月 1 日。

李紫翔，＜對於修正土地法原則的意見＞，《中國農村》，第 3 卷
　　6 期，1937 年 6 月。

李樹桐，＜福建省地權問題之研究＞，《人與地》，第 2 卷 11、12
　　期，1942 年 12 月。

李樹桐，＜漫談福建省的荒地墾殖＞，《人與地》，第 3 卷 4 期，
　　1943 年 4 月。

李鴻儔，＜王繼春在上猶的傳聞軼事＞，《上猶縣文史資料》第
　　一輯，1987 年 7 月。

李摯賓，＜北碚扶植自耕農示範區之鳥瞰＞，《人與地》，第 3 卷
　　7、8 期，1943 年 8 月。

李顯承，＜為地政署的任務進一言＞，《人與地》，第 2 卷 4、5

期，1942 年 5 月。

杜振亞，＜由扶植自農聯想到的兩件事＞，《人與地》，第 3 卷 7、
　　8 期，1943 年 8 月。

吳文暉，＜土地改革之途徑＞，《中農月刊》，第 7 卷 9、10 期合
　　刊，1946 年 10 月 31 日。

吳春科，＜中國租佃問題之剖視＞，《中農月刊》，第 7 卷 7、8
　　期合刊，1946 年 8 月 31 日。

吳芝茂，＜陝西的租佃制度＞，《人與地》，第 3 卷 9 期，1943 年
　　9 月。

吳相湘，＜陳辭修先生生平大事紀要＞，《傳記文學》，第 6 卷 4
　　期，1965 年 4 月。

吳麟鑫，＜土地債券之概念＞，《中農月刊》，第 9 卷 1 期，1948
　　年 1 月 31 日。

沈宗瀚，＜陳故副總統與農業＞《傳記文學》，第 7 卷 4 期，1965
　　年 10 月。

東華，＜甘省扶植自耕農正洽商辦法中＞，《人與地》，第 2 卷 7
　　期，1942 年 7 月。

林詩旦，＜解決龍巖土地問題之商榷＞，《人與地》，第 2 卷 9、
　　10 期，1942 年 10 月。

林詩旦，〈從閩西的土地改革看臺灣扶植自耕農〉，《土地改革》，
　　第 2 卷第 20 期，1952 年 8 月 21 日。

林詩旦，＜從福建省閩西土地改革到臺灣耕者有其田＞，《華文
　　化與藝術》，第 1 卷第 4 期，1991 年 5 月。

林詩旦，〈中華文化與土地改革〉，《中華文化與藝術》，第 1 卷第
　　5 期，1991 年 6 月。

林詩旦，〈致屠一平先生函〉，《中華文化與藝術》，第 2 卷第 3 期，

　　　　1992 年 10 月。

林詩旦,〈悼念鄭雲漢兄〉,《龍巖會訊》,第 11 期,1985 年 1 月。

林欽辰,＜福建地政概況＞,《福建文史資料》,第十三輯,1986
　　　　年。

林通經,＜論我國土地政策實施方案＞,《經濟建設季刊》,第 2
　　　　卷 4 期,1944 年 4 月 30 日。

孟光宇,＜我對於地政署的期望＞,《人與地》,第 2 卷 6 期 1942
　　　　年 6 月。

＜法規＞,《地政通訊》創刊號,1943 年 7 月 1 日。

周谷,＜蔣經國三○年代在莫斯科受審＞（上）,《傳記文學》,
　　　　第 73 卷 4 期,1998 年 10 月。

金海同,＜土地政策戰時實施綱要淺釋＞,《人與地》,第 2 卷 1
　　　　期,1942 年 1 月。

朱劍農,＜戰後中國土地問題＞,《四川經濟月刊》,第 1 卷 4 期,
　　　　1944 年 9 月 15 日。

朱劍農,〈保障佃農之必要及其方法〉,《東方雜誌》,39 卷 18 期,
　　　　1943 年 11 月 30 日。

＜定南縣地理位置和歷史沿革＞,《定南文史資料》,總 1 輯,1988
　　　　年 12 月。

信中,＜地政消息＞,《人與地》,第 1 卷 11 期,1941 年 6 月 20
　　　　日。

孫兆乾,＜重劃省區與方田制度＞,《中農月刊》,第 9 卷 1 期,
　　　　1948 年 1 月 31 日。

孫曉村,＜現代中國的農業經營問題＞,《中山文化教育館季
　　　　刊》,第 3 卷 2 期,1936 年 1 月。

馬世駿,＜增加鄂西糧食生產論＞,《新湖北季刊》,第 2 卷 1 期

1942 年 5 月。

馬烈，＜三青團與蔣經國＞，《江蘇教育學院學報》（社科版，南京），1996 年 4 月。

倍振，＜關於扶植自耕農＞，《人與地》，第 3 卷 7、8 期，1943 年 8 月。

徐怨宇，＜憶抗戰時期的鄂西＞，《鄂西文史資料》，第 1 輯，1985 年。

徐浩然，＜熊式輝的如意算盤＞，《江西文史資料》，總 15 輯，1985 年 3 月。

徐浩然，＜跟隨蔣經國在贛州查禁煙賭娼＞，《江西文史資料》，總 15 輯，1985 年 3 月。

徐浩然，＜蔣經國抓賭餘聞＞，《江西文史資料》總 20 輯，1986 年 6 月。

徐浩然初稿，吳識滄整理，＜蔣經國處決貪污犯＞，《江西文史資料》總 25 輯，1987 年 9 月。

徐穗，＜試論抗戰勝利後國統區土地改革大辯論＞，《民國檔案》1993 年 3 月號。

陳正謨，〈土地制度改革與農業改進〉，《東方雜誌》，第 41 卷 1 期，1945 年 1 月 15 日。

陳淑銖，〈閩變前後福建的「計口授田」政策，民國二一年五月至二三年元月〉，《中國歷史學會史學集刊》，第 24 期，1992 年 7 月。

陳淑銖，＜閻錫山「土地村公有制」政策始末，1935-1936 年＞，《國史館館刊》復刊第 8 期，1990 年 6 月。

陳淑銖，＜福建龍巖扶植自耕農的土地改革，1942－1947 月＞，《中國歷史學會史學集刊》25 期，1993 年 9 月。

陳淑銖，＜戰後中國農村復興委員會與閩西的土地改革＞，《中華民國史專題第二屆討論會論文集》，國史館，1993 年。

陳淑銖，＜陳誠與戰時湖北二五減租，1940~1944 年＞，收於《史學：傳承與變遷，紀念沈故教授剛伯先生百齡冥誕臺灣大學歷史系博士班成立卅週年紀念研討會論文集》，國立臺灣大學歷史系出版，1998 年 6 月。

陳淑銖，＜蔣經國對贛南財政的整頓及其效果，1939-1945＞，收於《財政與近代歷史論文集》，中央研究院近代史研究所，1999 年 6 月。

張道純、徐書琴，＜陝西省扶植自耕農暫行辦法之評介＞，《人與地》，第 3 卷 7、8 期，1943 年 8 月。

張日新，＜蔣經國江西任職知多少＞，《江西文史資料》，總 30 輯，1989 年 1 月。

張瑞成，＜蔣經國先生在贛南－政治生涯的起點＞，《中國現代史專題研究報告》第 17 輯，1999 年 8 月。

陶季邑，＜國民黨與耕者有其田＞，《貴州社會科學》，1993 年 4 月。

崔永楫，＜土地金融與土地政策＞，《人與地》，第 1 卷 21、22 期，1941 年 11 月 20 日。

章景瑞，＜論當前的農業金融＞，《經濟建設季刊》，第 3 卷 3、4 期，1945 年 12 月 31 日。

章振乾，＜福建農業經濟論＞，《社會科學》，第 3 卷 3、4 期，1947 年 12 月。

＜視察東來歸來－地政權威蕭錚氏發表談話＞，《人與地》，第 3 卷 4 期，1943 年 4 月。

視察室，＜最近一年來全國地政業務之鳥瞰＞，《地政通訊》，第 7 期，1944 年元月。

彭建成輯，＜鄂西會戰＞，《武漢文史資料》，總號 21，1985 年 3
　　月。

黃通，＜財政糧食與土地＞，《人與地》，第 1 卷 17 期，1941 年
　　9 月 5 日。

黃通，＜土地金融之使命與展望＞，《人與地》，第 3 卷 1 期，1943
　　年 1 月。

馮小彭，＜建國六十年土地行政的回顧與展望＞，《土地改革》
　　第 21 卷 10 期，1971 年 10 月。

喬榮昇，＜二十年來之中國農業行政＞，《中農月刊》9 卷 4 期，
　　1948 年 4 月 30 日。

傅毓衡，＜一年來綏靖區土地處理工作檢討＞，《中農月刊》，第
　　9 卷 1 期，1948 年 1 月 31 日。

程準，＜看農地改革法草案＞，《經濟周報》第 7 卷 14 期，1948
　　年 10 月 7 日。

董中生，＜新贛南觀光十日記＞，《人與地》，第 3 卷 6 期，1943
　　年 6 月。

董時進，＜戰後中國農業改進問題＞，《四川經濟月刊》，第 1 卷
　　4 期，1944 年 9 月 15 日。

董謙、方孔木，＜「福建事變」性質探討＞，《中國現代史》1983
　　年第 12 期。

＜農地改革法草案＞，《土地改革》，第 1 卷 8、9 期，1948 年 8
　　月。

＜農地改革法草案座談會紀錄＞，《土地改革》，第 1 卷 8、9 期，
　　1948 年 8 月。

童鑣，＜減租運動與民生主義之實現＞《新湖北季刊》，第 3 卷 1
　　期，1942 年 5 月 15 日。

溫維新，＜蔣經國在信豐活動片斷＞，《信豐文史資料》，總 2 輯，
　　1989 年 8 月）

萬國鼎，＜農地改革法草案要旨說明＞，《土地改革》，第 1 卷 8、
　　9 期（1948 年 8 月）。

楊元華，＜1927-1937 年國民政府的土改政策＞，《上海師範大學
　　學報》（哲社版），1993 年 2 月。

楊振亞，＜抗戰時期國民政府扶植自耕農政策初探＞，《南京大
　　學學報》（社會科學）一九八五年增刊二。

楊振亞，＜試析國民政府十年內戰時期的土地法＞，《南京大學
　　學報》（哲學社會科學），1984 年第 3 期。

楊振錩，＜加強土地改革運動的主動力量＞，《人與地》，第 2 卷
　　3 期，1942 年 2 月。

楊開道，＜戰後中國農業建設問題＞，《四川經濟月刊》，第 1 卷
　　4 期，1944 年 9 月 15 日。

楊顯東，＜當前湖北農業建設問題＞，《經濟建設季刊》，第 2 卷
　　4 期，1944 年 4 月 30 日。

葉倍振，＜農地地租糾紛及其解決＞，《人與地》，第 2 卷 11、12
　　期，1942 年 12 月。

熊伯蘅，＜租佃問題的對策及佃農保護法＞，《中農月刊》，第 8
　　卷 10 期，1947 年 10 月 31 日。

熊伯蘅，＜土地改革政策的研討＞，《中農月刊》，第 9 卷 6 期，
　　1948 年 6 月 30 日。

熊鼎盛，＜我國新興的土地金融業務述要＞，《人與地》，第 2 卷
　　3 期，1942 年 2 月。

潘信中，＜桂省扶植自耕農選縣試辦＞，《人與地》，第 2 卷 4、5
　　期，1942 年 5 月。

潘信中，＜土地金融業務川省首先推行＞，《人與地》，第 2 卷 4、5 期，1942 年 5 月。

潘信中，＜介紹福建將樂地政實驗縣＞，《人與地》，第 1 卷 21、22 期，1941 年 11 月 20 日。

潘信中，＜扶植自耕農工作在鄂西＞，《人與地》，第 3 卷 7、8 期，1943 年 8 月。

潘純，＜我見到楊綽庵的大眾食堂＞，《江西文史資料》，總 20 輯，1986 年 6 月。

廖作琦，＜章浩若三任縣長與蔣經國無關＞，《傳記文學》，第 72 卷 2 期，1998 年 2 月。

褚啓湘，＜陳儀在抗戰期間的施政概述＞，《福建文史資料》，第 14 期，1986 年 12 月。

蔣廉，＜農業土地問題與土地改革＞，《土地改革》，第 1 卷第 8、9 期，1948 年 8 月。

蔣廉，＜佃農問題解決之途徑＞，《人與地》，第 1 卷 21、22 期，1941 年 11 月 20 日。

蔣匯策，＜論二五減租＞，《糧政季刊》第 2、3 期合刊，1945 年 12 月。

蔡智傳，＜青年會與蔣經國＞，《江西文史資料》，總 25 輯，1987 年 9 月。

黎樹德，＜為著一與四得的農地改革法＞，《經濟周報》，第 7 卷 14 期，1948 年 10 月 7 日。

談瀛，＜陳誠、嚴立三與湖北省政＞，《武漢文史資料》，第 4 輯，1987 年 4 月。

鄭震宇，＜耕者有其田之理論與實際＞，《地政通訊》，第 15 期，1947 年 4 月 1 日。

鄭震宇，＜閻錫山的兵農合一＞，《地政通訊》，第 15 期，1947
　　年 4 月 1 日。

劉子欽，＜農貸的基本問題－土地問題＞，《人與地》，第 2 卷 11、
　　12 期，1942 年 12 月。

劉子洛，＜我在蔣經國手下搞特務＞，《江西文史資料》總 20 輯，
　　1986 年 6 月。

劉文松，＜湖北省農業區域＞，《新湖北季刊》，第 2 卷 1 期，1942
　　年 5 月 15 日。

劉建華：＜抗戰時期的贛粵邊＞，《江西文史資料》總 31 輯，1989
　　年 2 月。

劉光華，＜綜論戰後中國的土地問題＞，《四川經濟月刊》，第 1
　　卷 4 期，1944 年 9 月 15 日。

劉杰，＜農地改革法草案座談會紀錄（二）－兵農合一的簡要介
　　紹＞，《土地改革》，第 1 卷 10 期，1948 年 9 月。

劉岫青，＜土地政策戰時實施綱要的分析＞，《人與地》，第 2 卷
　　1 期，1942 年 1 月。

劉真，＜永遠活在人們的心裡＞《傳記文學》，第 6 卷 4 期，1965
　　年 4 月。

劉劍學，＜急流引進的前後情況＞，《福建文史資料》14 期，1986
　　年 12 月。

劉禎貴，＜對日抗戰時期四聯總處農貸政策的幾點思考＞，《四
　　川師範大學學報》（社科版），第 25 卷 2 期，1998 年 4 月。

劉難方，＜評述二五減租＞，《中央周刊》，第 9 卷 16 期，1947
　　年 4 月 11 日。

蕭錚，〈中國今日應採之土地政策〉，《地政月刊》，第 1 卷 11 期，
　　1933 年 11 月。

穆懿爾著，劉名賢譯，＜中國之農業改進與農地改革＞，《地政通訊》第 24 期，1948 年 1 月 1 日。

聶常慶，＜戰時中國土地利用問題＞，《人與地》，第 3 卷 2、3 期，1943 年 3 月。

謝悅仙，＜試論土地改革之道＞，《土地改革》，第 1 卷 10 期，1948 年 9 月。

鍾崇敏，＜全國地政檢討合議述評＞，《中農月刊》，第 9 卷 2 期，1948 年 2 月。

鍾崇敏，＜新頒土地法與綏靖區土地處理辦法之比較研究＞，《中農月刊》，第 9 卷 1 期，1947 年 7 月 31 日。

鍾崇敏，＜發行土地債券推進土地金融業務問題＞，《中農月刊》，第 9 卷 6 期，1948 年 1 月 31 日。

戴一峰，＜二十世紀上半期閩西農村的社會經濟史＞，《中國社會經濟史研究》（廈門），2000 年第 4 期。

魏寶珪，＜湟惠渠灌溉區之扶植自耕農＞，《人與地》，第 3 卷 7、8 期，1943 年 8 月。

羅醒魂，＜農地問題之嚴重性及其解決＞，《人與地》，第 3 卷 7、8 期，1943 年 8 月。

蘇雲峰，＜抗戰前湖北政治社會＞，收於《抗戰前十年國家建設史研討會論文集，1928~1937》，中央研究院近代史研究所，1984 年。

嚴斌：＜陳誠在鄂西＞，《湖北文史資料》，總 31 輯，1990 年 6 月。

獻忱，＜全國地政業務會議＞，《人與地》，第 2 卷 11、12 期，1942 年 12 月，頁 2。

龔平邦，＜戰時的湖北農業＞，《農本月刊》，第 56 期，1942 年

1 月。

贛縣政協文史資料工作組，，＜蔣經國在贛縣梅林＞，《江西文
　　史資料》，總 20 輯，1986 年 6 月。

四、報紙

中央通訊社剪報資料，政治大學社會科學資料中心典藏。

孔昭愷，＜湖北新氣象＞，《大公報》（渝），1942 年 12 月 24 日
《正氣日報》（贛州）1940~1942 年。

成全，＜國民黨「土地政策戰時實施綱要」研究－兼論中國戰時
　　土地改革的道路＞，《解放日報》1942 年 5 月 26-29 日。

＜代蘇北佃農們喊冤＞，《大公報》（上海），1948 年 4 月 26 日。

李星可：＜恩施一瞥＞，《益世報》，1943 年 7 月 10 日。

辛濤，＜大後方農民離開土地的問題＞，《新華日報》，「經濟講
　　座」第 9 期，1940 年 7 月 15 日，版四。

＜新湖北－鄂西紀行之一＞，《掃蕩報》，1943 年 6 月 29 日。

朱啓平，＜－鄂西紀行之二＞，《大公報》（重慶），1943 年 6 月
　　24 日。

＜新湖北－鄂西紀行之一＞，《掃蕩報》，1943 年 6 月 29 日。

＜鄂西的減租政策＞，《新蜀報》，1943 年 7 月 27。

沈宗瀚，＜扶植自耕農政策之回顧與前瞻＞，《臺灣新生報》，1952
　　年 8 月 3 日。

陸詒，＜鄂西歸來－勞軍行之七＞，《新華日報》，1943 年 7 月 5
　　日。

翁雲霞，〈龍巖花生香傳基隆河畔〉，《中國時報》，臺北，1993 年
　　6 月 20 日。

翁雲霞，〈難忘家鄉龍巖壽麵〉，《中國時報》，臺北，1993 年 5 月

30 日，版 30。

五、訪談、手稿

鐘其生，〈閩西童養媳問題研究〉，手稿本，1945 年 6 月。

陳慎昌，＜我的土地改革經驗＞，臺北：手稿本，1993 年 4 月。

蔡聲侃，＜淺談我從事土地改革工作＞，南投：手稿本，1992 年 5 月。

林詩旦先生訪談記錄（1993 年 1~2 月間）

臺灣龍巖同鄉會陳光成總幹事訪談記錄（1993 年 3 月間）

六、外文資料

Bernhardt , Kathryn , *Rents, taxes, and peasant resistance : the lower Yangzi region, 1840-1950* .(Stanford, Calif. : Stanford University Press, 1992)

Buck, John Lossing, *Land Utilization in China: a study of 16,786 farms in 168 localities, and 38,256 farm families in twenty-two provinces in China, 1929-1933* (Shanghai, China : The Commercial press, Ltd. 1937)

Chao , Kang, *Man and land in Chinese history : an economic analysis* ,(Stanford, Calif. : Stanford University Press, 1986)

Duara, Prasenjit, *Culture, Power, and the State: Rural North China, 1900-1942,* (Stanford, Calif. : Stanford University Press, 1988)

Eastman , Lloyd E., *The Nationalist Era in China, 1927-1949* ,(Cambridge : Cambridge University Press, 1991)

Eastman, Lloyd E., *Seeds of Destruction : Nationalist China in War and Revolution, 1937-1949,* (Stanford, Calif. : Stanford

University Press, 1984)

Huang , Philip C.C., *The Peasant Economy and Social Change in North China,* (Stanford, Calif. : Stanford University Press, 1985)

Huang , Philip C.C., *The Peasant Family and Rural Development in the Yangzi Delta, 1350-1988.* (Stanford, Calif. : Stanford University Press, 1990)

Perkins, Dwight H., *Agricultural Development in China, 1368-1968* .(Chicago : Aldine Pub. Co., 1969)

Selden , Mark ., the Yenan Way in Revolutionary China (Cambridge, Mass. : Harvard University Press, 1971)

Miner, Noel R. "Agrarian Reform in Nationalist China: The Case of Rent Reduction in Chekian, 1927-1937", in edited by F. Gilbert Chan , *China at the Crossroads: Nationalist and Communists, 1924-1949.* (Westview Press, Colorado, 1980).

田邊勝正，《支那土地制度研究》，東京：日本評論社，昭和 18 年

中村吉治編，《土地制度史研究》，東京都：芳惠，昭和 23 年。

川瀨光義，《臺灣の土地政策》，東京：青木書店，1992 年 2 月。

石田浩，《中國農村の歷史と經濟－農村變革の記錄》，大阪：關西大學出版部，1991 年。

索引

二畫

十九路軍　85,91,92,120,310,313

三畫

土地村公有制　6,286

土地改革方案　282,283

土地政策戰時實施綱要　27,
　　31-39,41,47,59,63,66,83,
　　215,339

土地政策戰時綱領　59,67,83

土地法　38,41,47,59,62,63,66,
　　83,108,121,124,150,151,
　　153,155,215,246-249,251,
　　252,256-258,262,319,338

四畫

王明　　7

王後安　205

王陵基　302,304,305

王繼春　181,204

中國土地改革協會　267,
　　275,276,268,270-272,275,
　　278,282-285,295,308

中國土地法大綱　267,282,284,
　　308

中國地政學會　29,39,268,337

中國國民黨臨時全國代表大會
　　（臨全大會）　26,27,29,57

中國農村復興委員會（農復會）
　　85,298-307,338,342,343

孔祥熙　137,342

毛澤東　7

五畫

甘家磬　80

石瑛　　137

加強國家總動員實施綱領　31

四聯總處　57,58,64

白崇禧　305

六畫

地政部　244,259

地政署　32,45,46,47,59,
　　60,66,116,245,336,337
　　339

成漢昌　7

朱倫喜　201

朱懷冰　142

朱慶濤　335

任弼時　7

全國地政會議　49,60,68,244,
　　245,337

七畫

李敬齋　83,121,245

李海榮　221

李漢沖　324

吳國楨　126

吳奇偉　126

抗戰建國綱領　27,28

沈宗瀚　317,335

何成濬　127

何漢文　38

何應欽　126

谷正倫　237,239,328

兵農合一制　285-296,336,338

八畫

屈雲錦　325

林詩旦　6,85,93-95,113,123,130,
　　　319,324,328,333

孟廣厚　280

拉西曼　41

周百皆　204

周至柔　126

金德群　7

金端峰　325

邱行湘　128

邱文甫　324

九畫

范苑聲　280

洪瑞堅　51,151

計口授田　6,85,89,91,92,120,
　　　124,311

十畫

馬歇爾　255

袁守謙　253

徐季元　204

孫連仲　126

高理文　204

孫中山　6,7,38,40,46,250,257,
　　　279,280,336

翁文灝　342

十一畫

陳人龍　319,328

陳果夫　43,51

陳松庵　322,324,328

陳誠　6,125-133,140-144,
　　　146-150,159,161-164,170,
　　　171,340

陳慎昌　325,327

陳遠緒　325

陳紫楓　279,280

陳儀　94

張心一　231,237,239

張世光　323

張在均　96

張知本（懷先）　137,144,147

張維一　325,328

張聞天　7

張群　299,300

張道藩　278,279

陶遜（O. L. Dawson）319

國防最高委員會　229,244,258,
　338

章亞若　83,174

郭德宏　7

郭世鏗　202

第三次全國財政會議　24,30,145

第三次全國內政會議　31

十二畫

黃中美　204

黃統　280

黃旭初　305

黃通　38,51,56,95,151

黃維　129

彭湃　7

屠劍臣　93-95,123,323,325

湯惠蓀　244,300,303,319,328

馮元臣　225

十三畫

董中生　164

葉鏡允　93

楊明　191,200

楊光喜　96

楊顯東　134

萬國鼎　338

雷正琪（Wolf　Ladjinsky）
　303,316

農民運動實施綱要　243

農本局　50,57,58

農地改革法草案　275,
　278,282-285,308

新縣制　164,178

經濟改革方案　242,246,
　258,260,261,284,308

綏靖區土地處理辦法　229,
　244,251-253,255,262,
　264,265,338

十四畫

臺灣省扶植自耕農條例草案
　330,342

臺灣省私有耕地租用辦法
　125

熊式輝　129,177

熊濱　177

十五畫

蔣介石　24,29,30,32,40,46,48,

129,130,145,151,171,255,
288,313,342

蔣光鼐 91

蔣孟麟 298,300,312,313-315,
319

蔣經國 6,7,171,173-179,182,
183,194,196,197,200,203,
204,205,340

蔡聲侃 325

鄧子恢 7

鄧文儀 253

鄧演達 126,135

鄭震宇 46

鄭雲漢 123,335

鄭南宣 143

鄭行亮 93,96,335

劉建緒 94,106,314

劉維屏 325

十六畫

閻錫山 6,285-295,308,341

戰士授田法辦法草案 266

穆懿爾 (Raymond. T. Moyer)
9,317,

戰時土地政策草案 27

蕭錚 40,50,51,268,271,276,
278,295,341

蕭乾 129

盧作孚 207

十七畫

薛岳 171

薄毓相 293

十八畫

藍英士 (J. P. Grant) 319

魏德邁 255

十九畫

關吉玉 37

關於土地問題的指示 37,
284,336

二十畫

嚴重 (立三) 126,127,130,131,
137,147

嚴延颺 303